Hermann-Josef Frisch
Die Welt des Hinduismus

Hermann–Josef Frisch

Die Welt des Hinduismus

Orte des Hinduismus in Indien und anderen Ländern

Hinweis: Die vielfältige Götterwelt des Hinduismus wird ausführlich
              beschrieben im Band: »*Die Götter Indiens. Der Alleine in vielen
              Gesichtern*« (BoD 2023). Auch werden einige Themen im Band
              »*Pilgern in den Weltreligionen. Wenn der Glaube laufen lernt*«
              behandelt. Einige Parallelen dieser Bücher zum vorliegenden Band
              (besonders in der Einleitung) lassen sich nicht vermeiden, da die
              drei Bände auch unabhängig voneinander nutzbar sein sollen.

Cover vorn   Brihadishwar-Mandir, Thanjavur, Tamil Nadu
Cover hinten Purah Besakih, Bali – 3. Gopuram, Srirangam, Tamil Nadu

Seite 3   Shiva-Tempel, Baijnath – Meditierender am Ganges, Varanasi –
              Rad am Surya-Mandir, Konark, Odisha – Brahmane bei Puja im
              Subrahmanyaswamy-Mandir, Colombo, Sri Lanka

Seite 5   Lingam, Yoni, Kobra, Baijnath – Sadhu in Haridwar – Göttin
              Ganga im Ganges, Haridwar – Bild Rama Sita Gopis, Vrindivan –
              Brahmane badet im Ganges, Varanasi – Kandariya, Khajuraho
Seite 6   Sachiya-Mata-Mandir, Osian – Mahatma Gandhi, Ahmedabad –
              Mukhalingam, Ramghat, Ujjain – Virupaksha-Mandir, Hampi –
              Mumba Devi, Mumbadevi-Mandir, Mumbai – Narasimha, Hampi
Seite 7   Shiva, Shiva-Mandir, Bengaluru – Ratha, Mahabalipuram –
              Pura Taman Ayun, Mengwi, Bali – Maju-Dega-Tempel, Kathmandu –
              Banteay Srei, Angkor – Mariammam-Tempel, Bangkok

Bibliografische Information der Deutschen Nationalbibliothek:
Die Deutsche Nationalbibliothek verzeichnet diese Publikation in der Deutschen
Nationalbibliografie; detaillierte bibliografische Daten sind im Internet über
dnb.dnb.de abrufbar.

© 2025 Hermann-Josef Frisch
Satz und Layout: Hermann-Josef Frisch
Verlag: BoD · Books on Demand GmbH, In de Tarpen 42, 22848 Norderstedt
Druck: Libri Plureos GmbH, Friedensallee 273, 22763 Hamburg
www.bod.de

ISBN: 978-3-7597-7765-2

Inhalt

Der Norden   33
**Himachal Pradesh (HP) – Uttarakhand (UT) – Dehli (DL) –
Uttar Pradesh (UP) – Bihar (BR)**

Die Mitte   67
Rajasthan (RJ) – Gujarat (GJ) – Madhya Pradesh (MP)

Der Osten 99

Jharkhand (JH) – Odisha (OR) – West Bengal (WB)

Der Südwesten 115

Maharashtra (MH) – Karnataka (KA) – Kerala (KL)

Der Südosten   155

Tamil Nadu (TN)

Hindu–Asien   181

Einführung

In der heiligen Stadt Varanasi am Ganges gibt es eine Fülle von Tempeln für die unterschiedlichsten Götter. Einer ist dadurch auffallend, dass er keinen der bekannten Götter benennt, sondern ein Tempel der Mutter Indiens ist. Nicht Vaterland, sondern Mutterland – das entspricht der bäuerlichen, dem Boden verhafteten Kultur Indiens. Die Leben spendende Mutter Erde wird verehrt als Grundlage des Lebens. Es gibt keine Götterbilder in diesem Tempel, sondern in der Mitte der großen Halle befindet sich eine Reliefkarte Indiens (vgl. das Bild auf Seite 15). Man stelle sich das in Deutschland vor: eine Mutter- oder Vater-Deutschland-Kirche!

Der Mutter-Indien-Tempel gibt einen Einstieg in die Religion der Inder – es ist eine Volksreligion der Menschen, die in Indien wohnen. Nur wenige Ausnahmen gibt es außerhalb Indiens: Dies ist Nepal, der nördliche Nachbar Indiens, dann folgt Sri Lanka mit dem hinduistisch-tamilischen Bevölkerungsanteil. Auf der indonesischen Insel Bali hat sich – angeregt durch indische Händler auf Java – über die Jahrhunderte eine besondere Form des Hinduismus entwickelt, dort verknüpft mit den alten naturreligiösen Vorstellungen der malaiischen Völker. Außerhalb Indiens leben Hindus sonst nur in den India-Towns vor allem in Südostasien (etwa im Stadtteil Little India in Singapore oder im indischen Viertel in Bangkok); dazu gibt es wenige Hindus in Bangladesch und Pakistan sowie indisch-hinduistische Händler in Süd- und Ostafrika. Die im Südwesten des Indischen Ozeans liegende Insel Mauritius ist zur Hälfte hinduistisch geprägt. In amerikanischen Städten und in Europa leben Hindus nur vereinzelt, eine Mission findet grundsätzlich nicht statt.

Der Hinduismus ist mit mehr als einer Milliarde Anhängern (ca. 92 % davon in Indien) nach Christentum und Islam die drittgrößte Religion. Die Namen Hinduismus, Hindus, aber auch Indien, Inder sind dabei nicht genuin indisch, sondern entspringen der Sicht der aus dem Westen kommenden muslimischen Eroberer, die damit Völker und Religionen jenseits des Flusses Indus (heute Nordwestindien und Pakistan) bezeichnen. Erst in der Moderne wird der Name Hindu auch von Indern übernommen – eine Frucht der Unabhängig-

9

keitsbestrebungen gegen die Engländer (erste Hälfte des 20. Jahrhunderts) und eines in unserer Zeit zunehmenden Hindu-Nationalismus (Hindutva). Der offizielle Name Indiens (Bhārat) stammt vom Sanskrit-Wort Bhārata ab, welches »(Land) des Bharata« bedeutet und auf einen Herrscher in mythischer Zeit verweist. Seine Geschichte ist im gewaltigen Epos Mahabharata ausgeführt – mit 100 000 Doppelversen das größte literarische Werk der Welt.

Der Hinduismus ist keineswegs eine einheitliche Religion wie Judentum, Christentum und Islam es trotz ihrer konfessionellen Unterschiede sind. Vielmehr kann man den Hinduismus als ein Dach über sehr unterschiedliche Religionsformen ansehen, die alle auf gleichen philosophisch-theologischen Grundbegriffen beruhen, ansonsten aber sehr verschieden sind. Solche Grundbegriffe sind Dharma, die kosmische Weltenordnung, Samsara, der Leidenskreislauf der Wiedergeburten, Karma, das positive oder negative Wirken eines Lebewesens, das zu einer guten oder schlechten Wiedergeburt führt (vgl. Seite 16f.). Vor allem aber prägt das Wechselspiel von Brahman und Atman den Hinduismus: Brahman ist das Absolute, der Urgrund von allem, das eine und unsagbare Göttliche, das letzte Prinzip des ganzen Kosmos. Atman (vgl. »der Atem«) ist das Selbst des Menschen (und zugleich anderer Lebewesen), ein hinter den äußeren Erscheinungsformen beständige Grundbestand der Menschen, der sich auch in der Kette der Wiedergeburten (besser: Geburtenfolge) nicht verändert. Für den Hindu ist es notwendig, die unmittelbare Einheit von Brahman und Atman zu erkennen, in Sanskrit: »tat tvam asi« – »das bist du«. Der Hindu erkennt das Göttliche in sich und seine innere Einheit mit dem Göttlichen. Das bedeutet dann aber auch die innere Einheit mit allen anderen Lebewesen.

Diese Grundsätze des einen Göttlichen in jedem Lebewesen und in der Welt werden in der intensiven Volksreligiosität Indiens von der Verehrung einer Fülle von Gottheiten überdeckt. Dies beobachtet der europäische Besucher Indiens als Erstes: In den vielen Tempeln der indischen Städte und Dörfer sind eine überbordende Fülle von Göttern durch Bilder und Statuen dargestellt, die in ihrer Vielfalt verwirren und befremden. Zudem gibt es ein gewaltiges Pantheon von Götterfamilien mit ihren Reittieren (etwa die Shiva-Familie mit Shiva, Parvati, Karttikeya/Skanda/Murugan, Ganesha und dem Reittier Nandi, einem Stier), von Göttern in unterschiedlichen

Erscheinungsformen (etwa die zehn Avatara von Vishnu), ja selbst vielerlei unterschiedliche, oft regional bestimmte Namen für ein und denselben Gott. Nicht nur liebevolle Gottheiten (wie etwa Parvati) sind zu sehen, sondern auch furchterregende (wie Durga und erst recht die blutrünstige Kali). Hinduistische Traditionen nennen 33 oder sogar 330 Millionen Götter im Kosmos. Für Menschen, die aus der Ein-Gott-Tradition der drei abrahamitischen Religionen Judentum, Christentum und Islam kommen, ist dies unverständlich, oft sogar abstoßend. Allerdings muss man bei näherer Kenntnis berücksichtigen, dass diese Göttervielfalt so verstanden wird, dass sich das eine Göttliche in vielerlei Gestalten zeigt, gleichsam sich mit unterschiedlichen Gesichtern dem Menschen zuwendet: Wie die Welt viele Aspekte kennt, so hat auch das Göttliche viele Aspekte – realisiert in vielen Gottheiten.

Dieser Band kann auf diese unterschiedlichen Gottheiten nur indirekt eingehen (vgl. dazu den parallelen Band »Die Götter Indiens. Der Alleine in vielen Gesichtern«). Er setzt sich das Ziel einer *spirituellen Topografie* des Hinduismus und will einen Zugang zur bunten und vielgestaltigen Welt des Hinduismus dadurch eröffnen, dass er die wichtigsten Orte des Hinduismus vor allem in Indien, am Rande auch in Nepal, Sri Lanka, Kambodscha, Vietnam (Cham), Singapore, Bangkok und Bali in Wort und Bild darstellt. So kann ein Einstieg in die Welt des Hinduismus durch ein Kennenlernen der heiligen Orte dieser großen Religion ermöglicht werden. Für Indienreisende ist dieser Band zugleich ein Einstieg in die uns so fremde und zugleich faszinierende Welt der indischen Religiosität. Natürlich sind die hier behandelten Orte eine subjektive Auswahl, ein anderer Autor würde eine andere Auswahl aus den vielen tausend hinduistischen Tempeln in Indien treffen. Dennoch dürfte dieser Band die *Welt des Hinduismus* angemessen aufzeigen.

Die Religiosität Indiens ist ein faszinierendes Mosaik von Vorstellungen, Ritualen, Bauwerken und Traditionen innerhalb eines Gesamtkonzeptes lebendiger Religion. Lassen Sie sich ein auf eine Reise in die Welt des Hinduismus.

Hermann-Josef Frisch

Der Hinduismus

Die vielen Religionen der Welt und der Menschheitsgeschichte gleichen einem üppigen Wald, einem Urwald mit unüberschaubarem Dickicht. Einige hohe Bäume ragen heraus und sind für alle sichtbar – dies sind die Weltreligionen. Andere Bäume sind eher verborgen und klein, eher im Untergrund. Alle aber streben von der Erde, aus der sie kommen, hinauf zum Himmel. Dies ist ein Bild dafür, dass alle Religionen das gleiche Ziel haben: Menschen und Gott zu verbinden – in vielen Gestalten, in vielen Ausdrucksformen, im bunten Reigen religiösen Tuns, in der vielfältigen Bilderwelt religiösen Sprechens und religiöser Symbole. Dabei lassen sich – stark vereinfacht – verschiedene Religionen unterscheiden:

- Die Grundlage bilden Naturreligionen, auch ethnische oder traditionelle Religionen. Sie liegen heute oft im »Untergrund«, darüber sind die »Hochreligionen«, wie vereinfacht gesagt werden kann.
- Im vorderasiatischen Bereich sind – voneinander in hohem Maße abhängig – nacheinander Judentum, Christentum und Islam entstanden; sie werden weithin von einem {unterschiedlich definierten) Ein-Gott-Glauben (Monotheismus) geprägt.
- Zum südasiatischen Bereich gehören der Hinduismus, der Buddhismus, der Jainismus, später auch der Sikhismus. Im Hinduismus wird das Gottesbild differenzierter dargestellt: Das eine Göttliche im Hintergrund zeigt sich in vielen Gesichtern, begegnet dem Menschen in vielen Gestalten.
- In Ostasien sind Daoismus, Konfuzianismus (sofern man ihn als religiöse Strömung und nicht allein als Gesellschaftsphilosophie betrachtet) entstanden, dazu in Japan der mit Naturreligiosität verknüpfte Shinto, ebenso kleinere Religionen.

Der Hinduismus, heute vor allem in Südasien (früher auch in Südostasien), ist die Heimat von mehr als einer Milliarde Menschen. Er hat aber auch direkt auf dem aus ihm heraus entstandenen Buddhismus eingewirkt, sodass hinduistische Grundbegriffe wie Karma und Samsara auch dort zu finden sind. Doch vor allem prägen die vielfältigen Formen hinduistischer Religiosität (Hinduismus als Dach über vielen Religionen) das Leben der Menschen in Indien selbst.

Seite 12:
Brahmane
an einem Ghat
zum Ganges,
Varanasi

13

Indien – Land, Kultur und Religionen

Indien hat eine Fläche von 3 287 490 km^2 (27 Staaten der Europäischen Union = 4 234 564 km^2). Hinsichtlich der Landesfläche ist es das siebtgrößte Land der Erde. Indien ist eine Bundesrepublik, die von 29 Bundesstaaten und sieben bundesunmittelbaren Gebieten gebildet wird. Es ist ein multiethnischer Staat und mit über 1,45 Milliarden Einwohnern (2023) das bevölkerungsreichste Land der Erde, noch vor der Volksrepublik China mit 1,41 Milliarden. Die Überbevölkerungsprobleme in den Megastädten sind unübersehbar (offizielle Angaben: Dehli 32 Millionen, Mumbai 29 Millionen, Kolkata 14 Millionen, Bengaluru 13 Millionen, Chennai 11,5 Millionen [aus 2022, die wirklichen Zahlen dürften höher liegen). Die ethnische Vielfalt Indiens ist mit der des europäischen Kontinents vergleichbar. Etwa 72 % der Bevölkerung sind Indoarier. 25 % sind Draviden, die hauptsächlich im Süden Indiens leben. 3 % entfallen auf sonstige Völkergruppen, vor allem tibeto-birmanische, Munda- und Mon-Khmer-Völker im Himalayaraum sowie Nordost- und Ostindien.

In Indien werden weit über 100 verschiedene Sprachen gesprochen, die vier verschiedenen Sprachfamilien angehören. Neben den beiden überregionalen Amtssprachen Hindi und Englisch erkennt die indische Verfassung 21 weitere Sprachen an. In letzter Zeit gab es Versuche, den Gebrauch des Sanskrit wiederzubeleben. Sanskrit ist die Heilige Sprache des Hinduismus, die in Indien einen ähnlichen Stellenwert besitzt wie das Lateinische in Europa. Doch wird Sanskrit heute nicht mehr als Erst- oder Muttersprache verwendet.

Die Religionen in Indien ergeben nach dem Zensus von 2011 folgendes Bild: Hinduismus 79,8 %; Islam 14,2 %; Christentum 2,3 %, Sikhismus 1,7 %; Buddhismus 0,7 %; Jainismus 0,4 %, andere 0,9 % (Parsen in Mumbai, 5 000 Juden in Mumbai, Stammesreligionen in den östlichen Bundesstaaten). In diesem Band behandeln wir ausschließlich den Hinduismus, hier nur einige Hinweise zu Buddhismus, Jainismus und Sikhismus:

- Der *Buddhismus* geht auf Siddhartha Gautama (563–483 oder 460–380) zurück, der später Buddha (»Der Erleuchtete«) genannt wurde und im »Mittleren Land« (heute die Bundesstaaten Uttar Pradesh und Bihar) lebte. Der Buddhismus kennt heute drei

Reliefkarte aus dem Bharat Mata Mandir (Mutter Indien Tempel) auf dem Gelände der Universität Mahatma Gandhi Kashi Vidyapith, Varanasi

Hauptrichtungen: Theravada, Mahayana, Vajrayana (vgl. dazu die Bände »Die Welt des Buddhismus« und »Buddha.«).

- Die Religion der *Jainas* (sanskrit *jina* = Siegreicher [Überwinder des Leids]) entstand im 6.–5. Jahrhundert vor Christus in Indien. Sie geht zurück auf Vardhamana Mahavira (ca. 599–527 oder 497–425, etwa parallel zum Buddha), der durch tiefe Meditation die Allwissenheit der Erleuchtung erlangte.
- Der Sikhismus geht auf Guru Nanak (1469–1539) zurück, der die religiöse Trennung in Hindus und Muslime überwinden und alle zur Verehrung des einen Gottes führen wollte.

Im heutigen Indien spielen diese drei Religionen nur beschränkt eine Rolle. In den Städten wird man im Norden und in der Mitte überall islamische Bauwerke finden, Moscheen, Mausoleen, Paläste ... – eine Reminiszenz an die lange muslimische Herrschaft über Nord- bzw. Mittelindien. Dies führt immer wieder zu Auseinandersetzungen und religiöser Gewalt zwischen Hindus und Muslimen.

Doch vorherrschend im Bild Indiens und in diesem Band aufgezeigt sind die hinduistischen religiösen Orte: große und kleine Tempel, Wallfahrtsorte, heilige Berge und Flüsse, kleine Andachtsstätten am Wegrand, einfache Hausaltäre in den Wohnungen und vieles andere mehr. Indien ist selbst in der modernen Welt ein zutiefst religiös geprägtes Land – deshalb ist die Kenntnis des Hinduismus auch wichtig für jeden, der das Land bereist.

Hinduismus – Grundbegriffe

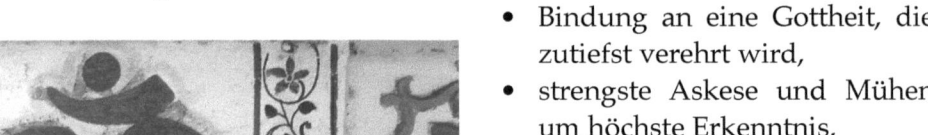

Der Hinduismus ist als ein Dach zu verstehen, das sich über sehr unterschiedliche Religionen und Philosophien erstreckt:

- traditionelle Rituale mit Opfergaben,
- hochgeistige philosophische Lehren,
- religiöses Brauchtum, das Millionen Menschen verbindet,
- Bindung an eine Gottheit, die zutiefst verehrt wird,
- strengste Askese und Mühen um höchste Erkenntnis,
- Leben im Bemühen um Gewaltlosigkeit und Liebe,
- Verbundenheit mit der Gottheit und dem ganzen Kosmos.

Doch gibt es einige Grundbegriffe, die alle hinduistischen Glaubensweisen und Rituale durchziehen und die auch in den Bauten und Bildern des Hinduismus abzulesen sind (vgl. nebenstehendes Bild):

Dharma: das, was Halt gibt, Zusammenhalt, kosmische Ordnung, ein einziges Prinzip, das die gesamte Welt und alle Aspekte des Lebens bestimmt. Dharma ist die harmonische Seinsordnung unserer Welt. Dharma ist aber auch die Sollensordnung, Grundlage einer Ethik: Der Hindu muss sich um ein dharmagemäßes Leben bemühen, sich einschwingen in das ordnende Prinzip des Lebens. Dharma ist darüber hinaus auch die Bestimmung des einzelnen Menschen und einzelner Gruppen: Dass jemand Brahmane oder Bauer ist, wird bewirkt durch das Dharma, schafft dann aber auch ein eigenes Dharma im Sinne von Verhaltensweisen und Lebensregeln dieser jeweiligen Kaste. Alles an Freude und Leid ist Dharma.

OM: Die heilige Silbe OM (auch als »A–U–M« gedeutet für: »Geburt – Leben – Tod«, also den Lebenskreislauf mit Geborenwerden, Leben und Sterben) ist der symbolische Laut des Dharma. OM ist der transzendente Urklang, aus dem hinduistischer Mythologie nach der ganze Kosmos entstand.

Karma: (sanskrit: Wirken, Tat) Karma meint alles Tun oder Unterlassen des Menschen und die sich daraus für ihn ergebenden Konsequenzen in dieser Zeit und im Blick auf die nächste Wiedergeburt. Man kann gutes oder schlechtes Karma sammeln, die Summe ergibt den Stand des Menschen in der nächsten Geburtenfolge. Wenn man dem Dharma folgt, sammelt man gutes Karma, verweigert man sich dem Dharma, so sammelt man schlechtes Karma. Jeder Mensch ist für sein Karma selbst verantwortlich.

Samsara: (sanskrit: Wandern, Kreislauf) Dies ist die Kette der Wiedergeburten, die abhängig ist vom jeweiligen Karma. Der ständige Kreislauf von Geburt – Leben – Tod wird nicht als Chance angesehen, sondern als leidvoll, als Unheil. Es gilt, aus diesem leidvollen Kreislauf von Wiedergeburten auszubrechen, zu *moksha* zu kommen, zur Befreiung aus dem Leidenskreislauf. Drei Wege führen zu moksha: *der Weg der Erkenntnis (jnana)* = Erkennen der Einheit von Brahman und Atman (s.u.); *der Weg des Handelns (karma)* = Werke der Nächstenliebe, aber auch Tempelbau, rituelles Opfer, Bad im Ganges, Pilgerfahrten ...; *der Weg der Liebe (bhakti)* = Hingabe an einen Gott durch Verehrung, Gebet, Tempelbesuch ...

Brahman und Atman: Brahman ist das Absolute, ein transpersonaler Urgrund von allem, das letzte Prinzip hinter allem. Als Gegenpol zum Brahman steht das Atman, das »Selbst« der Menschen, der hinter jeder Individualität der Person bleibende Grundbestand der Menschen (und anderen Lebewesen). Es ist notwendig, die grundsätzliche Einheit von Brahman und Atman zu entdecken: Der Kosmos ist eine Ganzheit (*advaita* = Nichtzweiheit), der Mensch ist darin eingebunden. Wenn der Hindu zur Einsicht einer Einheit von Brahman und Atman gelangt, erkennt er das Göttliche in sich selbst und seine innere Einheit mit dem Göttlichen. Weil dies auch für alle anderen Lebewesen zutrifft, ergibt sich auch die Einheit des ganzen Kosmos.

Der Alleine und die Götterwelt – Überblick

Die in den Epos Mahabharata eingegliederte kleine Schrift *Bhagavad Gita* gibt in einem Zwiegespräch zwischen dem Helden Arjuna und Krishna, dem Avatar Vishnus, Grundzüge des Hinduismus in poetischer Form wieder. In Kapitel 11, Vers 16 heißt es:

>»Ich sehe deine unendliche Gestalt ausgestreckt in jeglicher Richtung, mit unzähligen Armen, Körpern, Gesichtern und Augen.
>
>O Gott des Universums, dessen Gestalt das Universum ist, ich kann in dir keinen Anfang, keine Mitte und kein Ende entdecken.«

Dieser Vers gibt die zentrale Aussage des Hinduismus wieder: Der sich über den ganzen Kosmos erstreckende eine Göttliche erscheint dem suchenden Menschen in vielerlei Formen und Gestalten. Die zentrale Gottheit manifestiert sich in vielerlei Gottheiten.

Krishna, der Avatar Vishnus, erscheint Arjuna, dem Helden des Epos Mahabharata, als Vishvarupa (alldurchdringende Gestalt) – eine Gottheit in vielerlei Gestalten (etwa links als Ganesha, dem elefantenköpfigen Sohn von Shiva und Parvati), Statue in Singapur

Die alten Götter

| Indra | Agni | Surya | Chandra | Varuna | Mitra | Kubera |

dazu weitere Gottheiten und nonpersonale Mächte

Die Trinität der großen Götter heute

Shiva	Vishnu	Brahma

Shiva

in vielen
Erscheinungsformen

Shivas Familie:
• Parvati / Durga / Kali
und viele andere
Erscheinungsformen:
Meenakshi,
Mahishisuramardini,
Chamunda ...
• Ganesha
• Karttikeya / Murugan

Shivas Reittier:
Stier Nandi

Vishnu

erscheint in zehn Avatara:
1. Fisch (Matsya)
2. Schildkröte (Kurma)
3. Eber (Varaha)
4. Mann-Löwe
(Narasimha)
5. Zwerg (Vamana)
6. Mann mit Axt
(Parashurama)
7. Rama
8. Krishna
9. Buddha
(oder Balarama)
10. Kalki

Vishnus Gattin:
Lakshmi
Vishnus Reittier:
Vogel Garuda

Brahma

Brahmas Gattin:
Saraswati
Brahmas Reittier:
Gans Hamsa

Shakti

Die Gattinnen der Götter
stehen auch für unabhän-
gige weibliche Mächte,
für Devi (Göttinnen) und
Shakti (weibliche Kraft)
in hilfreichen
und bedrohlichen
Erscheinungsformen

Andere Gottheiten und Mächte

Saptamatrikas	Yama und Asuras	Ganga
Hanuman	Maya	regionale Dorfgottheiten

und andere

(aus: Die Götter Indiens. Der Alleine in vielen Gesichtern, Seite 35)

Zentrale Orte –
Himalaya, Ganges, Varanasi

Unter den vielen tausend religiösen Stätten in Indien, unter den vielen Pilgerzielen und von alten Mythen erzählenden Orten sind drei für den Hinduismus hervorzuheben: Der Heilige Berg, das Heilige Wasser (Quelle, Fluss, See, Meer) und der Wohnort der Götter werden gleichsam durch den Himalaya (darin besonders den Kailash), durch den Ganges als wichtigsten der heiligen Flüsse Indiens und durch die Stadt Varanasi (Benares, Kashi), der Stadt des Lichts und des mächtigen Gottes Shiva, repräsentiert.

Heilige *Berge* gibt es in allen Religionen, etwa der Berg Sinai für Juden und Christen, der Berg Kailash für Buddhisten, Hindus und Jain, die Heiligen Berge Chinas für Buddhisten und Daoisten, der Berg Koya [Koyasan] für japanische Buddhisten und Shintos ... Der Berg ist ein Symbol für Größe und Stärke. Er ist der Weltenberg, die Weltachse, die Himmel und Erde verbindet. Auf dem heiligen Berg ist der Wohnsitz eines Gottes oder der Götter. Im Hinduismus gilt der *Himalaya* mit seiner bis fast 9 000 m aufragenden Bergkette als Wohnort der Götter. Das große indische Epos Mahabharata berichtet davon, dass sie auf seinen Gipfeln Opferfeiern abhalten, um das Dharma zu bewahren. Dabei ist der in Westtibet gelegene Berg *Kailash* (6 714 m) der heilige Berg schlechthin, der mythologische Weltenberg Meru, die kosmische Achse der Welt. Nicht nur Hindus, sondern auch Buddhisten, Jain und Bön (vorbuddhistische Religion Tibets) halten diesen Berg für heilig. So umrunden Pilger aus vier Religionen den Kailash auf einem 53 km langen Pilgerweg. Für Hindus ist er der Götterberg, auf dem der Gott Shiva seinen Thron hat und mit seiner Gattin Parvati und seinen Söhnen Ganesha und Karttikeya lebt. Hier im Himalaya erscheint Shiva in seiner Form Shankar(a) — als in tiefer Meditation versunkener Asket.

Heiliges *Wasser* ist für alle Religionen das Lebenssymbol schlechthin; sie greifen auf, dass ohne Wasser kein Leben auf der Erde möglich ist. Doch gibt es in den Mythen der Religionen auch Erzählungen von einer bedrohlichen Urflut, die das Leben gefährdet. Die Kraft des Wassers muss demnach durch göttliches Eingreifen gebändigt und geordnet werden. Der im Himalaya thronende Gott Shiva etwa fängt

Seite 21:
• Der Kailash, Nordseite mit buddhistischen Chörten, Tibet
• Gangeskanal in Haridwar, ein Ziel der Kumbh Mela Pilgerfahrt
• Bad in der heiligen Ganga und Verbrennung der Toten, Ghat am Ganges, Varanasi

mit seiner Hand die gewaltigen Wasser des Flusses Ganga auf (vgl. im Band »Die Götter Indiens« das Bild auf Seite 67). So wird der Fluss Ganges gebändigt und zum heiligen Fluss, in dem ein Bad für Hindus nicht allein die Reinigung von Schuld bedeutet, sondern auch eine Verbindung mit den Göttern. Mehr noch – das Wasser der heiligen Flüsse Indiens kann zur Erlösung (moksha) führen.

Dies wird von gläubigen Hindus an manchen Orten in besonders intensiver Weise erfahren: Varanasi etwa ist der wohl wichtigste Ort hinduistischer Religiosität. Dies nicht nur, weil man hier in der »Stadt des Lichts«, dem heiligsten Ort Indiens den Göttern begegnen kann, besonders dem mächtigen Shiva Vishwanat, dem »Obersten Herrn der Welt« (vgl. Seite 62f.). Das Bad im Ganges und die Verbrennung nach dem Tod an seinem Ufer soll nach hinduistischer Auffassung sofort die Befreiung aus dem Kreislauf der leidvollen Wiedergeburten bewirken. Deshalb ist Varanasi das Ziel von Millionen hinduistischen Pilgern aus ganz Indien, die sich entlang der kilometerlangen Badeghats morgens beim ersten Sonnenlicht im Wasser des Ganges reinigen. Direkt daneben sind die Verbrennnungsstätten zu finden, denn wer am Ganges stirbt, dort verbrannt wird und dessen Asche anschließend in den Ganges gestreut wird, der erlangt unmittelbar Erlösung, zum hinduistischen moksha, der Befreiung vom leidvollen Kreislauf der Geburtenfolge (vgl. Seite 60f.).

Was für den Berg Kailash, den Fluss Ganges und die Stadt Varanasi gilt, dass hier die Nähe des Göttlichen (gleich in welcher Erscheinungsweise) in besonderer Weise zu spüren ist, gilt natürlich auch für eine Unzahl weiterer Berge, Flüsse (dazu Seen wie etwa in Pushkar, vgl. Seite 70f.) und Städte. Dieses Buch schildert in vielen Beispielen, wie bunt, lebendig manchmal auch rätselhaft sich die Welt des Hinduismus im Großraum Indien zeigt – auch in moderner Zeit in Orten der Erfahrung des einen Göttlichen in vielen Gesichtern.

Kumbh Mela Orte

Das größte Pilgerereignis der Welt ist das hinduistische Fest Kumbh Mela, das in vier verschiedenen Städten in mehrjährigem Abstand gefeiert wird, sodass sich insgesamt ein Zwölf-Jahres-Zyklus ergibt. Der Kumbh Mela (hindi *kumbh* = »Krug«, *mela* = »Fest« [Fest des Kruges«]) geht auf einen alten Mythos zurück: In der Ursprungszeit des Kosmos dieses Weltzeitalters wurde die Welt von Devas (Göttern) und ihren Gegenspielern, den Asuras (Dämonen), beherrscht. Beide suchten den legendären »Nektar der Unsterblichkeit« zu erlangen. Dazu begannen beide Gruppen gemeinsam das »Quirlen des Milchozeans«: Um den Weltenberg Meru lag das Weltenmeer, der große Milchozean. In seiner geheimnisvollen Tiefe, die auch von Göttern und Dämonen nicht erreicht werden kann, befand sich Amrita, der Unsterblichkeitstrank.

Um diesen Trank aus der Tiefe nach oben zu befördern, schlangen Götter und Dämonen die unendliche Weltenschlange Vasuki (auch

Bad im Ganges, Haridwar

Ananta-Shesha) als Seil um den Weltenberg Meru. Das Quirlen des Milchozeans durch die Drehung des Weltenberges konnte beginnen – Götter und Dämonen zogen abwechselnd an Vasuki.

Das Werk der Götter und Dämonen gelingt erst nach der Bewältigung zweier Gefahren. Denn die Anstrengung des Quirlens überforderte zum einen Vasuki; die Schlange spie große Mengen des Giftes Halahala, welches Götter und Dämonen zu lähmen drohte. Da nahm Shiva eine Schale, fing das blau gefärbte Gift auf und trank es – er wird seitdem auch Nilakantha (blaue Kehle) genannt. Zum anderen drohte der Weltenberg aus dem Gleichgewicht zu geraten. Daraufhin verwandelte sich Vishnu in seinen zweiten Avatara (Erscheinungsform) Schildkröte (*kurma*), schlüpfte unter Meru und gab dem Berg dadurch neue Stabilität.

Aus dem milchigweißen und nun durch das Quirlen cremig gewordenen Wasser des Milchozeans tauchte nun der Krug (*khumb*) mit Amrita auf; doch Götter und Dämonen kämpften um diesen Krug. Während dieses Kampfes fielen vier Tropfen des Unsterblichkeitsnektars auf die Erde. Dort sind heute die vier Kumbh-Mela-Orte.

Bei bestimmten Sternenkonstellationen alle zwölf Jahre ist auch heute noch Amrita in den Flüssen dieser Orte zu finden. Wer dann an den Badeghats dieser Orte ins Wasser von Godavari, Shipra oder Ganges steigt und ein rituelles Bad nimmt, gewinnt Sündenfreiheit und Unsterblichkeit. Auch außerhalb der Festzeit (mela) schafft ein Bad an diesen heiligen Orten Verdienste, gutes Karma für die nächste Wiedergeburt. Das ist der legendär-mythische Hintergrund des Kumbh Mela und der ungeheuren Mengen von Pilgern, die im Wechsel alle zwölf Jahre in diese vier Orte kommen.

Diese heiligen Städte sind *Nashik* im Bundesstaat Maharashtra (nordöstlich von Mumbai) am heiligen Fluss Godavari, *Ujjain* im Bundesstaat Madhya Pradesh (nördlich von Indore) am heiligen Fluss Shipra, *Haridwar* im Bundesstaat Uttarakhand am heiligen Fluss Ganges und – wichtigster Ort – der Zusammenfluss der heiligen Flüsse Ganges und Yamuna bei *Prayagraj* (früher Allahabad) im Bundesstaat Uttar Pradesh. Hier sollen sich Ganges und Yamuna mit dem unterirdischen mystischen Fluss Saraswati vereinen und zusammen eine besondere spirituelle Kraft bewirken. An diesem heiligen Ort findet alle zwölf Jahre das größte religiöse Fest der Welt statt mit über hundert Millionen Pilger in nur wenigen Wochen.

Vier Char Dham
und sieben heilige Städte

Die Zahlen Vier und Sieben haben in vielen Religionen eine besondere Bedeutung:

- *Vier:* Es gibt vier Himmelsrichtungen (in China mit der vertikalen Achse von unten nach oben fünf), Vier bezeichnet das Irdische, (Drei das Himmlische). Dazu passen im christlichen Bereich die vier Kardinaltugenden, die vier Evangelien, die vier letzten Dinge (Gericht, Hölle, Fegefeuer, Himmel). Im Buddhismus sind es vier edle Wahrheiten, die vier unermesslichen Geisteshaltungen (Liebe, Mitgefühl, Mitfreude, Gleichmut) ...
- *Sieben:* Die heilige Zahl Sieben ist die Zahl der Wochentage und der Planeten in der Astrologie. Als Vollkommenheitszahl taucht sie vielfach auf: der siebenarmige Leuchter in der jüdischen Synagoge, sieben christliche Sakramente, ein siebenstöckiger Meru (Tempelturm) im balinesischen Hinduismus, der siebenköpfige Schlangenkönig Mucalinda im Buddhismus.

Im Hinduismus gibt es eine Ordnung der vier Char Dam und der sieben heiligen Städte, die über das Land verstreut ein Netz von Orten ausspannen, in denen die Menschen das Göttliche in seiner vielfältigen Gestalt in besonderer Weise erfahren können (vgl. die gelben und die orangen Punkte auf der Karte Seite 31).

Char Dham (»vier Wohnorte«) sind die vier Orte *Dvaraka* (Dwarka) im Westen, *Badrinath* im Norden, *Puri* im Osten und *Rameswaram* im Süden. Sie umschließen in allen Himmelrichtungen Bharata, das Land Indien. Zugleich aber haben sie eine mythologische Bedeutung: Der Hinduismus kennt vier Weltalter *(yuga)*, die jeweils einen nahezu unendlichen Weltzyklus bilden *(mahayuga)*. 1 000 Mahayugas bilden einen Brahmatag (4 320 Millionen Jahre), der von einer ebenso langen Brahmanacht abgelöst wird. Danach entsteht wieder eine neue Welt.

Die vier Yuga sind unterschiedlich lang; in ihnen wird das Dharma, die Weltenordnung in unterschiedlicher Weise umgesetzt:

- Das *Satya-yuga* (»Wahrheit-yuga«) ist das vollkommenste, das goldene Zeitalter, in dem das Dharma ganz verwirklicht wird.
- Im nur halb so langen silbernen *Treta-yuga* wird das Dharma nur noch zu Dreiviertel umgesetzt.

- Das bronzene *Dvapara-yuga* führt zu schlechteren Verhältnissen, in ihm ist das Dharma nur noch zur Hälfte vorhanden.
- Das *Kali-Yuga* (»Schwarze Yuga«, eiserne Yuga), in dem wir leben, ist die Zeit des Verderbens und des Untergangs, bevor wieder ein neues, goldendes Zeitalter beginnt.

Die vier Char Dham Orte repräsentieren jeweils eines dieser Zeitalter: Badrinath im heiligen Himalaya-Gebirge (vgl. Seite 44f.) steht für das Satya-Yuga, der südlich Abschluss Indiens in Rameswaram (vgl. Seite 178f.) bedeutet das Treta Yuga, die Westseite Indiens in Dvaraka (vgl. Seite 80f.) verweist auf das Dvapara Yuga und die Stadt Puri in Odisha (vgl. Seite 108f.) repräsentiert unsere Zeit des Kali Yuga. So wird die Geografie von Bharata (Indien) mit dem Mythos der Weltzeitalter verbunden – Raum und Zeit sind in den hinduistischen Vorstellungen des Dharma geordnet.

Die *sieben heiligen Städte Indiens* sind eher ungleichmäßig über das Land verteilt. Doch soll der gläubige Hindu diese Städte besuchen, weil er so zu *moksha,* zur Befreiung aus dem Leidenskreislauf, gelangen kann. Als die sieben heiligen Städte Indiens werden benannt:
- *Varanasi*, die religiöse Hauptstadt Indiens und unter den sieben heiligen Städten die wichtigste (vgl. Seite 60ff.);
- *Ayodhya*, der Geburtsort des siebten Vishnu-Avatara Rama, ein zwischen Hindus und Muslimen heute stark umstrittener Ort, (vgl. Seite Seite 56f.);
- *Mathura*, der Geburtsort des achten Vishnu-Avatara Krishna, zusammen mit dem nahebei gelegenen Vrindavan (vgl. Seite 52ff.);
- *Bodh Gaya*, eigentlich als Ort der Erleuchtung des Buddha ein buddhistischer Pilgerort, doch wird Buddha im Hinduismus manchmal als neunter Avatara Vishnus gesehen (vgl. Seite 64f.).
  Allerdings wird statt Bodh Gaya meist die Kumbh Mela-Stadt *Haridwar* genannt, dann steht wie bei Varanasi der heilige Fluss Ganges im Vordergrund (vgl. Seite 49);
- *Kanchipuram* (auch Kanchi, *puram* = Stadt), ein Verehrungsort Shivas im Süden in Tamil Nadu (vgl. Seite 158f.);
- *Ujjain*, ebenfalls einer der vier Kumbh Mela-Orte und auch Verehrungsstätte eines Shiva-Jyotirlingams im Mahakaleshwar-Tempel (vgl. Seite 82ff.);
- *Dvaraka* (Dwarka), auch hier Krishna-Verehrung (vgl. Seite 80f.).

Alle sieben Städte werden von unzähligen Pilgern besucht.

Jyotirlingam Orte

Der Gott Shiva ist der Zerstörer und Erneuerer des Kosmos; sein göttlicher Tanz (Shiva Nataraja = »Herr des Tanzes«) vernichtet alles Widergöttliche, Dämonische und gibt der Erde danach neues Leben. Er wird geliebt und gefürchtet, er ist ein unnahbarer und rätselhafter Gott. Zugleich ist er der mächtigste Gott, der heute in Indien, vor allem im Süden, verehrt wird.

Shiva wird oft figürlich oder in Bildern in verschiedenen Formen dargestellt: Er kann als Shiva Shankar der Asket sein, der auf dem Gletscher des Himalaya meditiert. Er kann mit seiner Familie (Frau Parvati, Söhnen Karttikeya und Ganesha), zudem mit seinem Reittier, dem Stier Nandi, dargestellt werden. Er ist vor allem im Süden Indiens der Nataraja, der König des Tanzes. Er ist Shiva Tryambaka, der Dreiäugige, dessen drittes Auge, das Stirnauge durch einen Feuerstrahl die Welt zerstört, wenn es geöffnet wird. Er ist aber auch Shiva Ardhanarishvara, halb männlich, halb weiblich, Gott und Göttin zugleich, eine die Dualität überwindende Einheit. Zusammen mit Vishnu ist er Harihara – das eine Göttliche zeigt sich in der Einheit der beiden größten Göttergestalten Indiens.

Meist aber wird Shiva in den Tempeln symbolisch durch das Lingam, einen Phallus dargestellt, manchmal auch in der Kombination von Lingam und Yoni, von männlichem und weiblichem Geschlecht. Dieses Symbol Shivas ist das Symbol der Einheit, es ist der Quell des Lebens. Aus dem Lingam (damit aus Shiva) entspringt das gesamte Sein, der ganze Kosmos, auch die Menschheit als Teil des Kosmos. Das Lingam enthält alle Welten in sich. So wird die Yoni auch als Symbol der Erde gedeutet, das Lingam dann als der Himmel, der sich auf die Erde herabsenkt. Das Lingam wird in hohem Maß von den Shivaiten verehrt. Er ist für sie die Mitte des Kosmos, die Fülle allen Seins, der eine Punkt, auf den alles hinzuläuft. Shiva-Tempel ohne Lingam sind nicht denkbar.

Oft wird ein Lingam unten quadratisch, darüber achteckig, dann rund gestaltet: Symbol für Brahma (unten), Vishnu (Mitte) und Shiva (oben) – Shiva übersteigt die beiden anderen großen Götter. Eine mythologische Erzählung stellt dar, wie Shiva die beiden anderen bedeutenden Götter und damit alle Götter dadurch übertrifft, dass er sich am Anfang der Zeit in einer unendlichen Feuersäule manifestiert, in einem *Jyotirlingam*, das sich unendlich in den Himmel und in die Erde erstreckt.

Das erste Lingam war also eine Feuer- und Lichtsäule, die den Kosmos durchglühte und erhellte – es wird Jyotirlingam genannt, »Lingam des Lichts«. Solche Jyotirlingam werden in Indien heute an zwölf heiligen Orten verehrt. Dort findet sich jeweils in einem Tempel die zu Stein gewordene Lichtsäule Shivas. Diese symbolisiert im Kosmos die Zeugungskraft Shivas, seine Fruchtbarkeit und damit letztlich das gesamte Leben.

Die zwölf Orte der Jyotirlingam sind für Hindus bedeutende Pilgerorte, viele Pilger wandern zu den über ganz Indien verstreuten Orten, um sich den Schutz Shivas zu sichern. Die zwölf Jyotirlingam-Orte sind in alphabetischer Reihenfolge (vgl. Karte auf Seite 31):

Chaturmukha Lingam, viergesichtiges Lingam, Kushan-Zeit, Mathura, 2. Jahrhundert n.Chr., Nationalmuseum, Dehli

- *Bhimashankar* im Bundesstaat Maharashtra;
- *Ghrishneshwar*, bei Ellora ebenfalls in Maharashtra (vgl. Seite 124f.);
- *Kedarnath*, ein Himalayaort in Uttarakhand (vgl. Seite 44f.);
- *Mahakaleshwar* in Ujjain in Madhya Pradesh (vgl. Seite 85);
- *Nageshwar* bei Dvaraka in Gujarat (vgl. Seite 80f.);
- *Omkareshwar* am Narmada in Madhya Pradesh (vgl. Seite 89);
- *Ramanathaswamy*-Tempel in Tamil Nadu (vgl. Seite 178f.);
- *Somnath* in Gujarat (vgl. Seite 78f.);
- *Mallikarjuna* in Andhra Pradesh;
- *Trimbakeshwar* in Trimbak in Maharashtra (vgl. Seite 120f.);
- *Vaidhyanath* in Deoghar in Jharkhand (vgl. Seite 100f.)
- *Vishvanath* in Varanasi in Uttar Pradesh (vgl. Seite 63).

Andere heilige Orte

Die heiligen Orte von Kumbh Mela, Char Dham, der sieben heiligen Städte und der zwölf Jyotirlingam-Tempel sind zusammen mit Varanasi und den heiligen Flüssen und Bergen die wichtigsten religiösen Stätten in Indien. Doch darin erstreckt sich die Welt des Hinduismus keineswegs. Überall gibt es bedeutende oder nahezu unbekannte Tempel, größere und kleinere Wallfahrtsorte, Dorftempel und vieles andere mehr. Das ganze Land ist von religiösen Stätten durchzogen und viele Inder sind immer wieder unterwegs, um zu solchen Segen und Heil verheißenden Orten zu gelangen.

Es gibt überall Tempel, die – einer einzigen Gottheit gewidmet – einen besonderen mythologischen Hintergrund haben, der Tempel (Hindi = *mandir*) des Shiva Nataraja in Chidambaram etwa (vgl. Seite 164f.) oder nur ebenfalls in Tamil Nadu ein wenig südlich in Madurai der Meenakshi-Mandir mit seiner eher skurrilen Erzählung(vgl. Seite 176f.). Es gibt aber auch Tempel, die bewusst an einem bestimmten Ort einem Gott geweiht sind, der einzig bedeutende Brahma-Tempel in Pushkar in Rajasthan etwa (vgl. Seite 70f.) oder im westbengalischen Kolkata der Kalighat Mandir, wo die den Tod bringende Kali im Vordergrund blutiger Rituale steht (vgl. Seite 110f.). Auch der Jawalamukhi-Mandir in Himachal Pradesh ist einer weiblichen Gottheit gewidmet, der universellen Mata Devi, der Mutter allen Lebens (vgl. Seite 42f.). Auf einem Berg bei Myso-

Mädchen bringt Wasser als Opfergabe, Shiva-Tempel, Bajnath, Himachal Pradesh

re erscheint die Mata Devi als schreckliche Chamunda, die als Mahishasuramardini den gefährlichen Dämonen Mahishasur besiegt, der die Macht der Götter begrenzen wollte, damit aber den kosmischen Dharma gefährdete (vgl. Seite 142f.). Andere Orte erinnern an die verschiedenen wichtigen Avatara von Vishnu: Mathura mit Vrindavan an den achten Avatara Krishna (vgl. Seite 52ff.), Ayodhya an die Geburt des siebten Avatara Rama (vgl. Seite 56f.), Bodh Gaya (aus hinduistischer Sicht) an den neunten Avatara Buddha (vgl. Seite 64f.). Auch gibt es geschichtliche Ereignisse, die in einem Tempel erinnert werden, in Gangaikondacholapuram (»Stadt des Chola[-Königs Rajenda I.], der die Ganga besiegte«) in Tamil Nadu etwa wird an einen Feldzug der Chola-Dynastie bis zum Fluss Ganges im Norden gedacht (vgl. Seite 166f.). Verwirrend ist bei den Tempelnamen, dass die großen Götter regional unterschiedlich mit verschiedenen Namen

Shiva und Parvati mit Nandi, Statuen in einem Dorf in Tamil Nadu

belegt werden. In Udaipur in Rajasthan etwa ist der Haupttempel Jagdish-Mandir Vishnu geweiht, der hier unter dem Namen Jagannath (»Herr der Welt«) verehrt wird (vgl. Seite 74f.), ähnlich in Puri, wo es auch einen Jagannath-Mandir gibt (vgl. Seite 108f.) Gleich wohin man in Indien reist, man wird überall bedeutende Tempel finden, der Hinduismus prägt das Land, muslimische und andere Einflüsse kommen hinzu.

Zu ergänzen ist, dass jedes Dorf seinen heiligen Ort oder gar ein Tempelgebäude besitzt; hier spielen regionale Traditionen, Mythen, Erzählungen, Feste und Bräuche eine wichtige Rolle. Viele indische Familien haben auch einen Hausaltar in ihrer Wohnung, wo sie einen oder mehrere Götter verehren.

Karten

Die Bundesstaaten in Indien

- Die zwölf Jyotirlingam-Stätten
- Die vier Khumb Mela-Stätten
- Die sieben Heiligen Städte
- Andere wichtige Orte in Indien
- Die vier Char Dham Orte

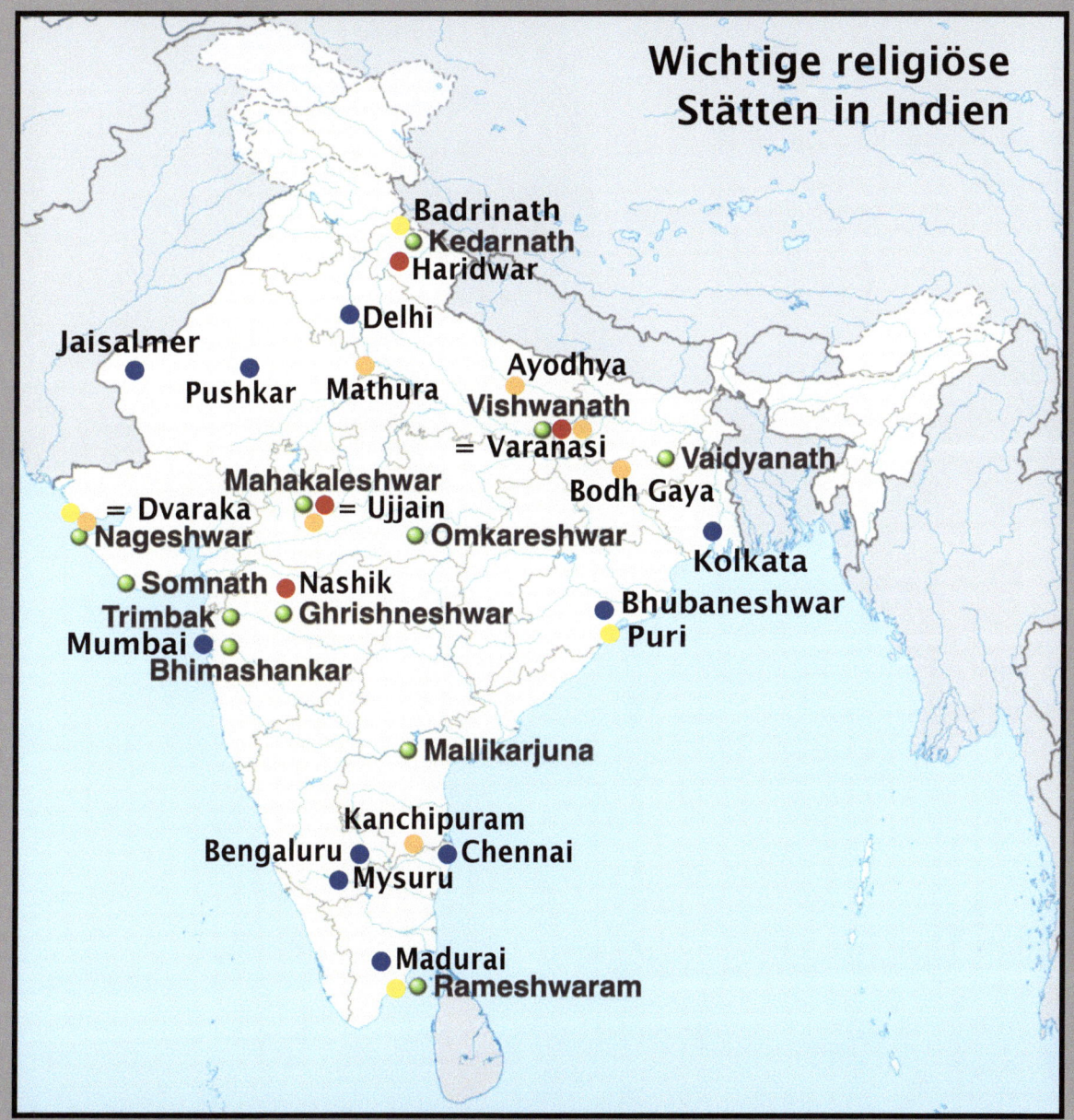

Wichtige religiöse Stätten in Indien

Badrinath
Kedarnath
Haridwar
Delhi
Jaisalmer
Pushkar   Mathura
Ayodhya
Vishwanath
= Varanasi
Vaidyanath
Bodh Gaya
Mahakaleshwar
= Dvaraka   = Ujjain
Nageshwar   Omkareshwar
Kolkata
Somnath   Nashik
Trimbak   Ghrishneshwar   Bhubaneshwar
Mumbai   Puri
Bhimashankar
Mallikarjuna
Kanchipuram
Bengaluru   Chennai
Mysuru
Madurai
Rameshwaram

Der Norden

In diesem Buch werden die religiösen Stätten des Hinduismus in fünf Kapiteln aufgeteilt: Der Norden, die Mitte, der Osten, dazu der Südwesten und der Südosten. Damit wird die übliche Gliederung des Landes nach indoarischen (Norden, Mitte und Osten) und dravidischen Sprachfamilien (Südwesten und Südosten, bzw. vor allem die Bundesstaaten Karnataka, Kerala, Andra Pradesh und Tamil Nadu) differenziert. Einige Bundesstaaten, wie etwa die durch tibeto-birmanische Sprachen geprägten Gebiete im Nordosten, werden nicht dargestellt; ebenso gilt dies für das Gebiet von Jammu-Kashmir, Ladakh und den Punjab im Nordwesten. Der Punjab ist vor allem vom Sikhismus (Goldener Tempel in Amritsar) geprägt, Jammu-Kashmir dagegen von mehrheitlich muslimischer Bevölkerung und Ladakh (mit Zanskar) von Buddhisten. Dies bedeutet eine Beschränkung und zugleich Konzentration dieses Buches auf die Bundesstaaten und Gebiete, wo sich heute bedeutende hinduistische Pilgerorte und Tempelanlagen befinden.

Der Norden umfasst die Bundesstaaten Himachal Pradesh, Uttarakand, Uttar Pradesh und Bihar und das Unionsterritorium Dehli. Die Darstellung beginnt ganz im Westen an den Südabhängen des Himalaya und wandert dann – weithin nördlich des Ganges – nach Osten bis ins Gebiet des sogenannten Mittleren Landes, dem Gebiet, in dem der Buddha lebte und wirkte. Bodh Gaya, obwohl Hauptpilgerort aller buddhistischen Schulen, bildet den Abschluss deshalb, weil Buddha im Hinduismus manchmal als neunter Avatara des Gottes Vishnu angesehen wird. So wird ein Ausblick darauf ermöglicht, wie der Hinduismus auf religiöse Weiterentwicklungen wie den Buddhismus einwirkte. (In ähnlicher Weise könnte gilt dies für den Sikhismus, eine Religion mit Einwirkungen aus Hinduismus und Islam, doch führt das in diesem Buch zu weit.)

Der Norden umfasst mit zwei Kumbh Mela Orten (Haridwar und Prayagraj) und mit Varanasi, der Gangesstadt mit zugleich einem der wichtigsten Shiva-Tempel, dazu auch mit den Geburtsorten von Rama (Ayodhya) und Krishna (Mathura) einige der wichtigsten Stätten des Hinduismus überhaupt.

Seite 32:
Shiva-Tempel,
Baijnath,
Himachal Pradesh

Nurpur – Krishna–Mandir

Krishna, der aufgrund eines Geburtsmythos »Der Schwarze« genannt, doch meist in blauer Farbe dargestellt wird, ist mit Abstand der beliebteste Avatara Vishnus (vgl. dazu besonders seine Geburtsstadt Mathura, Seite 52f., und Vrindavan, Seite 54f.). So finden sich überall im Land Krishna-Tempel und Verehrungsstätten. Der Krishna-Mandir in Nurpur, offiziell Shri Brij Raj Swami Mandir genannt, ist durch seine besondere Lage innerhalb einer alten Festungsruine und mit bezaubernden Blick auf das Bergland von Himachal Pradesh, dazu durch seine schwarze Krishna- Statue herausgehoben.

Fährt man von Amritsar im Punjab aus 130 km nach Nordwesten, so erreicht man nach dem größeren Ort Pathankot die selten besuchte Kleinstadt Nurpur. Sie war früher ein eigenes kleines, bereits im 11. Jahrhundert gegründetes Fürstentum im Bergland des Vorhimalaya, die Ruinen und Mauern der Nurpur-Festung erinnern daran. In der Nordwestecke des nördlich der kleinen Stadt liegenden Forts befindet sich der Krishna-Mandir, der vollständig restauriert worden ist. Das Hauptziel der Pilger, die nach wie vor in diesen abgelegenen Ort kommen, ist die Statue des Schwarzen Krishna, die beim Tempelbau im Jahr 1615 dort vom König Jagat Singh eingebracht wurde. Auch ein kleiner Kali-Mata-Mandir ist in der Festung erhalten.

Seite 35:
Nurpur –
Krishna-Mandir:
• Schwarzer
Krishna
• Der Tempel
von außen
• Krishna
und Radha

Himachal Pradesh

Im Bundesstaat Himachal Pradesh (Hauptstadt Shimla mit 160 000 Einwohnern) leben auf einer Fläche von 55 000 km² etwa sieben Millionen Einwohner. Der Bundesstaat ist also sowohl flächenmäßig wie von seiner Einwohnerzahl einer der kleineren Bundesstaaten Indiens. Geprägt ist Himachal Pradesh von einem großen Höhenunterschied: Von den Himalayaketten im Norden geht das Gebiet bis hinunter in die nordindische Tiefebene. Dies bedeutet eine erhebliche Herausforderung für die Infrastruktur besonders der Verkehrswege. Das Gebiet ist landwirtschaftlich geprägt. Die Einwohner sind mehrheitlich (95 %) Hindus, sie sprechen zu 90 % Hindi. Das Bundesland ist erst 1948 durch den Zusammenschluss von 31 kleinen Fürstentümern entstanden, war zuerst Bundesterritorium, ab 1971 ist es ein eigener Bundesstaat.

Kangra – Brajeshvar–Devi–Mandir

Etwa 50 km südöstlich von Nurpur liegt Kangra in ca. 700 m Höhe, doch mit schönem Ausblick auf die Abhänge des Himalaya. Kangra hat wie Nurpur ca. 10 000 Einwohner, fast ausschließlich sind es Hindus, die vom Teeanbau im Kangratal und von anderen landwirtschaftlichen Produkten leben. Es gibt in der Stadt und ihrer Umgebung eine ganze Reihe von interessanten Tempeln. Die Ortschaft, früher Nagarkot genannt, an einer strategisch wichtigen Stelle ist sehr alt, bereits 1009 wurden Fort und der Brajeshwar-Mandir von Sultan Mahmud of Ghazni geplündert. Doch 1905 wurden bei einem großen Erdbeben alle Gebäude der Stadt zerstört, viele Menschen kamen um. So finden sich heute im Fort nur Ruinen, der Tempel dagegen wurde völlig neu erbaut.

Von den Tempeln der Stadt (u.a. ein Krishna-Radha-Tempel) ist der Brajeshwar(i)-Devi-Mandir der bedeutendste. Er verehrt die Göttin (= Devi), die in der Mythologie des Hinduismus mit verschiedensten Namen verbunden wird: Sati, Uma, Aparna, in späteren Zeiten Parvati und Durga. Verschiedene Mythen erzählen von der Verbindung der Göttin mit dem Gott Shiva. Sati (sanskrit »Gute Frau«) erreichte nach langer Askese die Hochzeit mit Shiva. Doch zum Festmahl, das im Haus ihrer Eltern hätte stattfinden müssen, wurde Shiva von Satis Vater Daksha nicht eingeladen, da dieser den Asketen Shiva verabscheute und als nicht standesgemäß für seine Tochter ansah. Daraufhin tötete sich Sati, weil sie Shiva treu und nicht in die Hand eines anderen Mannes gelangen wollte. Shiva nun geriet in Wut, nahm Sati auf seine Schultern und begann als Shiva Nataraja (Herr des Tanzes) den Tanz Tandav, welcher die Welt zerstören und eine neue Welt schaffen würde (vgl. Seite 164f. zu Chidambaram). Vishnu wollte dies verhindern, zerstückelte den Leichnam Satis in 51 Stücke, die auf die Erde fielen und die Erde so heiligten, dass Shiva von seiner Zerstörungswut abließ. An den 51 Stellen entstanden Shakti Pitha, Tempel, die in denen die Kraft der Göttin unmittelbar zu erfahren ist. In Kangra fiel die linke Brust Satis zu Boden; dort sollen schon die legendären Pandavas den ersten Tempel gebaut haben. Heute wird im Tempel vor allem Durga verehrt, eine Erscheinungsform von Parvati. Der Tempel ist ein wichtiges Pilgerziel im Nordwesten von Indien.

Seite 36:
Brajeshwar-Devi-Mandir in Kangra
• Der Tempel von außen
• Innenhof mit Blick auf die Vorberge des Himalaya
• Pilgerfamilien im Tempel
• Anrufung der Göttin

Palampur – Chamunda–Devi–Mandir

Nur 35 km östlich von Kangra gelangt man in dem kleinen Ort Palampur zu einem weiteren Tempel, welcher der weiblichen göttlichen Kraft Shakti gewidmet ist – dort in einer der schrecklichsten Formen. Schon die Göttin Durga kann Leben schenken, aber auch Leben nehmen. Dies steigert sich mit Kali, der Schwarzen, die einen grausamen Tanz selbst auf dem großen Shiva tanzt. Doch die Göttin Chamunda (vgl. Mysuru Seite 142f.) übersteigt alle Vorstellungen von Grausamkeit: Sie zeigt sich als nackte, alte und überaus hässliche Frau, oft auf einer Eule oder einem Leichnam reitend, eine Schädelkette um den Hals. Ihre Attribute sind verschiedene Waffen, aber auch ein Schädel oder eine Schädelschale. Dennoch ist sie nicht nur eine zerstörende Kraft, die alles Dämonische besiegt, sondern auch eine Naturgottheit, aus der neues Leben entspringt.

Von Chamunda gibt es verschiedene Ursprungsmythen: Shiva kämpfte vergeblich gegen einen Dämon mit Namen Andhaka, der deshalb nicht zu besiegen war, weil aus dem Blut, das nach einem Kampf mit Shiva zur Erde tropfte, sofort neue Dämonen entstanden. Die Kraft des männlichen Gottes reicht nicht aus, um den Dämon zu zerstören. Doch Chamunda trank das zu Boden tropfende Blut Andhakas, wodurch er sich nicht länger vermehren konnte und den Kampf verlor. Die nun blutrote Chamunda tanzte danach auf dem auf dem Boden liegenden Dämon (vgl. das Bild) wie Shiva Nataraja den Tanz, der die Welt zerstörte. Sie begleitete ihren Tanz mit einem gewaltigen Musikinstrument, dessen Körper der mythische Berg Meru und dessen Saiten die Weltenschlange Shisha waren.

Palampur liegt noch im Kangratal und wird auch von der Schmalspurbahn Kangra Valley Railway erreicht, sodass eine »romantische Anfahrt« in die kleine Stadt möglich ist. Der 40 000 Einwohner zählende und auf 1 200 m Höhe liegende Ort gehört früher zu Jalandhar, einem kleinen Königreich. Der Name setzt sich aus den drei Wörtern für Wasser, Gebiet und Siedlung zusammen – angesichts der Regenmengen am Südaufstieg des Himalaya erklärbar. Der Tempel mit seinen unscheinbaren Gebäuden, vielen Götterstatuen und dem Chamunda-Bildnis im Inneren des Tempels liegt ca. 18 km westlich vom Stadtzentrum in einem offenen Gelände.

Seite 39:
Chamunda-Devi-
Mandir in Palampur
• Außenansicht
• Statue der
Chamunda Devi

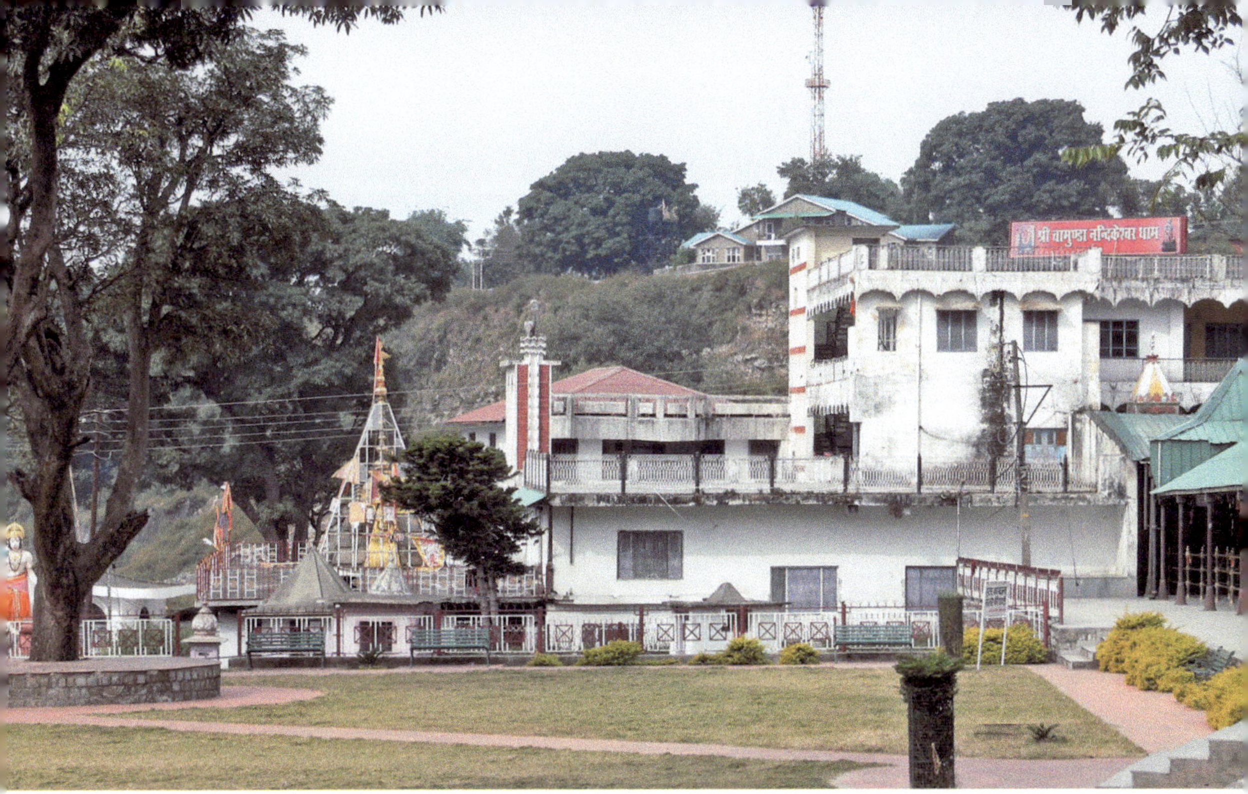
श्री चामुण्डा नन्दिकेश्वर धाम

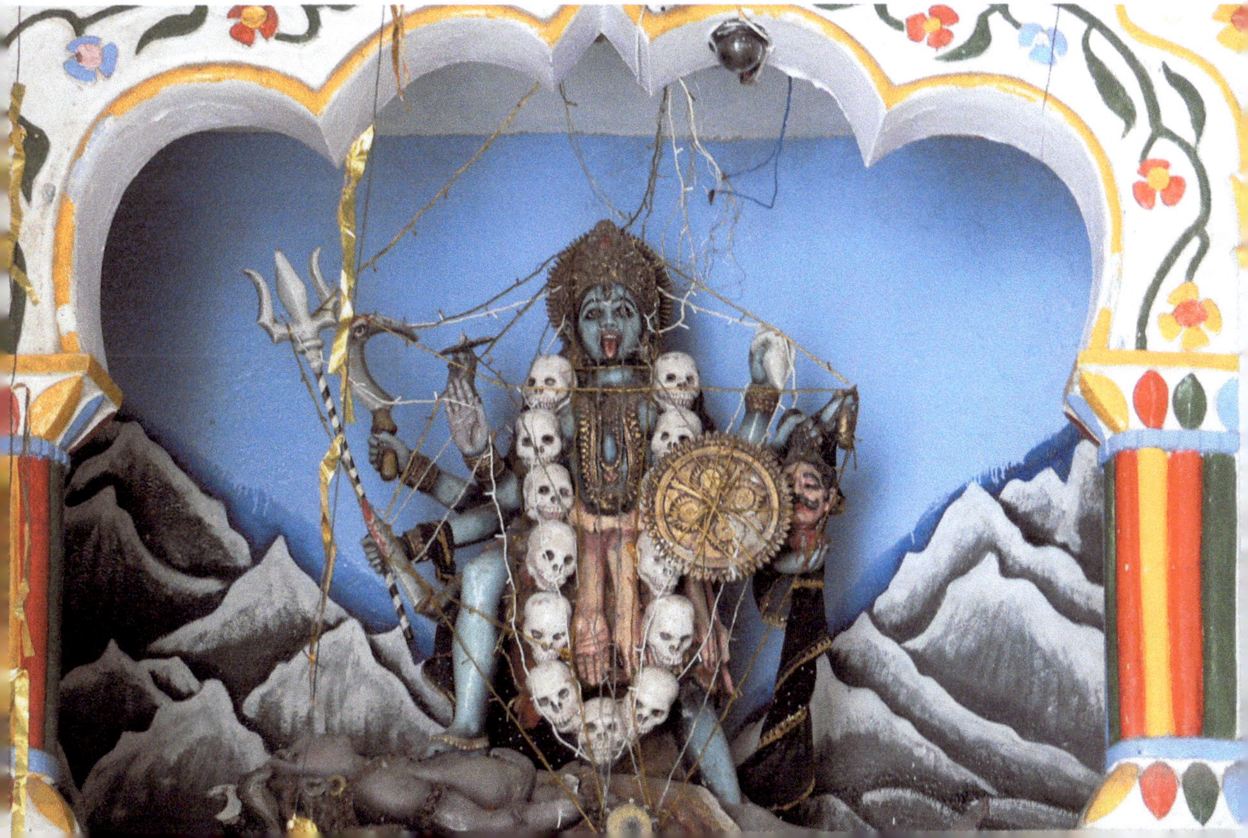

Baijnath – Shiva–Mandir

Knapp 20 Kilometer östlich von Palampur liegt Baijnath in etwa 1 000 m Höhe. Der kleine Ort ist vor allem geprägt durch den Baijnath-Tempel (vgl. das Bild auf Seite 32), von dem er auch den Namen erhalten hat. Der im für Nordindien typischen Tempelbaustil (Nagara-Stil) im 13. Jahrhundert von zwei Kaufleuten errichtete Tempel zeigt einen zentralen Tempelturm *(skahara)*, der den mythischen Weltenberg Meru symbolisiert und das zentrale Heiligtum beherbergt. Dieser Bereich kann nur von den Tempelbrahmanen für die Rituale betreten werden. Davor liegt eine Halle, die den Gläubigen und Pilgern für ihre Verehrung der Gottheit zur Verfügung steht; zu ihr führt eine Eingangshalle.

Der Baijnath-Tempel ist Shiva gewidmet, dem Gott der die Welt zerstören und danach neu schaffen kann. Er wird hier als Vaidyanath, als heilender Gott verehrt, der Krankheiten (Beeinträchtigungen des Lebens) überwinden kann. Shiva zeigt sich meist im Symbol des Lebens – im Lingam, hier auch mit Yoni für seine Gattin Parvati, männlich und weiblich in Vereinigung. Dieser Lingam in Baijnath zählt zu den zwölf Jyotirlingam in Indien (zu Lingam und Jyotirlingam vgl. Seite 26f.). Sein Reittier Nandi steht als große Statue vor dem Tempeleingang, Nandi wird von vielen Pilgern verehrt, weil sie über ihn einen Zugang zu Shiva selbst erhoffen. Auch neben dem Lingam im Heiligtum findet sich eine kleine Nandi-Statue. Die Außenwände des Tempels sind mit (nur teilweise erhaltenen) Reliefs bedeckt.

Ungewöhnlich ist die Kobra, die sich um den Lingam windet und hoch aufragt. In der indischen Mythologie gibt es jedoch immer wieder Nagas, Schlangenwesen mit übernatürlichen Fähigkeiten. Dies beginnt schon mit Vasuki (Shesha, Ananta – die Unendliche), die bei der Weltenschöpfung eine Rolle gespielt hat und ebenso beim Quirlen des Weltenozeans (vgl. Seite 22f. zu Khumb Mela). Schlangen können aber böse, dämonische Kräfte entwickeln – so muss Krishna (vgl. Seite 52ff.) gegen die vielköpfige Giftschlange Kaliya kämpfen. Schlangen sind mit der Erde und dem Wasser verbunden, Rituale zu ihrer Verehrung stammen oft noch aus uralter, vorhinduistischer Zeit. Sie haben eine schützende und Fruchtbarkeit verheißende Kraft, dies ist in Baijnath mit dem Lichtlingam Shivas verbunden.

Seite 40:
Von Kobra umschlungener Lingam mit Yoni, links Nandi, Shiva-Mandir, Baijnath

Jawalamukhi – Mata–Devi–Mandir

35 km südlich von Kangra und schon im Tiefland nahe dem Fluss und Stausee Beas, von dem bereits alte Mythen erzählen, liegt in der gleichnamigen Kleinstadt der Jawalamukhi-Tempel, der erneut einer weiblichen Gottheit, hier der Mata-Devi (Muttergöttin), gewidmet ist. Verschiedene Tempelgebäude liegen auf einem Hügel, dem man vom Ort aus zuerst durch Verkaufsstraßen mit Devotionalien hindurch nach einem kurzen Fußweg erreicht. Ort und Tempel sind das Ziel vieler Pilger, deshalb ist im Tempel auch mit Wartezeiten zu rechnen, bevor man eintreten kann. Doch dies verschafft die Möglichkeit zur Beobachtung hinduistischer Frömmigkeit.

Man erreicht zuerst den kleinen Haupttempel mit Goldenem Dach, in dem sich das Hauptbildnis der Göttin befindet. Sie wird hier als Göttin Durga auf einem Tiger reitend dargestellt, Waffen (Keule, Pfeil und Bogen), aber auch eine Lotosblüte als Symbol der Reinheit und Güte in den Händen haltend. Doch mit dieser Durga ist zugleich die Shakti gemeint, die göttliche Kraft insgesamt. Die Göttin ist zugleich Parvati, die aber letztlich mit Sati verbunden ist. Denn Jawalamukhi ist ebenso wie der Brajeshwar-Tempel in Kangra einer der 51 Shakti Pitha der heiligen Orte, auf die ein Körperteil des von Vishnu zerstückelten Leichnams der Sati herabfiel (vgl. Seite 37). In Jawalamukhi soll es die Zunge der Sati sein.

Hier in Jawalamukhi zeigt sich die kraftvolle und den Menschen zugewandte Anwesenheit der Göttin in einer ewigen Flamme (vgl. im Bild unten rechts ganz unten), die aus einer Felsspalte hervorlodert und nie erlischt. Man nimmt an, dass im Untergrund ein Vulkan tätig ist, der Gas durch den Felsspalt nach oben schickt, doch eine wissenschaftliche Deutung ist für die Pilger uninteressant. Der bedeutende muslimische Herrscher Akbar der Große (1542–1605) versuchte seinerzeit, die Flamme durch Wasser oder eine aufgelegte Eisenplatte zu ersticken, weil er Angst um eine Feuersbrunst in der Stadt hatte. Doch dies misslang und danach nahm die Zahl der Pilger weiter zu, die Milch und Yoghurt als kühlende Gaben bringen.

Weiter oben auf dem Hügel gibt es eine Reihe von Nebentempeln, die Durga und anderen Gottheiten gewidmet sind. Dort findet sich auch als Zeichen der Verehrung ein Bett für die Göttin.

Seite 43:
Jawalamukhi-
Tempel
• Außenansicht
• Das Bett
der Göttin
• Durga auf Tiger,
darunter
die ewige Flamme

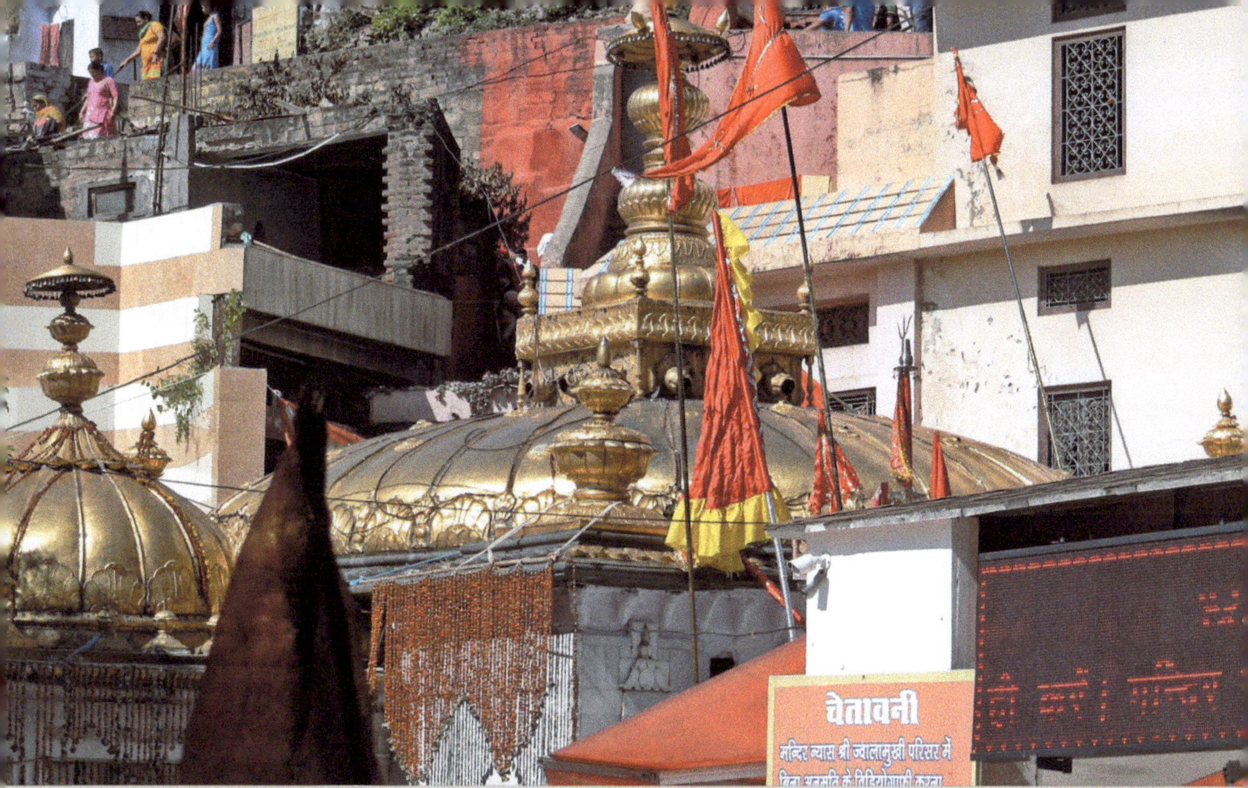
चेतावनी
मन्दिर न्यास श्री ज्वालामुखी परिसर में

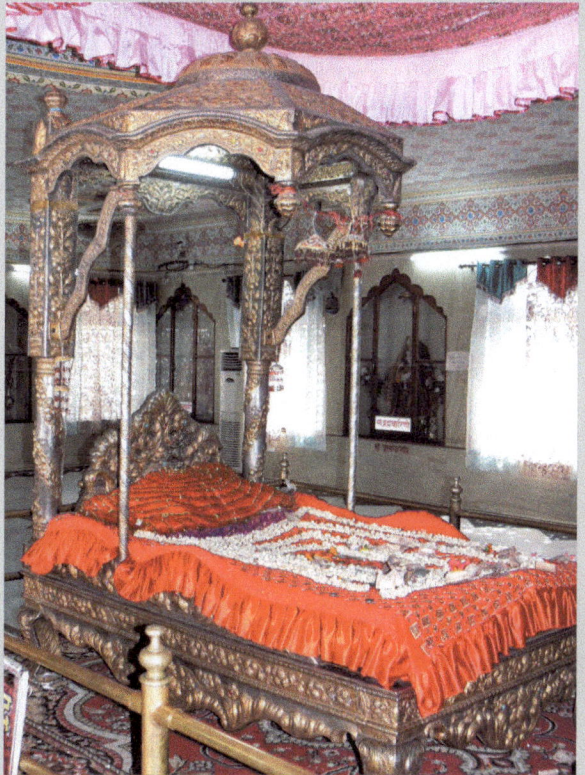

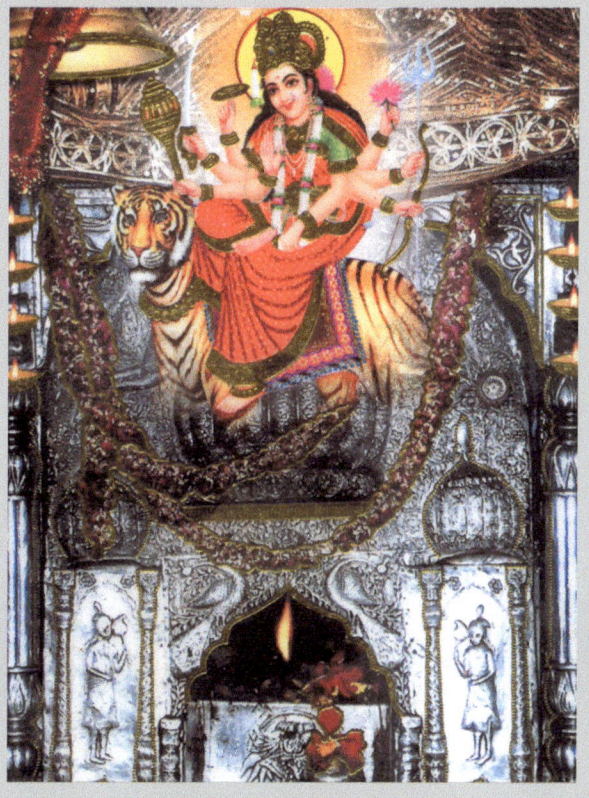

Kedarnath –
Jyotirlingam und Gangesquellen

Im Hochgebirge Uttarakhands liegen die Quellen der beiden heiligen Flüsse Indiens Yamuna und Ganges. Der *Yamuna*, Nebenfluss des Ganges mit 1 376 km Länge, fließt, aus dem Himalaya kommend immer westlich des Ganges an Delhi, und Agra vorbei bis zur Einmündung in den Ganges bei Prayagraj (vgl. Seite 58f.). Die Yamunaquelle liegt in 6 300 m Höhe oberhalb des Ortes Yamunotri, wo in 3 235 m Höhe ein Tempel für die Flussgöttin Yami besteht, Schwester von Yama, dem Gott des Todes, und Tochter des Sonnengottes Surya.

Yamunotri ist der westlichste der vier Pilgerorte umfassenden Route Chota Char Dham. Die drei anderen Orte dieser Route, Gangotri, Kedarnath und Badrinath, liegen rund um die Quellen des *Ganges*. In Gaumukh (»Kuhmaul«, ein Gletschertor) entspringt in 4 360 m Höhe einer der beiden Quellflüsse des Ganges, der Bhagirathi (der andere heißt Alaknanda, ist länger, aber für Hindus nicht so bedeutsam). Gangotri liegt nordwestlich von Gaumukh, Kedarnath südlich, Badrinath weiter östlich. Kedarnath ist von den vier Pilgerorten deshalb der wichtigste, weil er nicht nur zur Route Chota Char

---

Uttarakhand

Auch der südlich der Himalayakette liegende Bundesstaat Uttarakhand ist mit einer Fläche von 53 500 km^2 und einer Einwohnerzahl von etwas über zehn Millionen einer der kleineren indischen Bundesstaaten. Hauptstadt ist Dehradun mit ca. 700 000 Einwohnern. 83 % der Bevölkerung sind Hindus, es gibt aber eine größere Minderheit von muslimischen Bewohnern (14 %). Meist wird Hindi in seinen Pahari-Dialekten gesprochen, nur 5 % sprechen Urdu. Einkommen verschafft neben der Landwirtschaft (Hirse, Kartoffel, Gemüse) auch in vielen Orten (Gangesquellen, Haridwar ...) der Tourismus. Das Gebiet von Uttarakhand steigt von der Gangesebene bis ins Hochgebirge zum höchsten ganz auf indischem Boden liegenden Berg, dem Nanda Devi (7 816 m). Von hoher religiöser Bedeutung sind neben dem Khumb Mela Ort Haridwar die Quellen der beiden Flüsse Ganges und Yamuna, die als heilig verehrt werden und bedeutende Pilgerziele in Indien sind.

Dham gehört, sondern auch zu den vier allgemeinen Chor Dham Orten (vgl. Seite 24f.), die ganz Indien wie ein Kreuz überziehen. Im Kedarnath-Tempel wird zudem auch einer der zwölf Jyotirlingams (vgl. Seite 26f.) verehrt.

Kedarnath liegt in ca. 3 600 m Höhe und ist einer der wichtigsten Pilgerorte der Shiva-Verehrer. Der Ort ist von Dharamshalas, Pilgerherbergen, geprägt, in deren Mitte der Schrein liegt. Der Kedarnath-Tempel in einer beeindruckenden Berglandschaft soll auf den hinduistischen Mystiker und Philosophen Shankara (788–820) zurückgehen; der heutige Bauzustand stammt jedoch aus dem 18. Jahrhundert. Der Legende nach sollen sich die fünf Pandavabrüder, die Helden des großen indischen Epos Mahabharata (Großindien), nach dem dramatischen Kampf von Kurukshetra gegen ihre Feinde, die Kauravas, in die Berge zurückgezogen haben, um dort Buße zu tun. Shiva nahm dort die Gestalt eines Büffels an, den Bhima, der stärkste der Brüder, fassen wollte. Doch dann wurde Shiva zur Lichtsäule – und dieser Jyotirlingam blieb an diesem Ort. Im Jahr 2013 kam es zu einer großen Flutkatastrophe, bei der der Ort selbst weitgehend zerstört wurde. Der Tempel mit dem Jyotirlingam aber blieb verschont, weil sich ein großer Steinbrocken aus der Geröllmasse schützend vor ihn gelegt hat – Shiva schützt den Ort, an dem er erschienen ist.

Kedarnath-Mandir mit Jyotirlingam, Blick auf die Himalaya-Hauptkette

Rishikesh – Ashrams und Sadhus

Seite 47:
• Gangesufer
und Tempel
in Rishikesh
• Sadhus
am Ganges

Gut 200 km südwestlich von Kedarnath gelangt der Ganges in Rishikesh und Haridwar (vgl. Seite 48f.) aus den Himalayabergen in die nordindische Tiefebene. An diesen Stellen ist die Kombination von heiligen Bergen und heiligem Wasser besonders deutlich, zudem ein Zuweg aus Nordindien anders als in Kedarnath noch relativ einfach – wohl Gründe, warum diese beiden, nur 24 km auseinander liegenden Orte bedeutende Pilgerziele geworden sind.

Der Name der etwa 70 000 Einwohner zählenden Stadt (plus Pilger, Touristen und nur für einige Monate Meditation im Ort Verweilende) verweist auf den Sanskritbegriff *rishi* = Weiser. Dementsprechend findet man in den Tempeln und Ashrams am Gangesufer eine Vielzahl von Sadhus aus ganz Indien, die hier meditieren. Neben der spirituellen Intensität dieses Ortes besticht auch die landschaftliche Schönheit, Rishikesh ist ein lohnendes Reiseziel trotz vieler Besucher.

Der Ganges
bei Rishikesh

ॐ श्री गंगा देव्यै नमः
सन्त बाबा नागपाल जी

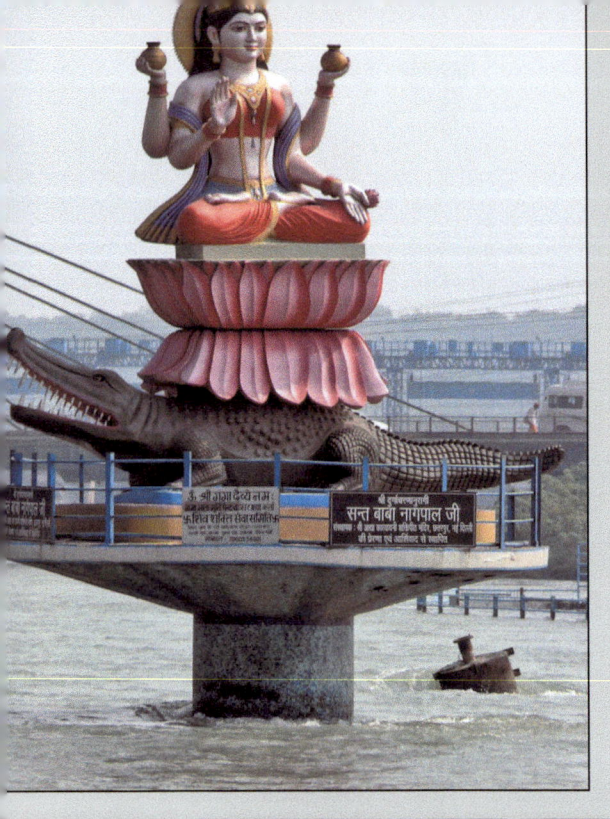

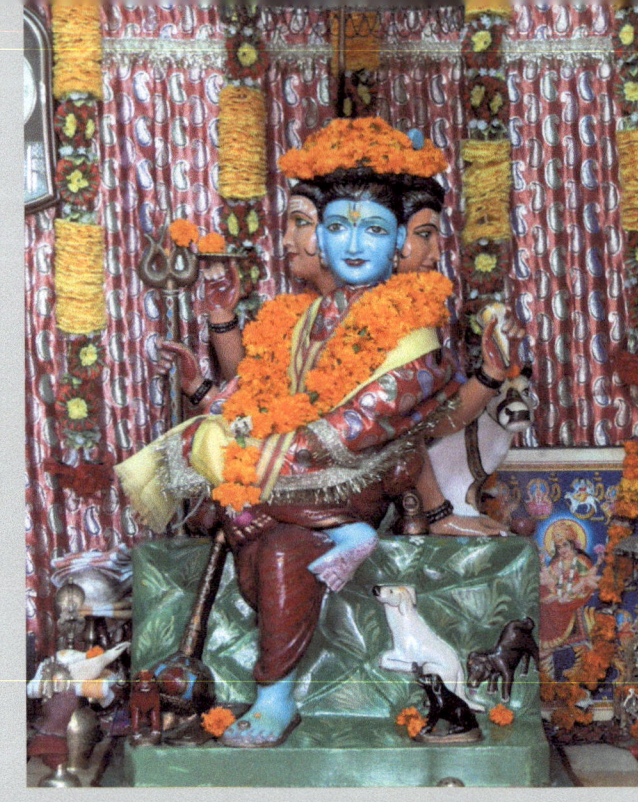

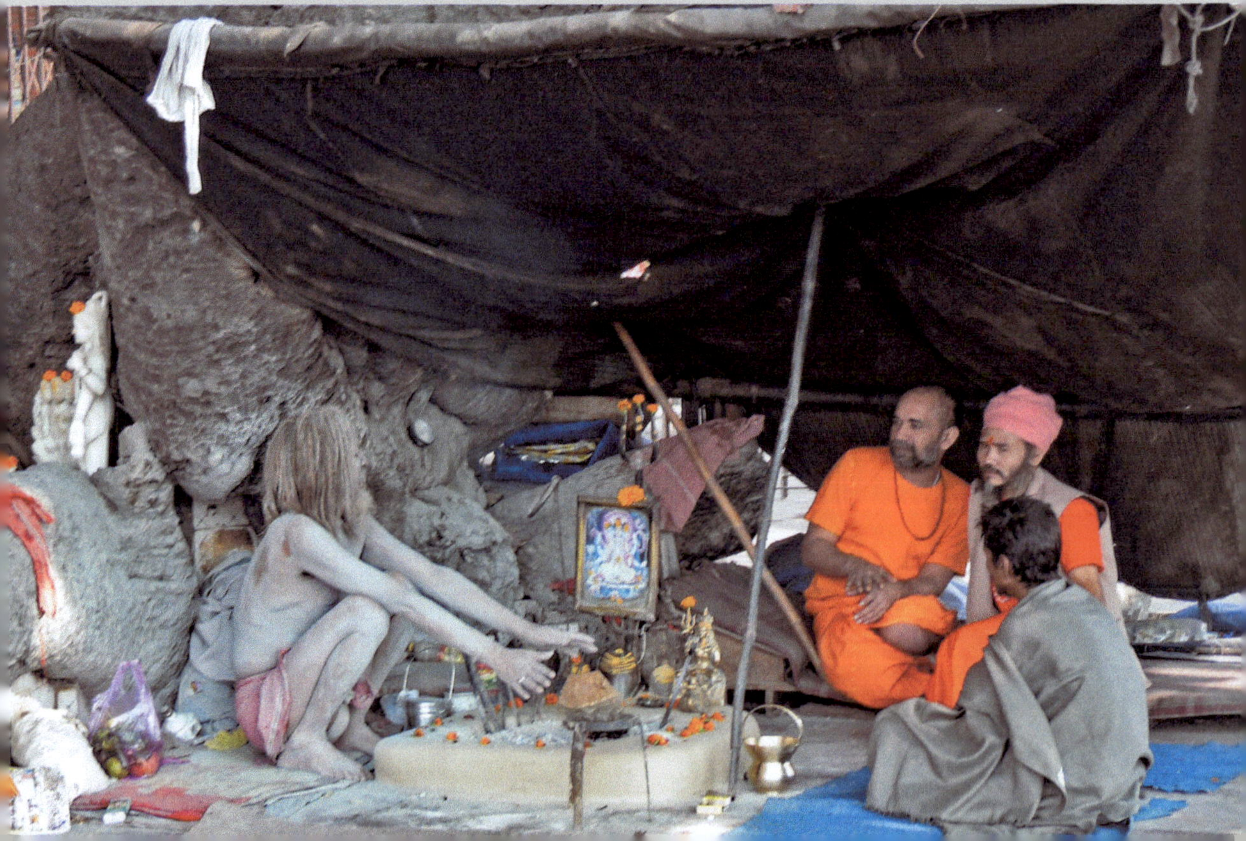

Haridwar – Kumbh Mela

Die etwa 240 000 Einwohner zählende Stadt Haridwar gehört zu den sieben heiligen Städten Indiens (vgl. Seite 25), wenn Bodh Gaya als Ort des Buddha, des 9. Avatara Vishnus, nicht gezählt wird. Außerdem – und das ist für den Ort bedeutsamer – findet hier alle zwölf Jahre die Khumb Mela statt (vgl. Seite 22f.) Haridwar gehört deshalb mit Varanasi und Ujjain zu den wichtigsten religiösen Orten des Hinduismus. Das ist schon beim Betreten der Stadt zu spüren – überall gibt es Dharamshalas (Pilgerherbergen), Ashrams (klosterähnliche Meditationszentren), Tempel für unterschiedliche Gottheiten, vor allem aber das Har Kiri Pauri Ghat (= »Ufer der Fußspuren Gottes«), das Gangesufer, von dem aus die vielen Millionen Pilger in den heiligen Fluss Ganges steigen. Von hier aus nehmen die Pilger auch Gangeswasser in Flaschen und großen Behälter mit nach Hause, um das Wasser in heimischen Shiva-Tempeln zu opfern oder um in der Heimat die heilende Kraft des heiligen Wassers zu spüren; ein Vergleich mit Lourdeswasser liegt nahe.

Flaschen für
Gangeswasser

Der Name der Stadt (entweder Haridwar oder Har[a]dwar) bezieht sich auf die beiden Gottheiten Vishnu und Shiva. Sie können zusammen als Harihara erscheinen (vgl. »Die Götter Indiens«, Seite 78f.), dann meint *Hari* Vishnu und *Hara* Shiva; *war* bedeutet »Tor zu«. Die heilige Kumbh Mela Stadt ist also das Tor zu den beiden wichtigsten Göttern Indiens. Zudem aber hat die Stadt eine Beziehung zur Flussgöttin Ganga. Als sie sich mit zerstörerischer Macht über die Erde ergoss, hielt Shiva als Asket sie mit seiner linken Hand auf, sodass das Wasser der Ganga nicht den Tod brachte, sondern Leben für die fruchtbare Gangesebene (vgl. »Die Götter Indiens«, Seite 66f.). Das große Standbild der Ganga im Fluss erinnert an diesen Mythos.

Obwohl Haridwar auf nur 300 m Höhe liegt, ist das Klima hier angenehm, weil hier das Wasser des aus den Himalayagletschern kommenden Gebirgsflusses noch eiskalt ist. Die Badenden werden gegen die reißende Strömung durch langsamer fließende Kanäle und durch Eisenketten geschützt (vgl. die Bilder auf Seite 21,2 und 22).

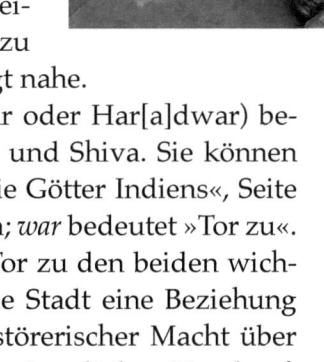

Seite 48:
Haridwar
• Statue der Göttin Ganga auf ihrem Reittier Krokodil im Ganges
• Trimurti (Dreigesicht) – die drei großen Götter Shiva, Vishnu und Brahma in einer Gestalt
• Sadhus in Haridwar

Delhi – Akshardham–Mandir

Obwohl Delhis Einwohner zu vier Fünftel Hindus sind, gibt es in der Stadt keine alten hinduistischen Bauten. Dies liegt an der langen muslimischen Herrschaft verschiedener Dynastien über Nordindien, deren Hauptstadt jeweils im Bereich des heutigen Unionsterritoriums lag. Diese muslimische Herrschaft wurde aus Sicht der Hindus von den (christlichen) Engländern abgelöst – ebenso eine Fremdherrschaft. Erst in der Neuzeit nach Gründung des Staates Indien und nach einer Rehinduisierung werden neue Tempel gebaut, der größte und bekannteste ist der Akshardham-Mandir (s.u.).

Schon lange vor der Zeitenwende war die Gegend des heutigen Delhi besiedelt, das Epos Mahabharata nennt dort einen Ort namens Indraprastha, doch ist dieser archäologisch nicht nachweisbar. Zur Zeit der alten indischen Dynastien (Maurya, Gupta) gab es dort ein wichtiges Verkehrszentrum Nordindiens. Um das Jahr 1000 wurde eine Festung errichtet, 1193 wurde die erste Stadt gegründet: Lalkot. Doch Bedeutung gewann die Stadt erst im Jahr 1206, als Qutb-ud-din das Sultanat von Dehli gründete. In der Folge wechselten sich die

---

Delhi

Delhi ist kein Bundesstaat, sondern ein Unionsterritorium, das unmittelbar der Zentralregierung unterstellt ist. Unmittelbar wird Delhi aber von einem eigenen Chief Minister und einem eigenen Parlament regiert. Auf einer Fläche von nur 1 483 km² leben inzwischen fast 22 Millionen Einwohner; im Metropolbereich, der auch die unmittelbar anschließenden Großstädte einbezieht, sind es 32 Millionen, das ist nach Tokyo und Jakarta die drittgrößte Metropolregion der Welt. Doch die Einwohnerdichte per km² ist in Delhi bedeutend höher (14 275, in Tokyo 4 700, in Jakarta 10 000; nur in Mumbai liegt sie mit 26 000 noch deutlich höher). Delhi liegt am Fluss Yamuna (vgl. Seite 44) auf etwa 200 m Höhe. Etwa 81 % der Bewohner sind Hindi sprechende Hindus, 13 % Muslime (Sprachen Urdu und Panjabi), hinzu kommen 3 % Sikhs und 1 % Jains. Delhis Bedeutung liegt natürlich vorrangig in der dort angesiedelten Zentralregierung, doch ist Delhi auch ein industrielles Zentrum des Landes.

unterschiedlichsten muslimischen Dynastien in der Herrschaft über Nordindien ab, sie gründeten jeweils auf dem Gebiet des heutigen Delhi eine neue Hauptstadt – die sieben Städte Delhis entstanden: Lalkot, Siri, Tughluquabad, Jahanpanah, Kotla Firuz Shah, Purana Qila und Shahjahanabad. Aus diesen Zeiten sind muslimische Bauwerke, vor allem Mausoleen erhalten. 1803 eroberten die Briten die Stadt, aber erst 1911 verlegten sie die Hauptstadt Britisch-Indiens von Kalkuta (heute Kolkata, vgl. Seite 110f.) nach Dehli. Folgerichtig wurde das nun mit neuen Regierungsbauten vergrößerte britische Delhi als achte Stadt, als Neu-Delhi bezeichnet. Nach der Unabhängigkeit Indiens 1947 wurde Delhi die Hauptstadt von Bharat Ganarajya, der Republik Indien.

In Delhi gibt es eine Reihe von bedeutenden muslimischen Bauwerken, die zentrale Jama Masjid ist nur ein Beispiel dafür. Außerdem gibt es Sikh-Tempel, etwa den Gurudwara Bangla Sahib und einen beeindruckenden Neubau der Bahai, den Lotostempel. Ein Neubau für den hinduistischen Bevölkerungsanteil ist der im Jahr 2005 eröffnete Swaminarayan Akshardham der größte Hindutempel der Welt, gelegen am Ufer des Yamuna in einem riesigen Gelände mit weiteren Gebäuden wie Museen, Kino und anderem mehr.

Akshardham-Mandir, der größte Hindutempel der Welt

Mathura – Krishnas Geburtsort

Mathura gehört zu den sieben heiligen Städten Indiens und ist deshalb ein wichtiges Pilgerziel. Wesentlich ist hier und im benachbarten Vrindavan (vgl. Seite 54f.) die Verehrung von Krishna, dem achten Avatara Vishnus. Die Stadt mit ca. 360 000 Einwohnern liegt am Ufer des Yamuna, dort gibt es auch eine Reihe von Bade-Ghats, von deren Treppen aus die Pilger in das Wasser des heiligen Flusses steigen. Geschichtlich ist Mathura dadurch bedeutsam, dass es hier bereits um 500 v. Chr. die Hauptstadt eines kleinen Königreiches gab. In den folgenden Jahrhunderten der Maurya- und der Shunga-Dynastie war das weiter östlich gelegene Pataliputra (heute Patna) zwar die Hauptstadt des nun ganz Nordindien umfassenden Reiches, Mathura aber blieb eine einflussreiche Stadt aufgrund seiner guten Verkehrsverbindungen und natürlich auch aufgrund der bedeutenden Krishna-Verehrung.

Heute findet man über die ganze Stadt verteilt viele große und kleine hinduistische Tempel. Oft sind sie Krishna gewidmet, aber auch die anderen Götter, vor allem Vishnu, werden verehrt. Vor allem der große und bunte Sri-Dwarkadish-Mandir ragt unter den vielen Krishna-Tempeln heraus. Hier wird eine Krishna-Statue aus

Seite 53:
Mathura
• Vishram Ghat,
Bild Krishna
• Kleiner Tempel
am Vishram Ghat
• Eingang zum
Dwarkadish-
Mandir

Uttar Pradesh

Uttar Pradesh (= »Nördliches Land«) hat mit 241 000 km^2 etwa zwei Drittel der Fläche Deutschlands, es ist flächenmäßig der viertgrößte indische Bundesstaat. Doch leben hier inzwischen über 200 Millionen Menschen – weit vor Maharashtra und Bihar ist dies der bevölkerungsreichste Bundesstaat Indiens, Bihar ist allerdings dichter besiedelt. Uttar Pradesh wird geprägt vom Ganges, der den Staat von West nach Ost durchzieht, im Westen und Süden verläuft auch der Yamuna, bis er in Prayagraj in den Ganges mündet. Knapp 80 % der Bevölkerung bekennt sich zum Hinduismus, knapp 20 % zum Islam. Doch es sprechen 91 % Hindi, nur 8 % Urdu. Uttar Pradesh hat sieben Millionenstädte: Lucknow mit fast drei Millionen, dann folgen Kanpur, Ghaziabad, Aligarh, Agra, Meerut, Varanasi (mit 1,2 Millionen, vgl. Seite 60f.) und schließlich Prayagraj, das frühere Allahabad (vgl. Seite 58f.).

schwarzem Marmor verehrt (vgl. den Krishna-Mandir in Nurpur, Seite 34 und das Foto auf Seite 35), welche Dwarkadish (König von Dwarka, vgl dazu Seite 80f. Dvaraka) genannt wird.

Von Krishna werden eine Fülle von Geschichten erzählt, von den widrigen Umständen seiner Geburt, von seiner Kindheit und Jugend, von seinem Leben als Hirte und schließlich von seinem Leben als Erwachsener und Ratgeber (bzw. Wagenlenker) des Fürsten Arjuna. In Mathura erinnert der Krishna-Janambhoomi-Tempel an seine Geburt in einer Gefängniszelle. Dem tyrannischen König *Kamsa* war geweissagt worden, dass der achte Sohn der Prinzessin *Devaki*, seiner Cousine, ihn töten würde. Deshalb ließ er seine Verwandte und ihren Gatten *Vasudeva* ins Gefängnis werfen, wo Devaki mit Krishna niederkam. Doch Krishna hatte als Manifestation Vishnus von Geburt an wunderbare Kräfte und so konnten die drei über den Fluss Yamuna fliehen. Am anderen Ufer ließ Devaki ihren Neugeborenen bei den Hirten *Nanda* und *Yashoda*, die zu Pflegeeltern des Krishna wurden. Kamsa ließ daraufhin alle Neugeborenen seiner Stadt töten, doch Krishna überlebte am anderen Ufer des Yamuna (ein Vergleich mit den Geburtslegenden von Mose und Jesus ist durchaus statthaft). Später tötete Krishna den bösen Kamsa.

Mathura als Geburtsort des Krishna erinnert an diese Mythen mit verschiedenen Festen. Neben dem Diwali-Fest (»Lichterkettenfest«), welches in Indien allgemein den Sieg des Guten über das Böse feiert, wird in Mathura besonders der Geburtstag von Krishna beim Janmashtami-Fest (Krishna Jayanti) gefeiert. Beim Hindola-Fest (Jhulan Purnima) werden Statuen von Dwarkadish (Krishna) und seiner Lieblingsgemahlin Radha auf einer Schaukel (Hindola) in Bewegung gesetzt. Gesänge und Tänze begleiten dieses Fest. In Mathura zeigt sich der Hinduismus in einer fröhlichen und lebensbejahenden Form, kein Wunder, dass Krishna einer der Lieblingsgötter Indiens ist.

Vrindavan – Krishnas Jugendzeit

Nur wenige Kilometer nördlich von Mathura liegt die Kleinstadt (65 000 Einwohner) Vrindavan ebenfalls am Ufer des Yamuna. Auch dieser Ort ist ein heiliger Krishna-Ort. Während Mathura mit der Geburt und Kindheit Krishnas verknüpft ist und ihm dort eine Reihe von Kinderstreichen zugeschrieben wird, erinnert man sich in Vrindavan an die Jugendzeit des beliebten Gottes. Als Jugendlicher wird Krishna zum Hirten der Kuhherden seines Pflegevaters Nanda. Deshalb wird er meist in künstlerischen Darstellungen als Hirt zwischen den Kühen gezeigt, seine Hirtenflöte blasend. Diese Querflöte ist sein wichtigstes Attribut, nur selten kommen Vishnus Diskus und Muschelhorn hinzu. Krishna lebt als Hirt in Einheit mit der Natur, Bilder zeigen oft eine idyllische, geradezu romantische Szenerie von Tieren und Pflanzen mit einem fröhlichen Krishna und seinen Gopis in der Mitte.

Denn der nun jugendliche Krishna zeigt auch seine sexuelle Entwicklung: Mädchen sind nunmehr in anderer, amouröser Weise für ihn Spielgefährtinnen. Viele Geschichten werden von seiner Beziehung zu den Hirtenmädchen, den *Gopis*, erzählt, die er auf vielfältige Weise neckt und denen er sich als »göttlicher Frauenheld« nähert, um ihnen in erotischer Weise zu begegnen. Sein besonderer Liebling aber wird das Hirtenmädchen Radha. Hindus deuten das Liebesspiel Radhas mit Krishna als Vorbild, wie die menschliche Seele sich dem Göttlichen hingeben soll – doch Freude an Erotik ist in Indien immer wieder ausgedrückt worden (vgl. Khajuraho, Seite 92ff.).

In Vrindavan gibt es verschiedene alte Tempel; der Shiva gewidmete Gopishwar-Mahadev-Mandir erinnert daran, dass Shiva sich in weiblicher Form dem Spiel Krishnas mit den Gopis näherte. Der größte Krishna-Tempel ist dagegen der Krishna-Balaram-Mandir der ISKCON (International Society for Krishna-Consciousness).

Seite 54:
- Yashoda bindet den ungezogenen Krishna
- Krishna und Radha auf der Schaukel
- Krishna und Radha mit Kuhherde, hinten Gopis
- Krishna mit Flöte, Radha, der schöne Pfau als Reittier

Bilder im ISKCON-Krishna-Tempel in Vrindavan

Eingang zum Krishna-Balaram-Mandir in Vrindavan

Ayodhya – Ramas Geburtsort

Mit der kleinen Stadt Ayodhya (60 000 Einwohner, aber an Festtagen ein Vielfaches an Besuchern) erreicht man eine weitere der sieben heiligen Städte Indiens. Mit Ayodhya (= »Unbesiegbare Stadt«) direkt verbunden ist die deutlich größere Nachbarstadt Faizabad; beide Städte liegen an der Ghaghara, einem aus Nepal kommenden, etwa 1 000 km langen Nebenfluss des Ganges. Am Fluss sind in Ayodhya wie in vielen anderen indischen Städten Badeghats, Treppen ins Wasser für die Pilger, die sich rituell reinigen wollen. Ayodhya ist für Hindus von höchster Bedeutung, da hier vor 900 000 Jahren Rama, der wichtige siebte Avatara Vishnus, geboren sein soll. Von ihm, seiner Frau Sita, seinem Bruder Lakshmana, dem Affengeneral Hanuman und dem Dämon Ravana aus Sri Lanka erzählt das Epos Ramayana. Ayodhya war die Königsstadt, in der sich das Schicksal der Königsfamilie mit dem Vater Dasharatha, den Söhnen und seiner Schwiegertochter abspielte (vgl. »Die Götter Indiens«, Seite 156f.).

Überall in Indien finden sich aufgrund dieses Mythos Ram(a)-Tempel, in Ayodhya sind verständlicherweise viele über die Stadt verstreut. Der wichtigste Pilgerort war der im 12. Jahrhundert am Ghaghara-Ufer errichtete Tempel an der Stelle, wo man den Geburtsort Ramas vermutete. Doch der hinduistische Ram-Tempel wurde 1528, am Anfang der muslimischen Mogul-Dynastie, durch den ersten Mogul-Kaiser Babur zerstört und stattdessen wurde eine große Moschee gebaut, die Babri-Moschee. Dies führte zu Streitereien zwischen Hindus und Muslimen besonders nach der Unabhängigkeit (vgl. »Heiliger Krieg oder Friede auf Erden«, Seite 56f.), sodass das Oberste Gericht entschied, dass niemand das nun eingezäunte Gelände betreten durfte. Am 6. Dezember 1992 kamen zu Ramas Geburtstag wiederum über eine Million emotional aufgebrachte hinduistische Pilger in die Stadt. Die Massen stürmten das Gelände und zerstörten die Moschee bis auf den letzten Stein – ihr Ziel: ein Neubau des Ram-Tempels. In ganz Nordindien brachen Unruhen aus, mehr als 3 000 Tote waren das Ergebnis. Inzwischen ist – trotz muslimischer Proteste – unter dem direkten Einfluss des Ministerpräsidenten Nahendra Modri ein gewaltiger neuer Ram-Mandir errichtet worden – ein Symbol der Rehinduisierung Indiens.

Seite 57:
Ayodhya
• Ram ki Paidi Ghats am Ufer der Ghaghara
• Shri Ram Mandir (neuer Rama-Tempel)

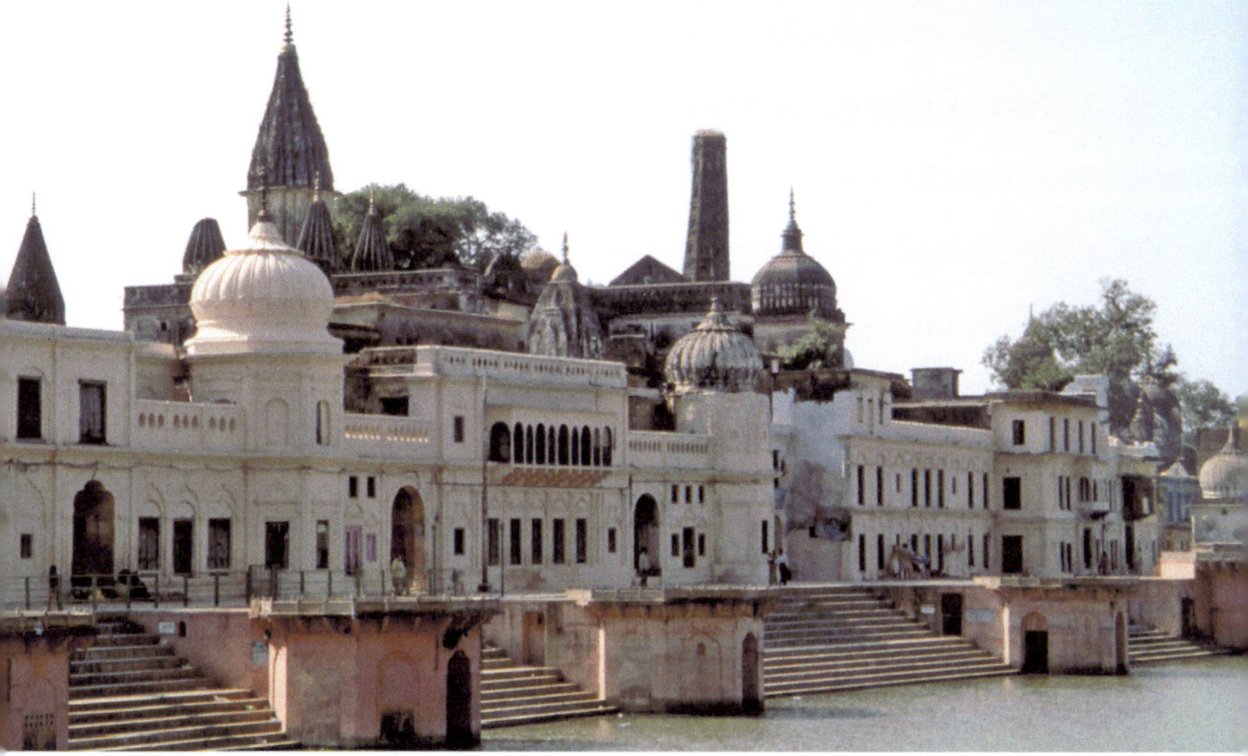

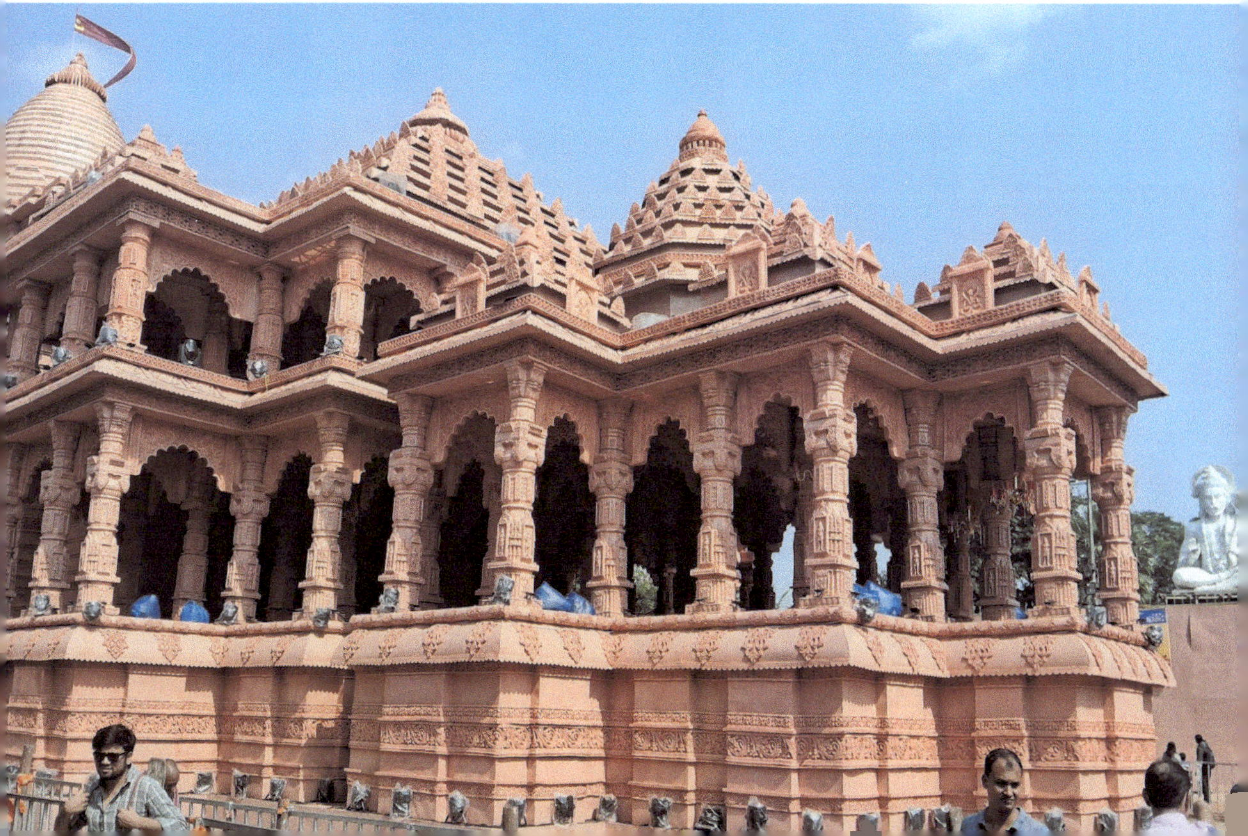

Prayagraj (Allahabad) – Kumbh Mela

Die dicht besiedelte Millionenstadt Prayagraj (früher Allahabad = Stadt Allahs genannt) mit 76 % Hindus und 22 % Muslimen ist wirtschaftlich und politisch nur von geringer Bedeutung. In der Stadt liegen einige herausragende Bauten im indo-muslimischen Baustil wie das Fort Allahabad oder die Gartenanlage Khusrau-Bagh mit mehreren Mausoleen der Mogul-Herrscherfamilie aus dem 17. Jahrhundert.

Umso mehr aber ist Prayagraj (= »König der Pilgerstätten«) ein Pilgerziel für viele Hindus, ja sogar das größte Pilgerziel weltweit. Denn östlich der Stadt fließen die heiligen Flüsse Ganges und Yamuna zusammen. Nach einem alten Mythos soll zusätzlich ein dritter Fluss, der unterirdische und nicht sichtbare Fluss Sarasvati, hinzukommen – so entsteht eine Vereinigung von drei Flüssen (*triveni sangam* = »drei Flüsse Treffpunkt«). Das macht diese Stelle in der Nachbarschaft von Prayagraj zur wichtigsten religiösen Stätte Indiens nach Varanasi. Das ganze Jahr über kommen Pilger hierhin, um im Wasser der heiligen Flüsse zu baden und sich so rituell zu reinigen.

Boote mit Pilgern bei der Ardh (»halb«) Khumb Mela, 2019, am Zusammenfluss von Ganges und Yamuna, Prayagraj

Bei der Magh Mela jeweils am Anfang eines Jahres verstärkt sich der Pilgerstrom, weil dann das Wasser eine besondere Kraft haben soll. Dies wird übertroffen von der alle zwölf Jahr hier gefeierten Khumb Mela (vgl. Seite 22f.). Dazwischen liegt nach sechs Jahren die Ardh (=halb) Khumb Mela. Den absoluten Höhepunkt aber bildet alle 144 Jahre (12 x 12) die Maha Khumb Mela.

Zur Khumb Mela strömen bereits viele Millionen Pilger in die anderen Khumb Mela Städte Haridwar (vgl. Seite 48f.), Nashik (vgl. Seite 122f.) und Ujjain (vgl. Seite 82f.). Doch nach Prayagraj kommen innerhalb der zweiwöchigen Khumb Mela über 100 Millionen Pilger aus ganz Indien, es ist das größte religiöse Fest Indiens und der Welt mit einem unvorstellbaren Gedränge von Menschen. Die großen Ufergebiete der Flüsse sind dann riesige Zeltlager; die indische Armee übernimmt die Logistik, was Wasser, medizinische Versorgung und Toiletten angeht und baut auch Pontonbrücken über Ganges und Yamuna. Die meisten Pilger kommen mit Traktoren und bringen auf den Anhängern Zelte, Decken und Nahrungsmittel mit. Sadhus dagegen reisen in ihren Gemeinschaften und als Einzelpilger an, sie haben beim Bad im Ganges und bei der Versorgung Vorrechte.

Varanasi – Bad im Ganges

Varanasi am Ostufer des Ganges mit 1,2 Millionen Einwohnern, aber zudem mit einer hohen Zahl von nur zeitweilig in der Stadt Lebenden, ist der wichtigste Ort hinduistischer Religiosität (vgl. Seite 21), zudem eine der sieben heiligen Städte Indiens. Varanasi ist auch als Benares oder Kashi bekannt. Der Name Varanasi kommt von den beiden Flüssen Varana und Asi, die dort von Norden kommend in den Ganges, den heiligen Fluss der Hindus, fließen. Der Name Benares ist eine Abwandlung von Varanasi, die vor allem von den Muslimen und Engländern (also aus indischer Sicht: den Fremdherrschern) gebraucht wurde. Das Name Kashi bedeutet »Licht« – Varanasi ist die »Stadt des Lichts«, der heiligste Ort Indiens, der Ort der Begegnung mit den Göttern, besonders mit Shiva Vishwanat, dem »Obersten Herrn der Welt«.

Wichtigste Orte der Stadt sind neben dem Shiva-Tempel (vgl. Seite 62f.) die Badeghats am Ostufer des Ganges. Hier ist über inzwischen mehr als sieben Kilometer Länge die Uferbebauung des Ganges gewachsen: Ghats (Badestellen, wegen des steigenden Wassers im Monsun mit hohen Treppen), Unterkünfte, kleine Tempel und Dharamshalas (Pilgerherbergen). Das Bad im Ganges und soll nach hinduistischer Auffassung sofort zur *moksha* führen, zur Befreiung aus dem Kreislauf der leidvollen Wiedergeburten *(samsara)*. Deshalb kommen jeden Morgen Tausende von Pilgern zum Aufgang der Sonne an das Gangesufer, waschen sich nach genau vorgeschriebenem Ritual, nehmen auch einige Tropfen des Gangeswasser zu sich, um sich innerlich zu reinigen, lassen Kerzen und andere Opfergaben im Wasser schwimmen und beten um Heil und Erlösung. Einmal im Leben ein Bad im Ganges in Varanasi – das hat für die Hindus in etwa die gleiche Bedeutung wie für Muslime, einmal im Leben auf einem Hadsch nach Mekka gekommen sein.

Zudem gilt: Wer am Ganges stirbt, dort verbrannt wird und dessen Asche anschließend in den Ganges gestreut wird, der erlangt unmittelbar die ersehnte Befreiung aus dem Leidenskreislauf der Geburtenfolge. Deshalb sind an den Badeghats auch die Verbrennungsstätten, wo die Verstorbenen auf Holz (am besten Sandelholz) gelegt und verbrannt werden – die Asche kommt in den Ganges.

Seite 61:
Varanasi,
Ghats am Ganges
mit morgendlichem
Ritual,
links unten
Eine der Verbrennungsstätten

Kashi-Vishwanath-Mandir
(Goldener Tempel) –
einer der beiden Türme

Durga-Tempel

Shri Vishwanath Temple,
Banaras Hindu University
(Tempel aller Götter)

Varanasi

Beter vor kleinem
Shiva-Heiligtum

Beter bei Ritual
im Durgatempel

Gasse in der Altstadt

Varanasi – Vishwanath–Mandir

Nördlich der Badestellen am Ganges erstreckt sich die Altstadt von Varanasi mit einem Gewirr von kleinen Gässchen, dazwischen Tempel, kleine Häuser, wo Gurus zur Meditation anleiten oder Brahmanen gegen Vergütung Rituale vollziehen; auch die Dharamshalas und kleine Läden mit Alltagsbedarf und Devotionalien sind hier zu finden. Für Fremde sind diese Viertel unübersichtlich.

Mitten drin liegt der Kashi-Vishwanath-Mandir, einer der bedeutendsten Shiva-Tempel mit zwei markanten Shikhara (Tempelturm, der den heiligen Berg Meru symbolisiert). Er ist einer der zwölf Jyotirlingam-Orte (vgl. Seite 26f.) und erinnert an den Mythos, als der sich in einer unendlichen Lichtsäule in Himmel und Erde erstreckende Shiva die Oberherrschaft über Vishnu und Brahma gewann. Weil Brahma, der bis dahin nach fünf Köpfe hatte (in vier Himmelsrichtungen und einen darüber), die Unendlichkeit Shivas leugnete, schlug Shiva ihm den fünften Kopf ab. Das aber war nach dem Dharma Brahmanenmord, der Kopf blieb solange an Shivas Hand kleben, bis er in Varanasi Buße tat. Dort ist nun der Vishwanath-Tempel, der 1780 gebaut wurde (nach mehreren Vorgängerbauten, die aber immer wieder von muslimischen Herrschern zerstört wurden); 1839 wurde einer der beiden Türme vergoldet (»Goldener Tempel«). Tempel und Tempelgelände dürfen nur von Hindus betreten werden.

Es gibt um den Vishwanath, aber natürlich auch überall sonst in der heiligen Stadt eine Fülle von Tempeln, die anderen Gottheiten geweiht sind. Bekannt sind der Vishnu-Mandir, der Durga-Mandir, und der Hanuman-Mandir. Auf dem Gelände der Banaras Hindu University im Süden der Stadt befindet sich ein besonderer Tempel, der Shri-Vishwanath-Mandir, der nicht nur einem bestimmten Gott gewidmet ist, sondern allen Göttern, die auf bunten Marmorreliefs dargestellt werden. Für einen Überblick über das hinduistische Götterpantheon ist dieser zudem selten besuchte Tempel eine gute Wahl. Unter einer der Tafeln heißt es: »Gott ist einer und nur einer. Der Allmächtige, Allesdurchdringende ist Brahma, der Schöpfer, Vishnu, der Erhalter und Shiva, der Zerstörer. Er ist Indra *[der mächtigste der alten Götter]*, er ist unsterblich, er existiert aus sich selbst und strahlt aus sich selbst. Er ist Leben, Form, Zeit, Feuer und Mond.«

Bodh Gaya –
Buddha als Avatara Vishnus

Der Hinduismus ist ein Dach über viele Religionsformen (vgl. Seite 16f.), die sich gegenseitig nicht ausschließen, sondern ergänzen bzw. alternative Wege zum Heil anbieten. Deshalb kann der Hinduismus vergleichsweise leicht andere Religionsformen integrieren – so auch Ideen des Buddhismus bzw. den Buddha selbst. Dieser hatte sich mit seiner Lehre gegen den Ritualismus der brahmanischen Religionsform gewandt, übernahm aber durchaus Grundbegriffe des Hinduismus. So verwundert es nicht, wenn der Buddha von Teilen des Hinduismus als eine Erscheinungsform Vishnus angesehen wird, als dessen neunter Avatara.

Bodh Gaya, die Stadt der Erleuchtung des Siddhartha Gautama, in der er zum Erleuchteten (= Buddha) wurde, ist wesentlich eine von buddhistischen Bauten geprägte Stadt (vgl. »Die Welt des Buddhismus, Seite 18f.): Mahabodhi-Tempel, Klöster der verschiedenen Nationen ... Doch nur wenige Kilometer nördlich und ebenfalls am Fluss Falgu liegt in der Stadt Gaya der Vishnupad-Mandir. Hier wird ein Fußabdruck des Gottes Vishnu verehrt; dadurch wird der Tempel zu einem bedeutenden hinduistischen Pilgerort. Die Stadt Bodh Gaya aber zählt zu den sieben heiligen Städten Indiens.

Bihar
Auf 94 000 km² leben im nordindischen Bundesstaat Bihar etwa 105 Millionen Einwohner; die Hauptstadt ist das zentral im Bundesstaat und am Ganges gelegene Patna (früher Pataliputra) mit etwa zwei Millionen Bewohnern. Knapp 83 % der Bevölkerung sind Hindus, knapp 17 % Muslime; sie sprechen zu zwei Drittel Hindi, andere Sprachen sind Maithili und Urdu. Bihar entspricht in etwa den alten Reichen Magadha und Kosala zur Zeit des Buddha – hier war die Lebenswelt von Siddhartha Gautama. Heute ist Bihar das am schlechtesten entwickelte Gebiet Indiens und einer der ärmsten Bundesstaaten mit nur ein Drittel des indischen Durchschnittsverdienstes. Dies liegt an einer sehr kleinteiligen Landwirtschaft (Subsistenzwirtschaft) und hohem Bevölkerungswachstum; Bodenschätze und Industrie gibt es fast nicht.

Seite 65:
Buddhistischer
Mahabodhi-Tempel,
Bodh Gaya

Die Mitte

Der Norden Indiens zeigte vor allem in den Bundesstaaten Himachal Pradesh, Uttarakhand und Uttar Pradesh eine Reihe von bedeutenden hinduistischen Stätten. Im mittleren Bereich Indiens, der hier die Bundesstaaten Rajasthan, Gujarat und Madhya Pradesh umfassen soll, sind viele Orte vor allem in Madhya Pradesh von hoher Bedeutung für den Hinduismus. Rajasthan und Gujarat im Westen Indiens haben dagegen nur wenige, aber durchaus interessante und für den Hinduismus wichtige Ziele (etwa Dvaraka oder Pushkar).

Madhya Pradesh ist in der Tat nicht nur geografisch, sondern auch von seiner Bedeutung für den Hinduismus und die Geschichte Indiens das »Mittlere Land« Indiens. Hier liegt das Kerngebiet indischer Kultur und Religiosität und so finden sich hier eine Fülle von historisch wie religiös bedeutsamen Orten, die heute von vielen Touristen, aber vor allem von hinduistischen Pilgern besucht werden. Dies beginnt mit prähistorischen Felsmalereien, führt dann weiter über die ältesten erhaltenen buddhistischen Stätten (Stupas von Sanchi, vgl. Seite 90f.) bis zu den mittelalterlichen Tempelgruppen des Hinduismus und des Jainismus etwa in Khajuraho und anderen Orten.

Flächenmäßig sind Rajasthan und danach Madhya Pradesh die größten Bundesstaaten Indiens, sie sind nur wenig kleiner als Deutschland. Auch die Bevölkerungszahl der beiden Bundesstaaten reicht jeweils knapp an die deutsche heran; Gujarat ist deutlich kleiner. Gujarat ist besonders von seiner Küstenlandschaft geprägt, im Inneren des Bundesstaates gibt es eine Mittelgebirgslandschaft. Rajasthan dagegen ist im Nordwesten von der Wüste Thar geprägt, in der Mitte von gebirgigen Steppen, weiter nach Südosten wird die Landschaft fruchtbarer. Durch Madhya Pradesh fließt mit ca. 1 300 km Länge die Narmada, nach Ganges und Yamuna der drittwichtigste der heiligen Flüsse Indiens, sodass an seinen Ufern viele hinduistische Pilgerstätten zu finden sind. Nördlich wie südlich der Narmada sind Gebirgsketten.

Alle drei Bundesstaaten sind in der heutigen Form erst nach der Unabhängigkeit Indiens entstanden, Gujarat wurde sogar erst 1960 von Maharashtra abgetrennt.

Seite 66:
Kandariya-Mandir,
Khajuraho,
Madhya Pradesh

Jaipur – Krishna– und Lakshmi–Mandir

Jaipur, seit 1727 Hauptstadt Rajasthans, ist vor allem für seine säkularen Ziele bekannt; sein durch eine Mauer eingefasstes Stadtzentrum ist Weltkulturerbestätte. Wegen der sich einheitlich in rosaroter Farbe zeigenden Bauten wird Jaipur die »Pink City« genannt (im Gegensatz zur »Blauen Stadt« Jodhpur). Auch das Wahrzeichen der Stadt, der 1799 erbaute Palast der Winde (Hawa Mahal) mit seiner aufwändigen Schaufassade ist rosarot. Ziele für Jaipur-Reisende sind der Stadtpalast und das Observatorium Jantar Mantar, nur 14 km nordöstlich ist die riesige Palastanlage der alten Fürstenstadt Amber.

Es gibt aber in Jaipur auch einige interessante Hindutempel, so etwa mehrere Krishna-Tempel im Stadtzentrum, dazu auch zwei Radha-Krishna-Mandir östlich und westlich des Stadtpalastes. Hier liegt auch der Sri Lakshmi-Narayan-Mandir, in dem Lakshmi, die Gattin Vishnus und Göttin der Schönheit und des Wohlstands (vgl. »Die Götter Indiens«, Seite 139) verehrt wird. Der aus weißem Marmor errichtete und überaus eindrucksvolle Tempel wurde 1988 von der B.M. Birla Foundation gebaut und zeigt innen Marmorstatuen von Lakshmi, Narayan (Vishnu) und Ganesha, außen überraschenderweise von Jesus, Maria, Petrus, Buddha, Konfuzius und Sokrates.

Seite 61:
Jaipur
• Sadhu-Band
im Krishna-Mandir
• Lakshmi-
Narayana-Mandir
am Abend

Rajasthan
Auf einer Fläche von 342 000 km^2 (Deutschland 357 000 km^2) leben knapp 70 Millionen Einwohner (Deutschland 84 Millionen) mit stark steigender Tendenz. Die Hauptstadt Rajasthans ist Jaipur mit über drei Millionen Einwohnern. Andere große Städte bzw. bedeutende Orte, die meist auf die Hauptstädte der alten Fürstentümer in Rajasthan zurückgehen, sind u.a. Bikaner, Jodhpur, Jaisalmer, Udaipur. Zu etwa 90 % sind die Rajashtanis Hindi sprechende Hindus, knapp 10 % sind Muslime, weitere Sprachen sind Urdu, Bhili und Panjabi. In Rajasthan gibt es eine Minderheit der Jains, die aber an vielen Stellen des Landes (etwa Ranakpur oder Osian) faszinierende Bauten errichten ließen. Rajasthan war bis zur Unabhängigkeit das Land der Rajputen, der einheimischen Fürsten, die über ein mehr oder minder großes Gebiet herrschten und ihre riesigen Palastanlagen bauten (etwa in Jaipur und Amber).

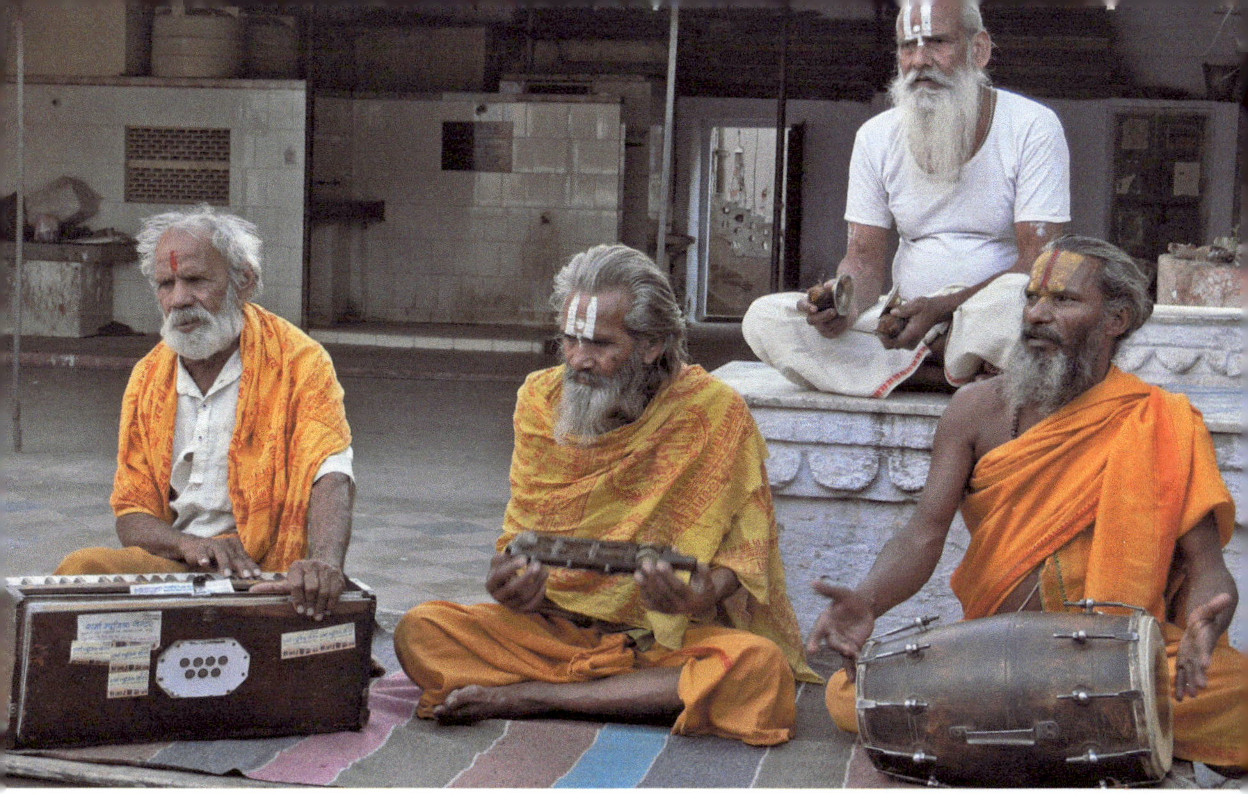

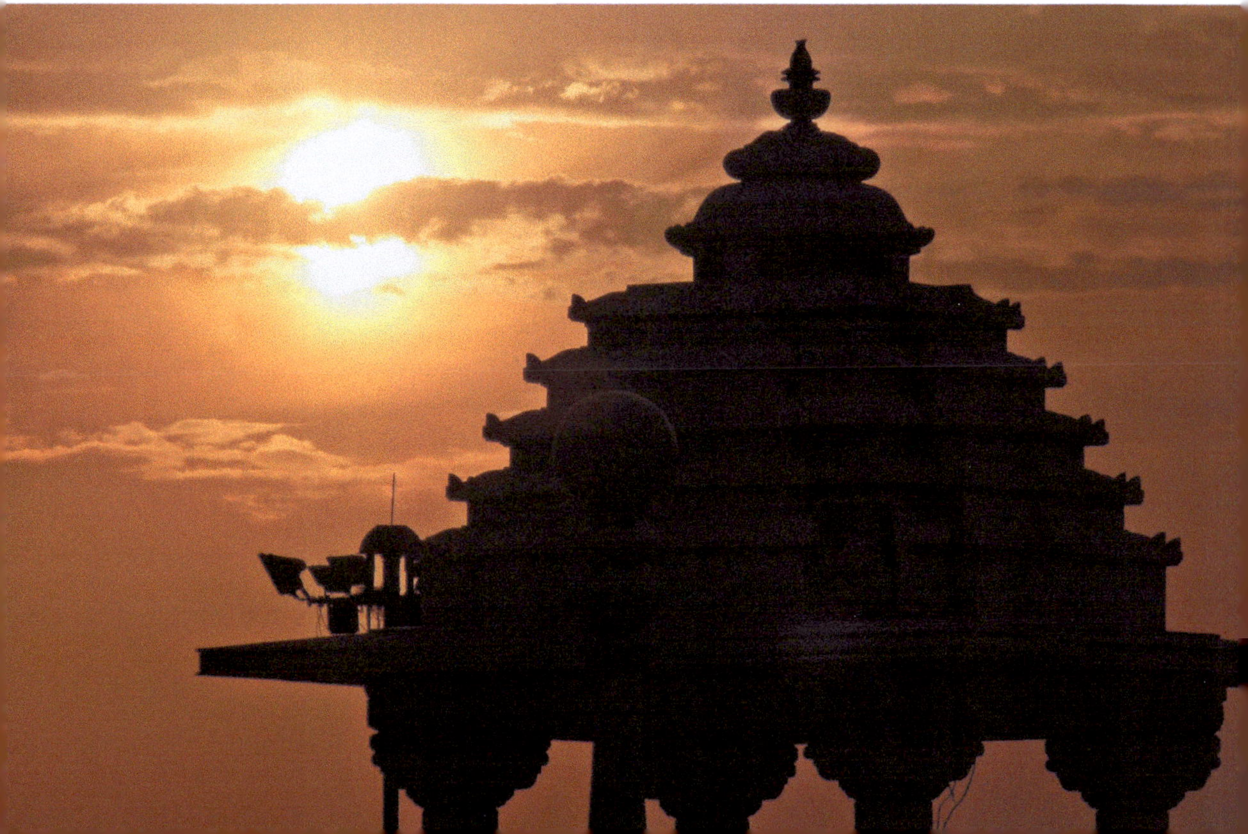

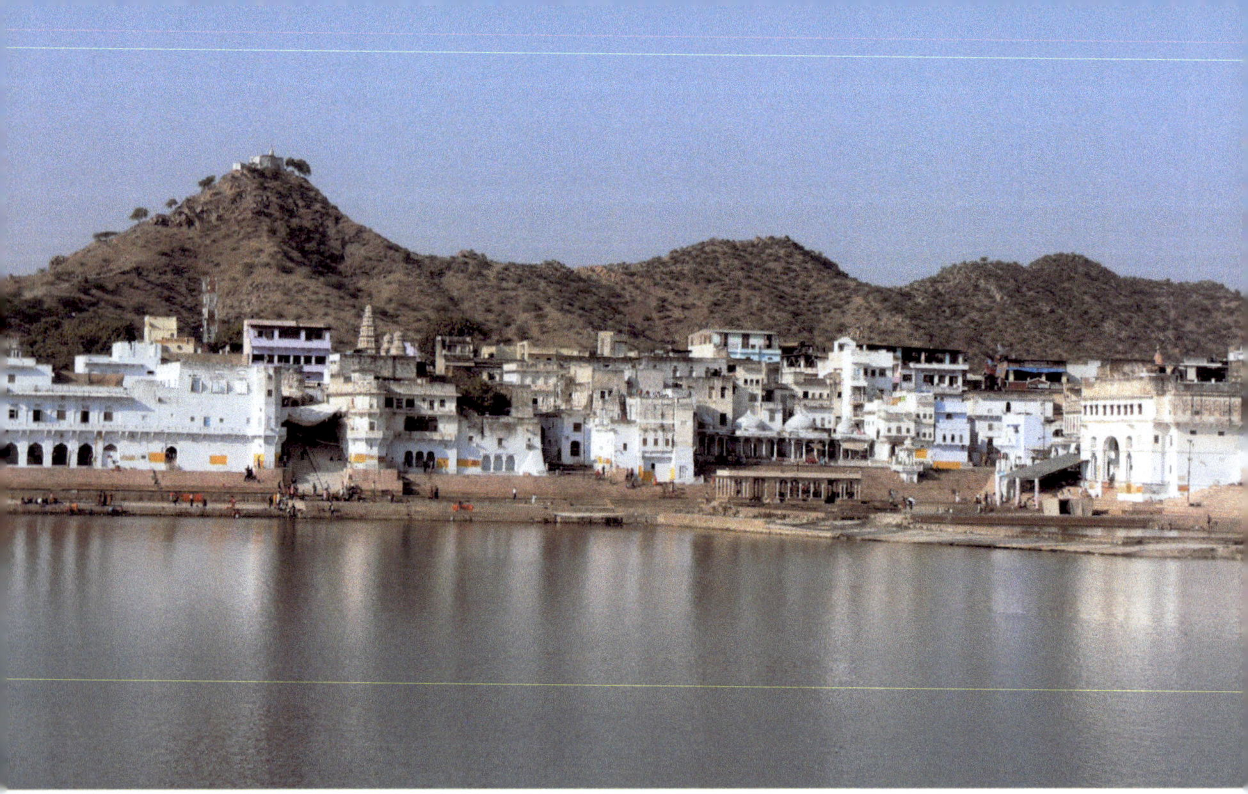

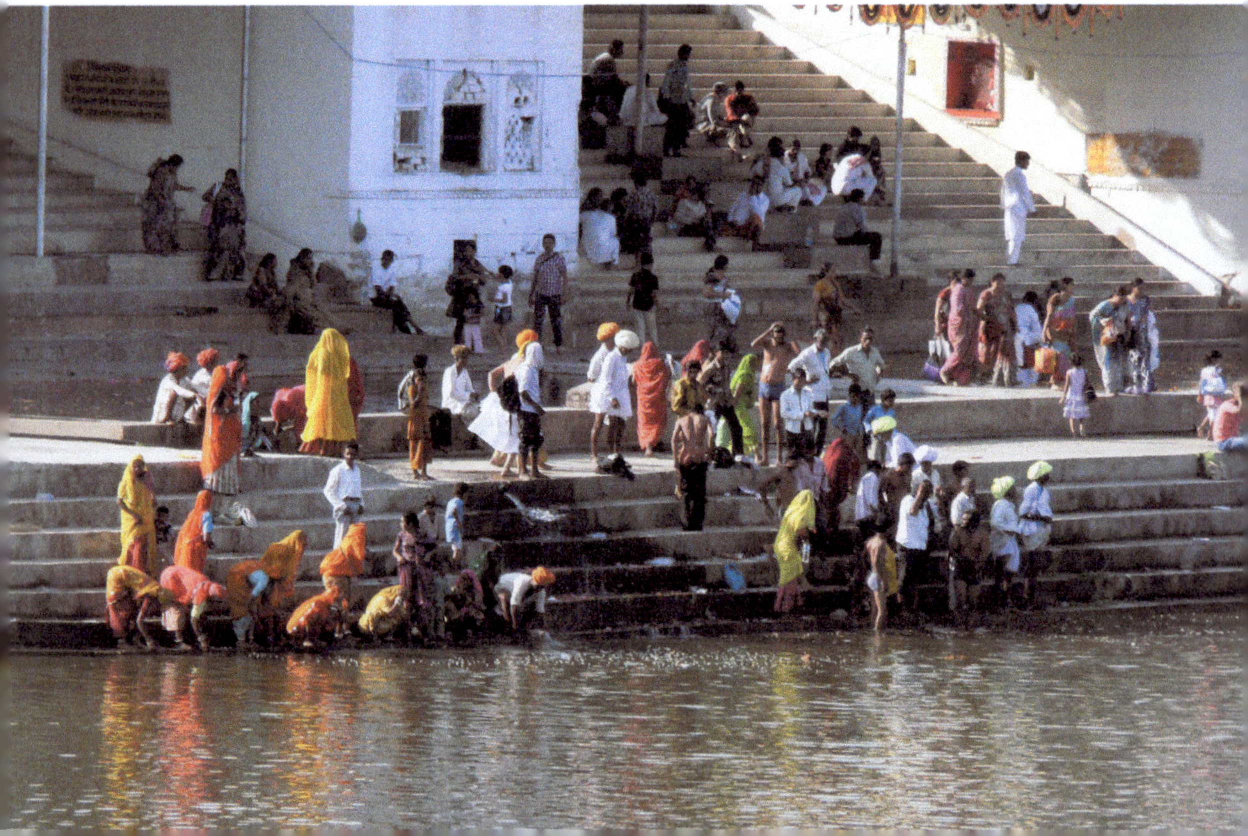

Pushkar –Brahma–Mandir und Ghats

Während es in Indien überall Shiva- und Vishnu-Tempel gibt, existiert nur ein bedeutender Brahma-Tempel in der kleinen 22 000 Einwohner zählenden Stadt Pushkar in Rajasthan. Der Name Pushkar kommt von *puschkara* (Lotosblüte) und bezieht sich auf den alten Mythos der Gründung dieses Ortes: Brahma kämpfte gegen einen Dämonen und schleuderte drei Lotosblüten gegen ihn, um ihn durch seine göttliche Macht zu vernichten. Dort, wo die drei Blüten auf den Boden fielen, entstanden auf wunderbare Weise drei Seen (von denen heute nur noch einer existiert). Um seinen Sieg zu feiern, versammelte Brahma anschließend 900 000 Götter und himmlische Wesen und vollzog ein Feueropfer auf den drei heiligen Bergen, die den See umgeben. Dadurch wurde der sich in der Folge entwickelnde Ort Pushkar zu einer der heiligsten Stätten Indiens und zum bedeutenden Wallfahrtsort, zum einzigen, der Brahma gewidmet ist. Er ist der aus dem Weltenei des Anfangs entstandene Schöpfergott, der sich dann in eine männliche und weibliche Form (seine Gattin Sarasvati) teilt. Er wird so zum »Stammvater aller Wesen«, die seinem Geist entspringen. Brahma ist auch der Schützer und Bewahrer der Ordnung des Anfangs, des universalen Dharmas. Meist wird Brahmas Kopf mit vier Gesichtern dargestellt, die in alle vier Himmelsrichtungen zeigen – er umfasst das ganze Universum und zugleich alle vier Weltzeitalter der hinduistischen Mythologie (vgl. Seite 24f.).

Einmal im Jahr, jeweils im November, findet in Pushkar ein großes Pilgerfest (*Pushkar Mela*) mit Millionen von Pilgern zu Brahmas Ehren statt. Zu diesem Fest wird der kleine Ort zur Millionenstadt; zur Pushkar Mela kommen für eine Woche bis zu 5 Millionen Menschen in die mitten in der Wüste Thar liegende Kleinstadt. Gleichzeitig ist die Pushkar Mela der weltgrößte Kamelmarkt mit bis zu 50 000 Kamelen. Von hoher Bedeutung ist der am Ufer des Sees liegende und nur Hindus zugängliche Brahmatempel aus dem 14. Jahrhundert mit seiner wie üblich viergesichtigen Brahmafigur im Inneren. Heiligste Stelle in Pushkar ist der See, ein Bad darin hilft auf dem Weg zur Erlösung aus dem Leidenskreislauf ständig neuer Wiedergeburten. Um den See sind 52 Badeghats, Treppen, die ins Wasser führen und von den Pilgern für ihr rituelles Bad genutzt werden können.

Seite 70:
Pushkar
• Pushkar-See mit Ghats und hinten den Bergen, auf denen die Götter das Feueropfer darbrachten
• Pilger am Ghat

Osian – Hari–Hara– und Sachiya–Mata–Mandir

70 Kilometer nördlich der Millionenstadt Jodhpur liegt der kleine Ort Osian mit nur 12 000 Einwohnern mitten in einer Steppen- und Sanddünenlandschaft. In der kleinen Marktstadt gibt es neben der Hindubevölkerung eine kleine Minderheit von Jains, die einen sehr schönen Tempel zur Verehrung von Mahavira pflegen, dem Begründer des Jainismus und nach dem Glauben der Jains dem letzten der 24 Tirthankaras, der Furtbereiter, die Mittler zwischen der materiellen und spirituellen Welt sind. Auf eine Gruppe von Jains geht die Gründung des Ortes im 8. Jahrhundert zurück.

Doch Osian besitzt auch einige sehr alte hinduistische Tempel. Auf der Ostseite des Ortes jenseits der Verbindungsstraße Jodhpur-Bikaner liegt eine Gruppe von drei Harihara-Tempeln aus dem

Hari-Hara-
Mandir II,
Osian

8. Jahrhundert. Harihara ist eine göttliche Doppelgestalt, die *Hari* (= Vishnu) und *Hara* (= Shiva) verbindet – zusammen wirken die beiden größten Götter Indiens zum Schutz des Kosmos und allen Lebens. Die drei Mandir in Osian sind mit ausgezeichnetem Steinschnitzwerk ausgestattet, welches eine Fülle von Gottheiten darstellt. Hinter jeweils eine erhöhten Vorhalle für die Gläubigen ist das Heiligtum in einem Tempelturm *(shikara)* im nordindischen Stil untergebracht.

Neben einem kleinen Tempel für den Sonnengott Surya ist in Osian der Sachiya-Mata-Mandir von hoher Bedeutung. Der überreich geschmückte Tempelbau stammt ebenfalls aus dem 8. Jahrhundert. Sachiya ist eine alte Mutter- und Fruchtbarkeitsgottheit *(mata)*, eine der Erde verbundene Göttin. Sie wird sowohl von Hindus wie von Jains dieses Gebietes verehrt, die hier besonders um (männlichen) Kindersegen bitten. Im eigentlichen Tempel, zu dem man auf mehreren Stufen emporsteigt, trifft man auf viele Pilger; von der den Shikara umgebenden Terrasse hat man einen weiten Blick auf Osian und die Landschaft um den Ort.

Seite 73
Sachiya-
Mata-Mandir,
Osian

Udaipur – Jagdish–Mandir

Die auf ca. 600 m Höhe gelegene und deshalb klimatisch begünstigte Stadt Udaipur mit 450 000 Einwohnern liegt im Süden von Rajasthan. Sie ist mit ihren Palästen, Tempeln und vor allem der bezaubernden Lage am Pichhola-See (und zwei anderen Seen) eines der beliebtesten Reiseziele in Indien, deshalb manchmal auch sehr überlaufen. Der Tourismus ist deshalb der größte Umsatzbringer der Stadt, überall gibt es Hotels vom einfachen Hostel bis zu Luxusherbergen (etwa das Fünf-Sterne-Hotel Taj Lake Palace auf der Insel im See). Wegen der beeindruckenden Szenerie ist Udaipur oft Drehort für Filme geworden – vom »Tiger von Eschnapur« bis zu James Bonds »Octopussy«.

Über 400 Jahre war Udaipur Hauptstadt des Reiches Mewar, dazu wurde der gewaltige Stadtpalast am Ufer des Pichhola-Sees errichtete. Heute ist der Stadtpalast weithin ein interessantes Museum, welches Exponate aus der Maharaja-Zeit zeigt, dazu aber auch vielerlei Bilder mit hinduistischem Hintergrund, welche die alten Mythen und die vielgestaltigen Gottheiten des Hinduismus darstellen. Zur Maharaja-Kultur gehört auch der weiter nördlich am Fateh-See gelegene »Garten der Jungfern« (Saheliyon Ki Bari), ein Geschenk des Maharaja an seine Königin und ihren Hofstaat.

Wichtigster Tempel ist der Jagdish-Mandir, der sich auf einem Hügel über der quirligen Altstadt und ihren verwinkelten Gassen erhebt. Der große, aus Marmor gebaute Tempel stammt aus dem Jahr 1651 und ist Jagannath (= »Herr der Welt«, einer der tausend Namen für Vishnu) gewidmet und außen wie innen reich mit Figurenschmuck ausgezeichnet. Mit Jagannath kann sowohl Vishnu selbst als auch sein achter Avatara Krishna gemeint sein (vgl. Puri, Seite 108). Die vierarmige Götterstatue im Shikhara wird jeweils mittags gezeigt, aus der Vorhalle kann man sie dann sehen. Der steile Treppenaufgang lässt den hoch aufragenden Tempel (25 m) wie den mythischen Berg Meru erscheinen. Um den Hauptturm liegen vier weitere kleinere Schreine in den vier Himmelsrichtungen, die dem elefantenköpfigen Gott Ganesha, dem Sonnengott Surya, der weiblichen göttlichen Kraft Shakti und letztlich Shiva gewidmet sind. Zudem gibt es am Fuß der Treppe einen weiteren Schrein für das Reittier (*vahana*) Vishnus, den halb menschen-, halb adlergestaltigen Garuda.

Seite 74:
Udipur
• Aufgang zum Jagdish-Mandir
• Götter und Apsaras an der Außenwand des Jagdish-Mandir
• Stadtpalast vom Pichhola-See aus

Ahmedabad – Gandhi-Ashram und Narayan-Mandir

Die mit knapp sechs Millionen Einwohnern fünftgrößte Stadt Indiens war über Jahrhunderte hinweg die Hauptstadt Gujarats; dies war auch nach der Abspaltung des Bundesstaates von Maharashtra 1960 zuerst so. Doch 1970 wurde die Hauptstadt in die nördlicher und ebenfalls am Fluss Sabarmati liegende neue Hauptstadt Gandhinagar (»Stadt des Gandhi«) verlegt, die ab 1960 errichtet wurde.

Die Altstadt von Ahmedabad ist geprägt von mehreren großen Moscheen (etwa Sidi Saiyyed Masjid oder Ahmed Shah Masjid). Kulturell interessant ist der auch der Adelaj-Stufenbrunnen, der auf das alte Problem der Wasserversorgung der Stadt aufmerksam macht. An hinduistischen Bauwerken gibt es mehrere Narayan-Tempel, in denen Vishnu in seiner Form als Narayan (»Mann, aus dem Wasser kommend«) verehrt wird. Das erinnert an den Mythos der Weltenschöpfung, bei der Vishnu auf der Weltenschlange Shesha ruhend, die wiederum auf dem Weltenozean liegt, aus seinem Nabel Brahma hervorkommen lässt, der dann die Schöpfung vollzieht.

Gujarat

Gujarat ist der westlichste Bundesstaat Indiens und hat durch den Golf von Kachchh im Westen und den Golf vom Khambath im Osten eine lange Küste von etwa 1 600 km. Die Halbinsel Kathiawar mit etwa ein Drittel der Fläche von Gujarat dazwischen ist ein leicht gebirgiges Land; in Kathiawar liegen Somnath und Dvaraka (vgl. folgende Seiten). Nördlich davon liegt der Distrikt Kachchh mit einem weiteren Drittel des Staates, östlich und dichter besiedelt, an Madhya Pradesh und Maharashtra angrenzend, sind viele kleinere Distrikte. Nördlich von Kathiawar liegt auch die größte Stadt Gujarats, Ahmedabad, und die 30 km nördlich davon liegende kleine Hauptstadt Gandhinagar. Insgesamt hat Gujarat auf 196 000 km^2 etwa 62 Millionen Einwohner mit stark steigender Tendenz. Etwa 90 % der Bevölkerung sind Gujarati sprechende Hindus. Dieser Bundesstaat zeigt sich als wirtschaftlich stark mit (für Indien) relativ hohem Bruttoeinkommen und vor allem durch Kleinindustrie gute Aussichten auf eine Entwicklung.

Wichtig wurde Ahmedabad 1915, als Mahatma (»Große Seele«) Gandhi (Mohandas Karamchand Gandhi 1869–1948) sich hier niederließ und nördlich der Altstadt den Sabarmati-Ashram gründete. Gandhi lebte in diesem Ashram bis 1930 und führte von hier aus sein Satyagraha-Programm (= »Festhalten an der Wahrheit, am ursprünglichen Sein«) durch, um gewaltlosen Widerstand gegen die britische Herrschaft über Indien auszuüben. Von hier aus begann 1930 auch der Salzmarsch mit dem Protest gegen das Salzmonopol der Briten.

Ahmedabad
• Narayan Mandir
• Mahatma Gandhi
  Bild im
  Sabarmati-
  Ashram
  (Gandhi-Ashram)

Wohnhaus von Mahatma Gandhi im Sabarmati-Ashram, Ahmedabad

77

Somnath – Somnath-Mandir mit Jyotirlingam

An der Südküste der Halbinsel Kathiawar, Gujarat, liegt die 200 000 Einwohner zählende Hafenstadt Veraval, geprägt von Fischindustrie und von Werften. Der südliche Teil von Veraval ist Somnath (= »Schützer des Mondgottes«), wo am Ufer der Somnath-Tempel liegt. Der Tempel hat eine bewegte Geschichte, die bereits vor der Zeitenwende beginnt, als hier an der Küste ein erster Tempel errichtet wurde. Dem Mythos nach soll hier zuerst der Sonnengott Surya einen goldenen Tempel für Shiva gebaut haben. Danach soll auch der Mondgott Chandra, auch Som genannt, einen silbernen Tempel für seinen Herrn (= *nath*) Shiva gebaut haben und der Ort wurde nun Somnath genannt – Shiva ist der Schützer auch der Götter.

Doch schon bald wurde der Tempel immer wieder zerstört und danach an der gleichen Stelle neu aufgebaut, gleichsam die Geburtenfolge oder Wiedergeburt eines wichtigen Gebäudes. 1665 aber ließ der Mogulkaiser Aurangzeb nach der erneuten Zerstörung des hinduistischen Tempels an dieser Stelle eine Moschee aufbauen, so wie es auch an anderen Orten geschah (vgl. Ayodhya, Seite 56). Erst nach der Unabhängigkeit, als nach muslimischer und britischer Herrschaft wieder Hindus als Premierminister und als Innenminister über Indien herrschten, wurde ab 1950 die Moschee versetzt und mit dem prachtvollen Neubau eines neuen Tempels begonnen.

Der Zuweg führt nun zu einem großen zweigeschossigen Portalbau mit drei Pyramidendächern. Dahinter führt der Weg weiter bis zu einem fünftorigen Eingangsbau, der in die Haupthalle (*mandapa*) führt. Auch diese Halle ist zweigeschossig, in ihrem großen Raum können die zahlreichen Pilger die Rituale verfolgen, die von den Brahmanen im Heiligtum (*cella*) unter dem großen, einfach gestalteten Tempelturm (*shikhara*) durchgeführt werden.

Wichtigste Stelle in der Cella ist einer der zwölf Jyotirlingams (vgl. Seite 26f.). Die zwölf Orte der Jyotirlingam sind für Hindus landesweit Pilgerorte, viele Pilger wandern zu den über ganz Indien verstreuten Orten, um sich so den Schutz Shivas zu sichern. Durch seine Lage unmittelbar am Arabischen Meer und durch seine prachtvolle Gestaltung ist dieser Jyotirlingam-Tempel etwas Besonderes.

oben:
Somnath-Mandir
von außen

unten:
Jyotirlingam im
Somnath-Mandir

Dvaraka – Dwarkadish–Mandir und Nageshwar

Dvaraka (auch Dwarka) am Westende der Halbinsel Kathiawar ist die westlichste Stadt Indiens mit etwa 40 000 Einwohnern. Die Stadt gehört zu den vier Char Dham Orten, die Indien in allen Himmelsrichtungen umschließen (vgl. Seite 24f.). Wegen des an der Küste liegenden Dwarkadish-Mandir gehört Dvaraka auch zu den sieben heiligen Städten Indiens. Nur 17 km von Dvaraka nach Osten liegt im Landesinneren der Nageshwar-Mandir mit einem der zwölf Jyotirlingam. Der abgelegene und deshalb wohl von Pilgern, aber nicht von Touristen besuchte Ort gehört somit zu den wichtigsten Stellen des Hinduismus; der Dwarkadish-Mandir darf nur von Hindus betreten werden.

Dvaraka war und ist ein Fischerort am Arabischen Meer, doch es gibt einen alten Mythos, der den Ort mit dem achten Avatara Vishnus verbindet – Krishna ist der König von Dwarka. Nachdem Krishna seinen dämonischen (Halb-)Onkel Kamsa in Mathura (vgl. Seite 52f.) getötet hatte, zog er nach Westen, weil ihn die dortigen Fürsten der Yadava-Dynastie zur Hilfe gerufen hatten. Er erbaute den Yadavas

Dvaraka (Dwarka) an der Mündung des Gomti-Flusses in die Arabische See, in der Mitte der Dwarkadish-Mandir

eine neue Hauptstadt auf einer Insel vor der Küste, die für die feindliche Armee von Jarasandha uneinnehmbar war. Krishna holte seine Verwandten in die prachtvolle Stadt und bewahrte sie auch vor den Nachstellungen eines Dämonenkönigs, der 16 000 Prinzessinnen entführt hatte. Diese Stadt ist nach Aussage des Epos Mahabharata heute im Meer versunken, doch am Ufer des Festlands entstand danach der neue Ort Dvaraka, wo Krishna weiterhin als König von Dwarka verehrt wird.

Zum Jyotirlingam im abgelegenen Nageshwar-Mandir gibt es ebenfalls einen Gründungsmythos: Der Asket Supriya verehrte aus ganzem Herzen Shiva. Doch der mächtige Dämon Daruka nahm den Asketen gefangen. Da rief Supriya Shiva zur Hilfe an und der Gott erschien in der Form einer Licht- und Feuersäule, eines Jyotirlingam, und vernichtete den Dämon. Supriva bat Shiva anschließend, dass er in dieser Form beständig anwesend bleiben soll, damit er ihm dauerhaft Verehrung erweisen könne. Dem stimmte Shiva zu und so entstand der Jyotirlingam in Nageshwar. Der heutige prachtvolle Tempel ist von einer großen Shiva-Statue am Eingang und von einem hohen Turm über der Cella mit dem Jyotirlingam geprägt. Pilger kommen in diesen Ort besonders zum Maha Shivaratri Fest (= »Große Nacht von Shiva« = Sieg über das Dunkle) im Februar / März.

Ujjain – Khumb Mela am Ram Ghat

200 km westlich der Hauptstadt Bhopal liegt am heiligen Fluss Shipra die ca. 550 000 Einwohner zählende Stadt Ujjain, eine der sieben heiligen Städte Indiens. Denn hier ist einer der vier Khumb Mela Orte (vgl. Seite 22f.), wo alle zwölf Jahre im Wechsel mit Nashik, Haridwar und Prayagraj das größte Pilgerfest Indiens stattfindet. Auch gibt es im Mahakaleshwar-Mandir (vgl. Seite 84f.) einen der zwölf Jyotirlingam. Zudem finden sich in der pittoresken Altstadt eine Fülle weiterer Tempel zu den verschiedensten Gottheiten und mit sehr unterschiedlichen religiösen Traditionen.

In der Stadt sind Hindus wie überall in der Mehrheit (78 %), doch gibt es mit 20 % eine starke muslimische Minderheit: Das Stadtbild vor allem der alten Stadtteile ist aber wegen der vielen Tempeln hinduistisch geprägt. Die Stadt ist zudem einer der ältesten Stadtgründungen in Indien, knapp dreitausend Jahre geht ihre Geschichte zurück, sie war in der Maurya-Zeit Teilhauptstadt und auch unter den folgenden Reichen bedeutend. Wirtschaftlich sind Dienstleistungen für die vielen Pilger zu nennen, sonst Landwirtschaft.

Madhya Pradesh

Madhya Pradesh (Mittleres Land) ist mit 308 000 km² flächenmäßig nach Rajasthan der zweitgrößte Bundesstaat Indiens, etwa 73 Millionen Einwohner leben hier; Hauptstadt ist das zentral gelegene Bhopal mit ca. zwei Millionen Einwohnern. Geprägt wird Madhya Pradesh vom Fluss Narmada, der den Staat von Ost nach West in zwei Teile teilt, nördlich liegt das Bergland des Vindhya-Gebirges, südlich die Satpura-Berge. In Madhya Pradesh finden sich eine Reihe von historisch wie religiös wichtigen Städten (der Größe nach): Indore, Bhopal, Gwalior, Ujjain, Khajuraho. Mehr als 90 % der Bevölkerung bekennt sich zum Hinduismus, doch an Sprachen werden neben Hindi (zwei Drittel) eine Reihe weiterer Sprachen genutzt. Der agrarisch geprägte Bundesstaat ist – obwohl ein Kernland der indischen Kultur und Geschichte mit vielen Weltkulturerbestätten – ausgesprochen arm, der Bildungsstand ist niedrig. Es gibt nur wenig Industrie und im landwirtschaftlichen Bereich viel Subsistenzwirtschaft.

Nicht nur in der Zeit der zwei Kumbh Mela Pilger-wochen, sondern das ganze Jahr hindurch kommen viele Hindus, vor allem aber Sadhus und Asketen in die Stadt, um hier ihren religiösen Übungen nachzu-gehen und im Fluss Shipra zu baden. Dort am Ram-ghat ist den ganzen Tag über reger Betrieb. Die gelb oder orange gekleideten Sadhus fallen sofort auf, aber es kommen auch Familien mit Kindern an diese hei-lige Stätte unmittelbar nördlich der Altstadt und des Mahakaleshwar-Mandir und der anderen Tempel.

- Shivait
  mit heiliger,
  sechsfüßiger Kuh
  (hinten jeweils
  zwei Füße
- Mukhalingam
  (Gesichtslingam),
  Gedenkstätte
  für Shiva
- Gedenkstein
  für Vishnu
  Ramghat,
  Ujjain

Am Ramghat
in Ujjain

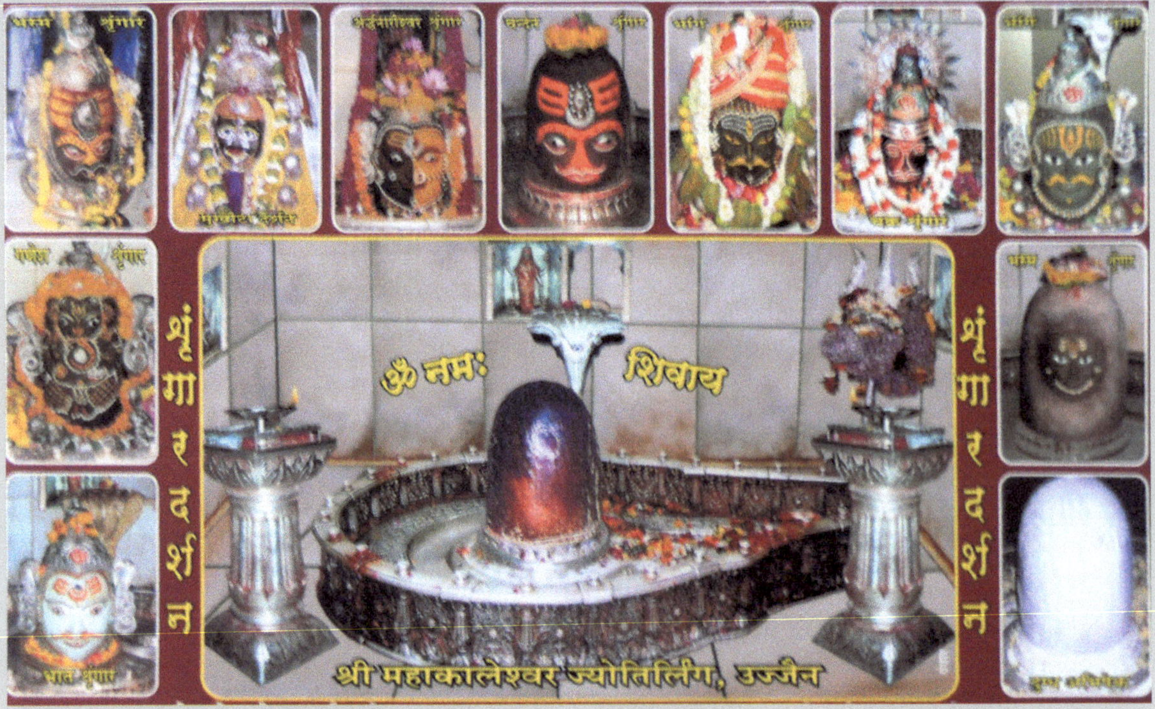
ॐ नमः
शिवाय
श्री महाकालेश्वर ज्योतिर्लिंग, उज्जैन
शृंगार दर्शन
शृंगार दर्शन

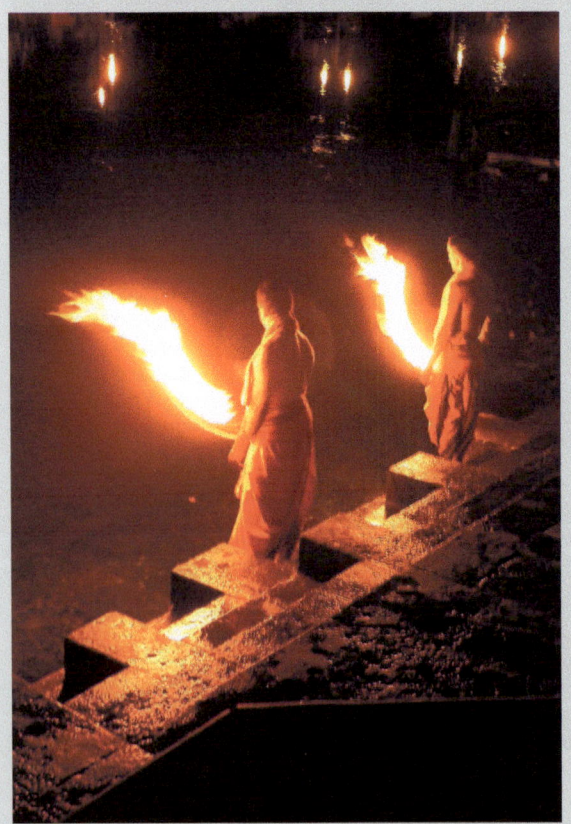

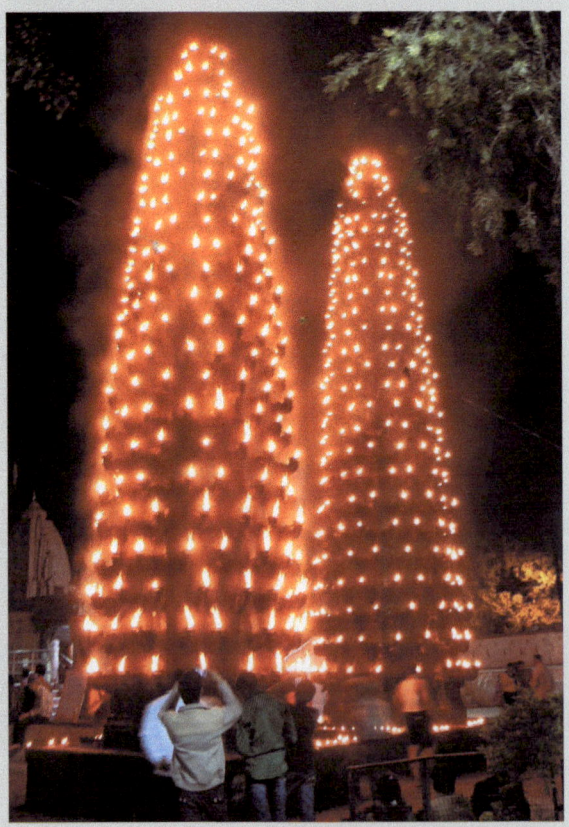

Ujjain – Mahakaleshwar– und Harsiddhi–Mandir

Ujjain besitzt eine Fülle von Tempeln. Westlich und östlich des 100 x 500 m großen Sees Rudra (alter Name für Shiva) Sagar (Meer) und nicht weit vom heiligen Fluss Shipra entfernt liegen die beiden bedeutendsten: westlich der Shri Harsiddhi Mata Shaktipitha, östlich der Mahakaleshwar mit dem Jyotirlingam (dazu vgl. Seite 26f.).

Der Mahakaleshwar geht auf den Mythos der Shakti Pitha Orte zurück (vgl. Seite 37 zu Kangra und Seite 42 zu Jawalamukhi), dass dort bedeutende Tempel entstanden, wo durch Vishnus Eingreifen Körperteile der Sati zu Boden fielen und die Erde damit vor der Zerstörungswut Shivas bewahrt wurde. In Ujjain ist es die Oberlippe Satis. Der Mythos erzählt zudem, dass Ujjain, als es in grauer Vorzeit von feindlichen Königen und dem Dämonen Dushan eingenommen wurde, auf Bitten von Shrikhar, einem Shiva treuen Jungen, durch das Eingreifen Shivas als Mahakala (»Großer Schwarzer«) gerettet wurde. Dies ist die Gründungslegende des Mahakaleshwar-Mandir, des Ortes, wo der »Große Schwarze« damals wie heute verehrt wird. Der Tempel wurde 1234 durch den Mamlukenkönig Shams ud-Din Iltutmish zerstört, der Jyotirlingam versteckt. Erst nach der Unabhängigkeit Indiens 1947 wurde der Tempel an diese Stelle verlegt.

Nicht weit entfernt ist der ungewöhnliche Harsiddhi-Mandir. Er ist der weiblichen göttlichen Kraft (Shakti) gewidmet; dementsprechend findet man innen Statuen und viele Bilder von weiblichen Gottheiten: Lakshmi (Gattin Vishnus und Göttin der Schönheit und des Wohlstands) und Sarasvati (Gattin Brahmas und Göttin der Weisheit, Kunst, Musik und Dichtung) rahmen dabei die Göttin *Annapurna* (*anna* = Nahrung, *purna* = voll von – »die an Nahrung Reiche«) ein. Sie steht für gute Ernte, Wohlstand und Reichtum, für ertragreiche Landwirtschaft und Fruchtbarkeit. Vor dem Tempel stehen zwei hohe Lichterbäume. Beim Einbruch der Dunkelheit werden darauf viele Öllämpchen angezündet: Das göttliche Licht überwindet die Dunkelheit – eine beeindruckende Zeremonie. Eine vergleichbare Symbolik hat auch das morgendliche und abendliche Ritual am Fluss Shipra, bei dem Brahmanen Feuerrituale durchführen und mit Feuer und Licht die Stadt und die Pilger segnen.

Seite 84:
- Karte mit Abbildungen der zwölf Jyotirlingam indienweit
- Aarti (Arati) (Feuerzeremonie) bei einer Puja am Ramghat nach Sonnenuntergang
- Lichtertürme mit kleinen Öllämpchen, Harsiddhi-Mandir Ujjain

Maheshwar – Shiva–Mandir

150 km südlich von Ujjain liegt am Fluss Narmada die Kleinstadt Maheshwar (»Großer Gott« für Shiva). Denn diese Stadt mit einer sehr alten Geschichte birgt einen der wichtigsten Shiva-Tempel Indiens, den Maheshwar-Mandir. Eine Fülle weiterer Tempel findet sich am Flussufer und innerhalb der kleinen, nur etwa 25 000 Einwohner zählenden Stadt, die für ihre Sariweberei bekannt ist. Der Ort wird bereits in den großen indischen Epen Mahabharata und Ramayana erwähnt. Der mächtige König Sahasrarjun (mit 1 000 Armen) ging eines Tages mit seinen 500 Frauen zum Flussufer, Weil die Frauen auf einer größeren Fläche spielen wollten, hielt Sahasrarjun den Fluss auf, sodass eine freie Fläche entstand. Da kam der Dämon Ravana aus Sri Lanka und baute aus dem Flusssand einen Shivalingam. Sahasrarjun bemerkte dies nicht und ließ das Wasser des Flusses wieder fließen, als seine Frauen ihr Spiel beendet hatten. Doch der Lingam Ravanas wurde durch die Flut zerstört, es kam zu einem Kampf zwischen dem König und dem Dämonen. Der König aber trug aufgrund seiner tausend Arme den Sieg davon. Dieses Geschehen führte danach zur Verehrung Shivas an diesem Ort und später im 18. Jahrhundert zum Bau von Festung und Tempel durch die Fürstenfamilie Holkar.

Seite 87:
• Ahilya Devi Maheshwar Fort mit dem Shiva-Tempel
• Ufer des Narmada

Lingam und Yoni (mit Spermium !) als Zeichen der Schöpfungskraft Shivas, dazu das Reittier Nandi Maheshwar

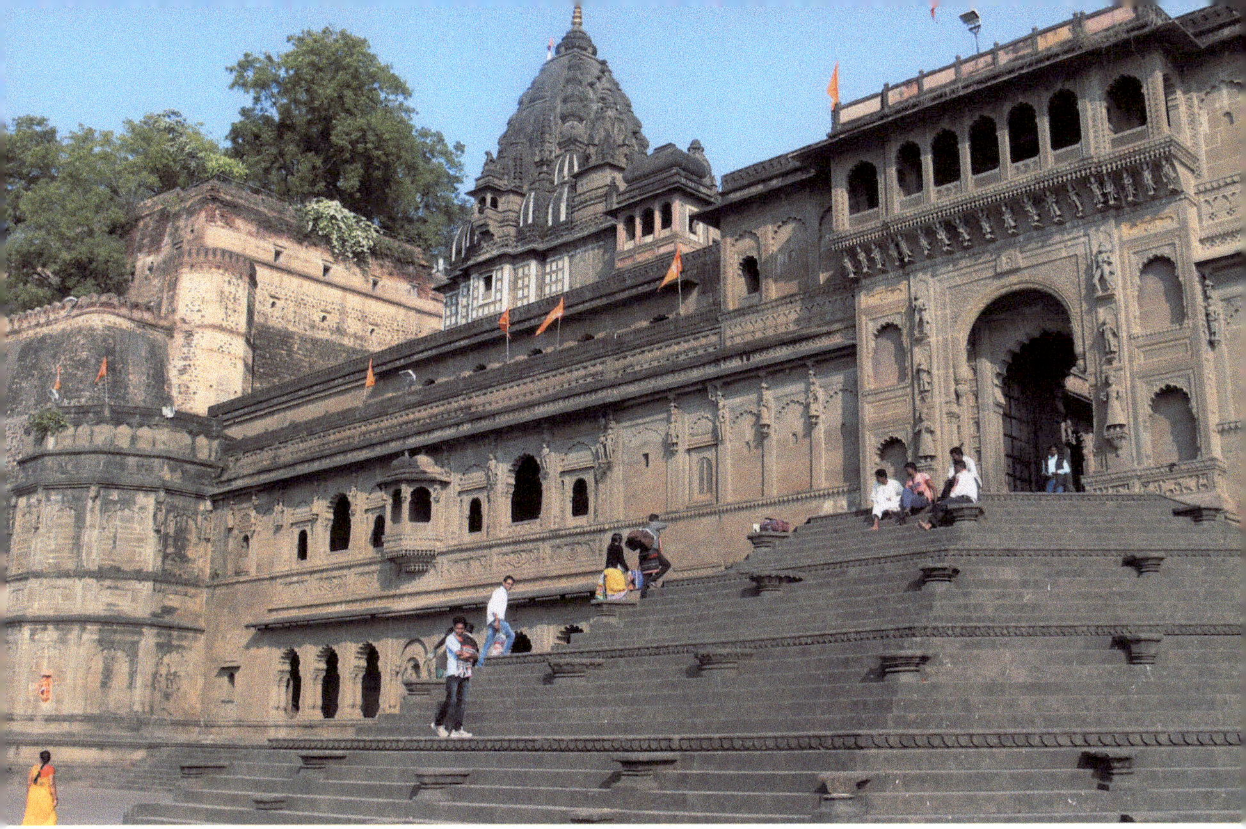

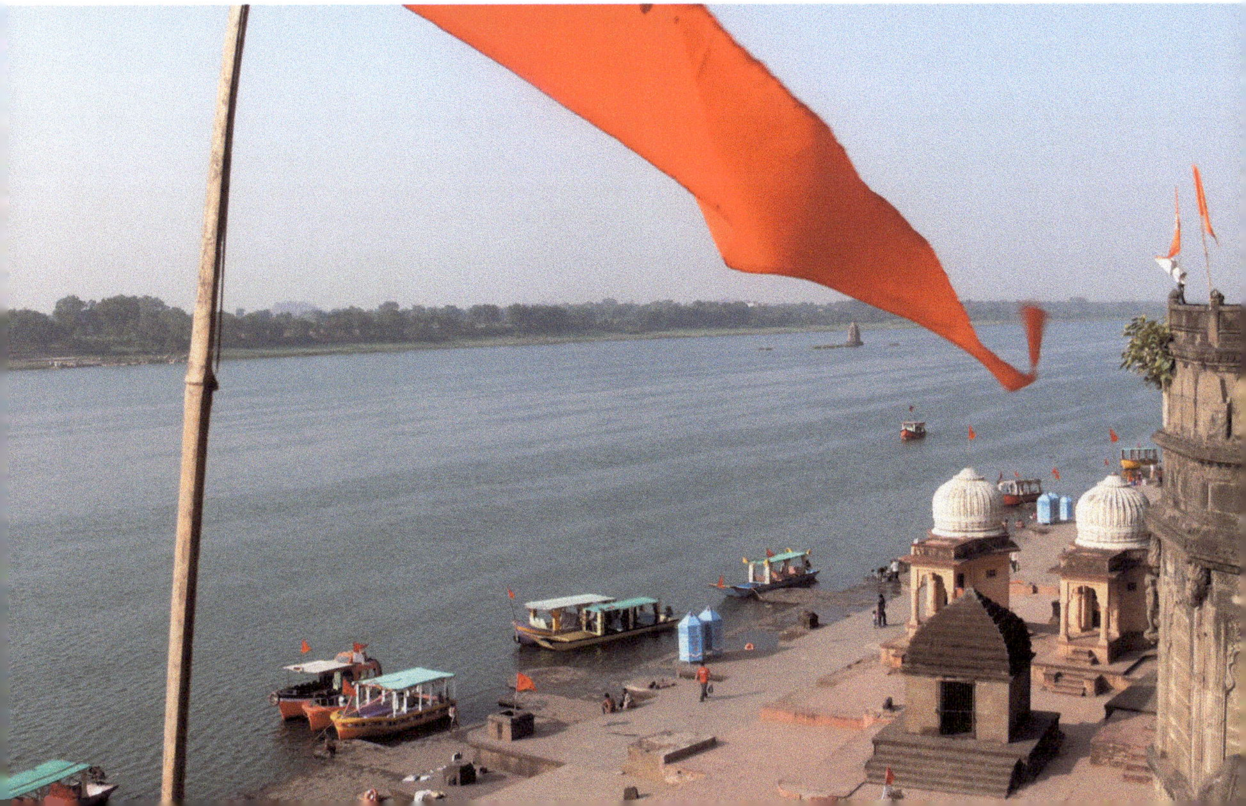

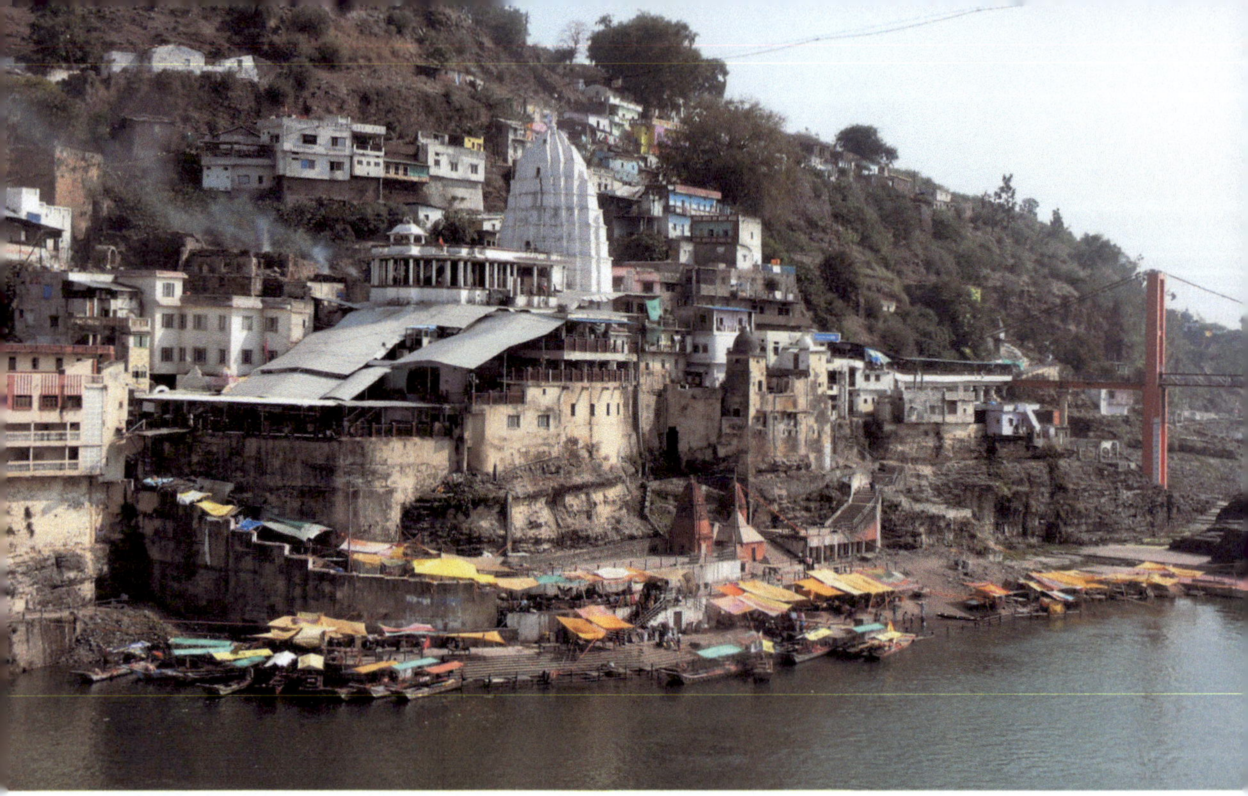

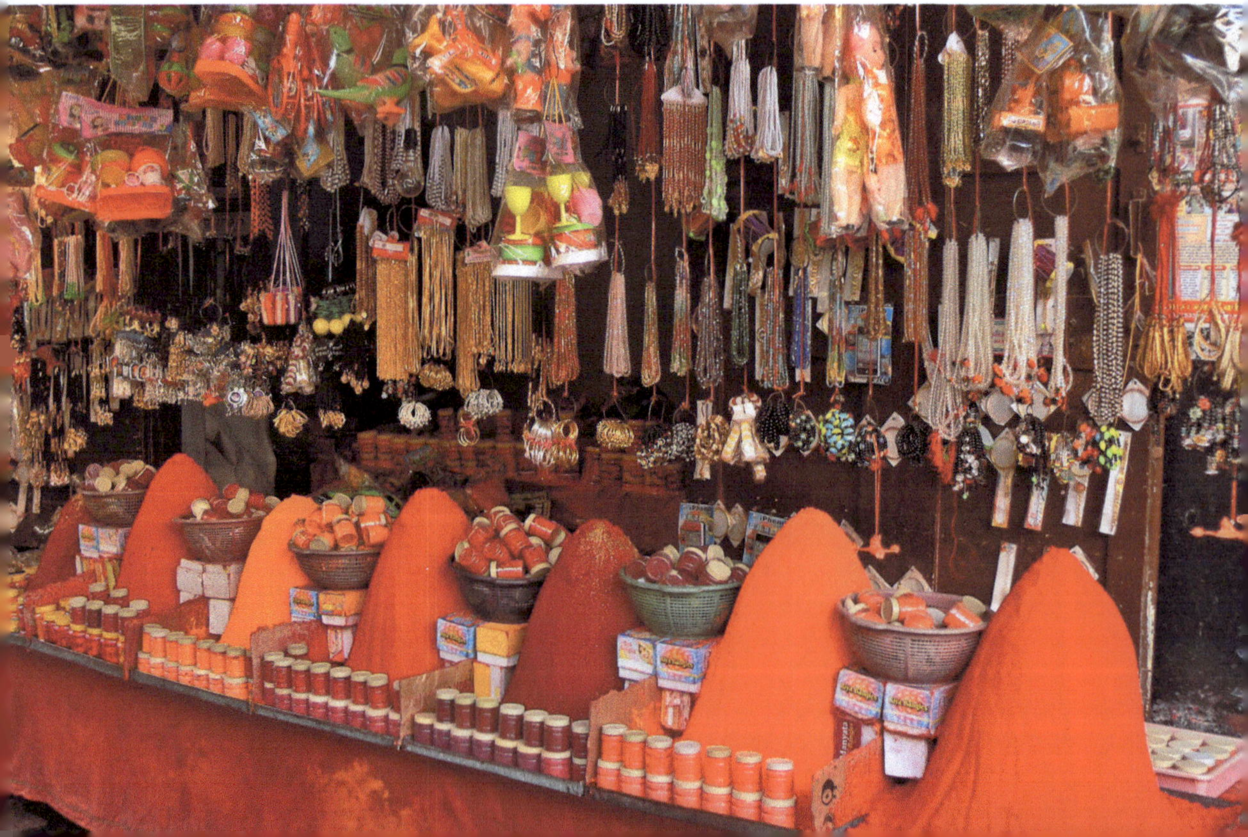

Omkareshwar – Mamaleshwar–Mandir

70 km von Maheshwar entfernt den Fluss Narmada aufwärts und unmittelbar vor dem Narmada-Stausee liegt auf einer wie ein OM (AUM) in Dvaravati-Schrift geformten Insel der Mamaleshwar-Mandir der kleinen Ortschaft Omkareshwar (ca. 10 000 ausschließlich hinduistische Einwohner). Der Name des Ortes bedeutet »Herr des OM«, damit ist der personal verstandene Beherrscher des kosmischen Lautes und des Dharma gemeint – im heutigen Hinduismus kann dies nur Shiva sein. Omkareshwar ist seit etwa tausend Jahren Pilgerort, im 13. Jahrhundert wurde ein erster Shiva-Tempel errichtet, doch später durch Muslime zerstört. Um zum heutigen Tempel zu gelangen, parkt man auf der Südseite des Flusses und geht über eine Brücke oder man gelangt per Boot zu den Ghats des Tempels.

Im Tempel ist einer der zwölf Jyotirlingam, doch er ist deshalb besonders, weil er der »Gründungslingam« aller Jyotirlingam ist. Denn hier, in Omkareshwar, soll die Begegnung zwischen den drei Göttern Vishnu, Brahma und Shiva stattgefunden haben (vgl. Seite 26f.) und der Mythos der Lichtsäulen entstanden sein. Zahlreiche Pilger kommen deshalb, um hier *darshan* zu machen, die Begegnung mit dem Göttlichen, die innere Sicht auf den großen Gott.

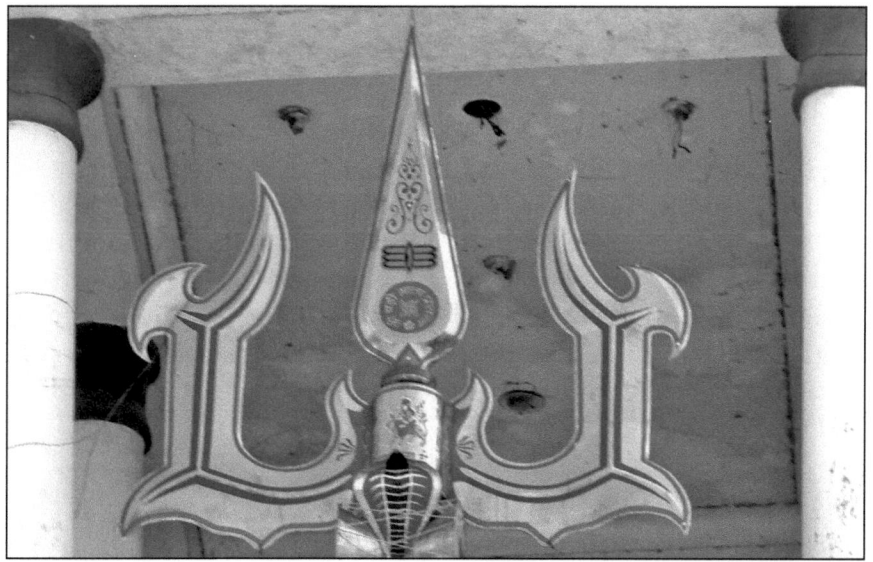

Seite 88:
- Mamaleshwar-Mandir oberhalb des Narmada
- Devotionaliengeschäft mit Farbpulver für religiöse Zwecke und für ein Tilaka (Tika) als Segenszeichen auf der Stirn Omkareshwar

Shivas Hoheitszeichen Trishula (Dreizack), Omkareshwar

Sanchi – Udayagiri–Höhlen

Sanchi liegt 50 km nordöstlich von Bhopal in der Nähe der kleinen Stadt Vidisha und ist heute mit ca. 8 000 Einwohnern nicht mehr als ein großes Dorf an der Eisenbahnlinie Bhopal – Lakhnau. Doch liegen hier die als Weltkulturerbestätte ausgezeichneten buddhistischen Stupas aus dem 3. vorchristlichen Jahrhundert, die ältesten vollständig erhaltenen Stupas (von den Stupas im Mittleren Land, wo der Buddha lebte, sind nur noch Reste vorhanden). Beeindruckend sind an diesen Stupas, besonders an Stupa 1, dem Großen Stupa, die vorgelagerten Tore (toranas), die im Gegensatz zu den einfach gestalteten Stupas überreich mit Reliefs geschmückt sind, die Szenen aus dem Leben des Buddha zeigen. Im Zusammenhang mit den Stupas sind auch Tempel und Klosterruinen erhalten geblieben.

Ganesha in Udayagiri-Höhlen

Etwa 13 Kilometer nördlich von Sanchi liegen die hinduistischen Udayagiri-Höhlen, die aus der Zeit der bedeutenden und über ganz Nord- und Mittelindien herrschenden Gupta-Dynastie (271 bis 562 n. Chr.) stammen. Die Höhlen stammen aus dem Ende des 3. Jahrhunderts, der Zeit des Herrschers Chandragupta II., der nicht nur »Welteroberer« genannt wurde, sondern auch den Hinduismus und die religiöse Kunst förderte. In den insgesamt 19 Höhlen auf zwei Ebenen (untere und obere Höhlen) finden sich noch eine Reihe von Steinfiguren bzw. Reliefs, weitere Statuen aus Holz sind zerstört worden. In den Höhlen finden sich die Abbildungen verschiedener hinduistischer Götter; die Höhle 6 etwa zeigt vor allem Vishnu in seinen verschiedenen Erscheinungsformen (Avatara), etwa als Varaha (Eber), wie er die Erdgöttin Bhudevi (Bhumi Devi) aus der Tiefe hervorholt, wohin sie der Dämon Hiranyaksha verschleppt hatte. Dieser war eigentlich unverwundbar, doch Vishnu konnte ihn töten und so die Ordnung der Erde (und damit das kosmische Dharma) wiederherstellen.

Seite 91:
• Udayagiri-Höhlen
• Vishnu als Varaha mit der geretteten Bhudevi auf der Schulter, Udayagiri-Höhlen bei Sanchi

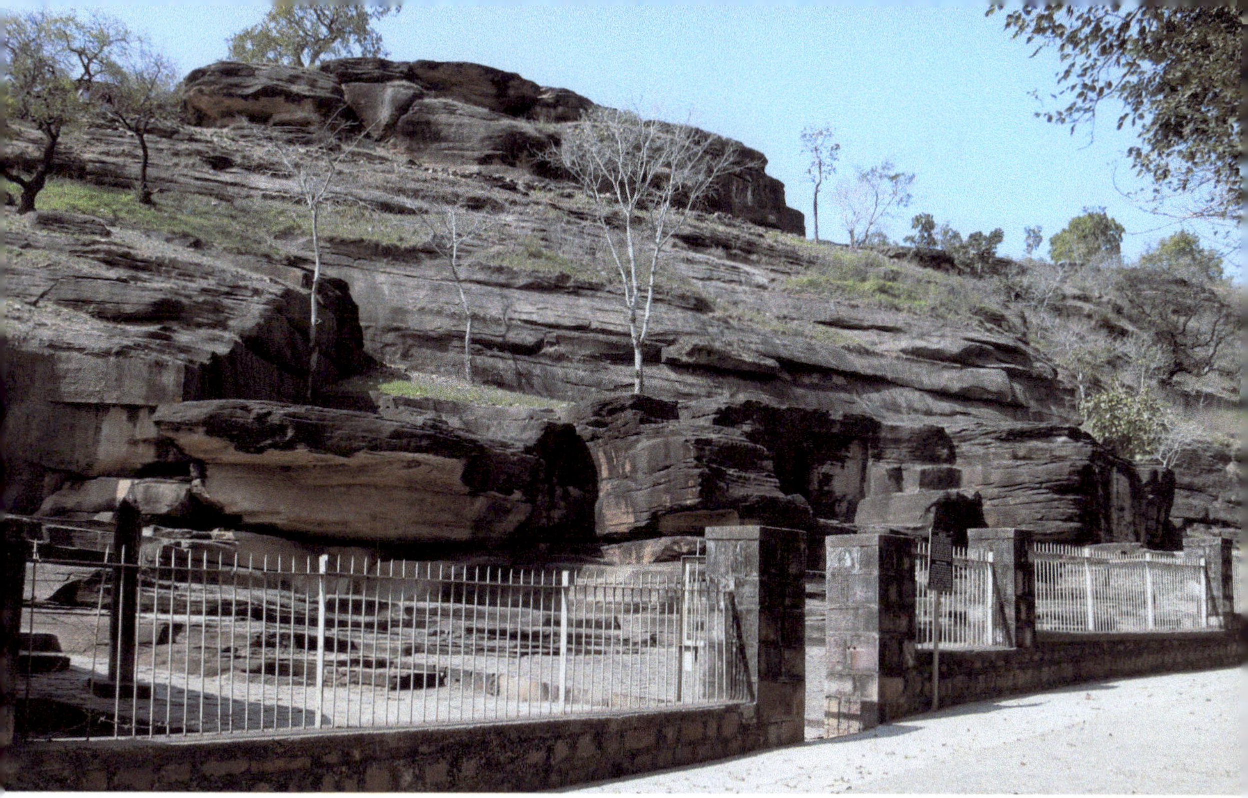

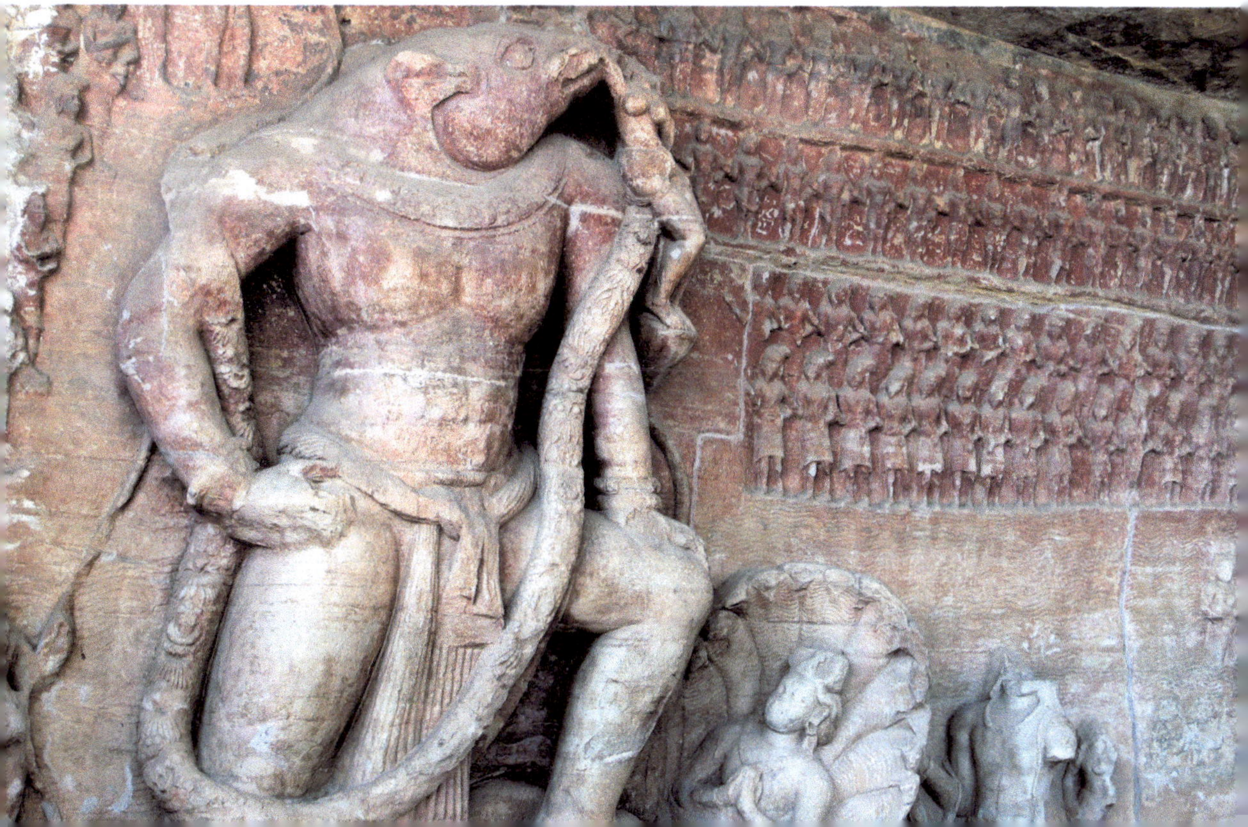

Khajuraho – Tempelstadt

Einer der bedeutendsten Orte hinduistischer Tempelbaukunst sind die beiden Tempelgruppen des kleinen und abgelegenen Ortes Khajuraho im Nordwesten des Bundesstaates Madhya Pradesh. Der heute 25 000 Einwohner zählende Ort war von 807 bis 1569 zwar nicht die politische Hauptstadt des Chandella-Reiches, wohl aber das religiöse Zentrum dieser Lokaldynastie. Besonders von der Mitte des 10. bis zum Beginn des 12. Jahrhunderts wurden in Khajuraho die hinduistischen Tempelanlagen (und in der Ostgruppe auch einige Jain-Tempel) errichtet, die wegen der abgelegenen Lage auch nicht von den muslimischen Eroberern Nordindiens zerstört wurden, wie dies an anderen Orten der Fall war. So sind von den ursprünglich 85 Tempeln 25 erhalten geblieben, darunter mehrere sehr große Gebäude wie der Kandariya-Mandir und der Lakshmana-Mandir. Doch nicht nur die Tempelgebäude selbst mit ihren hohen Tempeltürmen (*shikhara*) sind überaus beeindruckend, sondern vor allem der Tempelschmuck innen wie außen. Zum Bau wurde gelber Sandstein verwendet, der leicht bearbeiten war und deshalb dazu einlud, ihn zu vielen tausend Skulpturen zu formen. Es gibt auch an anderen Stellen Indiens (etwa Konark, Seite 106f.) Tempel mit überreichem Außenschmuck, aber ein solches Ensemble wie in Khajuraho mit der kompakten Westgruppe und der flächenmäßig weiter ausgedehnten Ostgruppe gibt es nur annähernd in Hampi (vgl. Seite 138ff.).

Der Tempelschmuck zeigt natürlich die üblichen Göttergestalten, Vishnu und seine Avatara, Shiva, Ganesha und viele andere Gottheiten (Devas und Devis, Götter und Göttinnen). Dazu aber kommt hier eine Fülle von Surasundaris (weibliche »Himmlische Schönheiten«), die tanzen oder Musik machen. Sie sind nahezu freiplastisch gestaltet, sodass man ihre Körperformen deutlich wahrnehmen kann. Hinzu kommen dann auch – für westliche Vorstellungen rätselhaft an Tempeln – erotische Szenen, die *mithunas*, Liebespaare in eindeutigen Positionen zeigen. Dabei gibt es an den Tempelwänden eine Hierarchisierung: unten die »weltliche« Erotik, darüber die Himmeltänzerinnen, darüber die Götter. Augenscheinlich soll hier ein spiritueller Weg aufgezeigt werden, der von den (durchaus bejahten) Freuden dieser Erde zur Geistigkeit göttlichen Lebens führt.

Seite 93:
Reliefs an Kandariya-Mandir, Khajuraho

Außenansicht des Kandariya-Mandir auf Seite 66

Khajuraho – die Bauten

Die erhaltenen Tempel von Khajuraho verteilen sich auf zwei große Gebiete, einzelne Tempel liegen auch isoliert etwas weiter weg. Westlich des Wohnortes liegen im Süden der Shivsagar (Shiva-See) und nördlich anschließend die wichtigsten hinduistischen Tempel in der Westgruppe, östlich des Ortes und der Bundesstraße 339B sind noch wenige hinduistische Tempelbauten, die größeren hier gehören zur Jain-Religion. Die meisten Tempel sind erhöht auf einer nicht eingezäunten Plattform gebaut; die Außenmauer einer Plattform kann auch mit Figurenschmuck ausgestattet sein. Über eine steile Treppe erreicht man bei den einzelnen Tempeln eine offene Vorhalle, dann die Haupthalle, wo die Gläubigen beten und ihre Opfergaben darbringen. Dahinter ist im Shikara, dem Tempelturm, das Heiligtum, das Standbild der hier verehrten Gottheit.

In der Westgruppe sind folgende Mandir bedeutend: Varaha, Matangeswar, Lakshmana – Kandariya, Mahadeva, Jagadambi, Chitragupta – Parvati, Vishvanatha (Shiva), Nandi.

In der Ostgruppe sind hinduistisch bedeutsam: Brahma, Vamana (Zwerg – 5. Avatara Vishnus), Javari (Vishnu); jainistisch: Adinath, Parshvanath, Shantinath. Auch die jainistischen Tempel sind reich mit Skulpturen geschmückt.

Außerdem gibt es nördlich der Westgruppe ein archäologisches Museum mit vielen Skulpturen der Tempel und Informationen dazu.

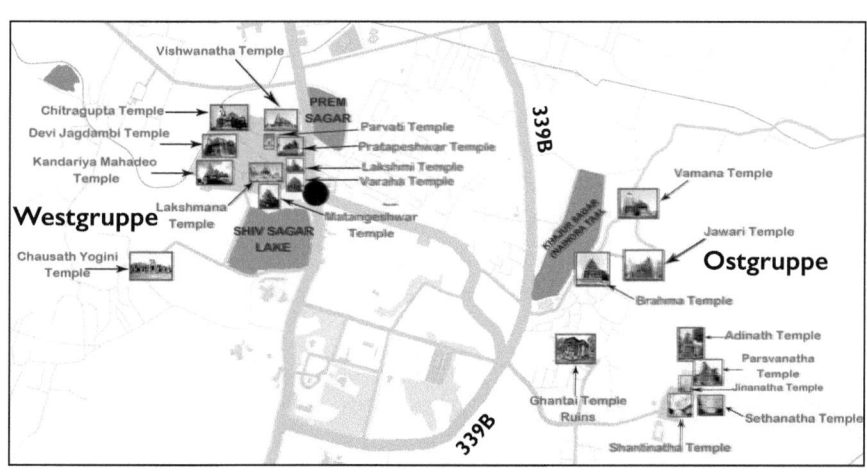

Seite 94:
Khajuraho
links:
• Lakshmana-
  Mandir
• Vishvanatha-
  Mandir
  (vorn:
  neuer Tempel)
• Jagadambi-
  Mandir
rechts:
• Mantangeswar-
  Mandir
• Parvati-Mandir
• (Ostgruppe)
  Parshvanath-
  Mandir
  (Jain-Tempel)

Gwalior – Sas-Bahu- und Teli-Ka-Mandir

Die Millionenstadt Gwalior liegt 120 km südlich von Agra in der Nordostecke des Bundesstaates Madhya Pradesh. Die Stadt ist ein wichtiges Zentrum für Bildung (mehrere Universitäten) und Kleinindustrie (Verarbeitung von Produkten der landwirtschaftlichen Gebiete um die Stadt: Lebensmittel, Leder für Schuhe und Taschen, Stoff für Textilien). Bereits im Epos Mahabharata wird Gwalior (alter Name Gopadri) erwähnt. Immer wieder nutzten Fürstenfamilien den Burgberg mitten in der Stadt als Festung, zuletzt eine Marathendynastie von 1725 bis zur Auflösung des Fürstentums 1948, als die Indische Union in die Unabhängigkeit gelangte.

Noch heute ist der gewaltige, um 1500 errichtete und mit vielen Türmchen und blauen Kacheln aufwändig dekorierte Man Singh Palast auf dem mit sieben Torbauten gesicherten Burgberg Gopagiri das Zentrum der Stadt und die bedeutendste Sehenswürdigkeit. An einer Seite des Gopagiri gibt es im Tal eine Reihe von Jainhöhlen mit teilweise überlebensgroßen Figuren der Tirthankaras.

Hinduistisch bedeutsam sind in Gwalior neben anderem vor allem zwei Tempel: Der Vishnu gewidmete Sas-Baha-Mandir mit seinen beiden Gebäuden (für Vishnu und für Lakshmi) aus dem 11. Jahrhundert liegt auf dem Festungsplateau nicht weit vom Man Singh Palast entfernt. Aufwändig geschnitzte Figuren verschiedener Götter und Göttinnen aus Sandstein schmücken die beiden Gebäude sowohl innen wie außen – die beiden Tempel sind ein herausragendes Beispiel indischer mittelalterlicher Handwerkskunst. *Sas* heißt Schwiegermutter und *bahu* Schwiegertochter Tempel, doch ist hier ein Name Vishnus gemeint: Sahastra Bahu – der tausendarmige Gott. Sas-Bahu-Tempel, welche die grenzenlose Macht Vishnus preisen, gibt es auch an anderen Orten Indiens, etwa in Udaipur.

Ganz anders dagegen der 30 m hohe Tempelturm des Teli-ka-Mandir aus dem 8. Jahrhundert, der ebenfalls auf dem Festungsplateau liegt. Auch er scheint Vishnu gewidmet zu sein, darauf weist der mythische Vogel Garuda über dem Eingang hin. Doch gibt es ebenso Reliefs von Shiva, auch eine Zuordnung zu den sieben Muttergottheiten ist denkbar (vgl. »Die Götter Indiens, Seite 122f.).

Seite 97:
Gwalior
• Sas-Bahu-Mandir
• Trimurti
(Dreigesicht):
Vishnu, Shiva,
Brahma in eins im:
• Teli-ka-Mandir

Der Osten

Die drei Bundesstaaten Jharkhand, Odisha (früher Orissa) und West-Bengal im Nordosten von Indien liegen eher abseits vom Kernland Indiens und desen kulturellen und religiösen Zentren. Dies gilt für die weiter östlich gelegenen kleinen Bundesstaaten bis hinauf nach Arunachal Pradesh (»Land der Berge in der Morgenröte«) noch in viel stärkerem Ausmaß. Denn diese kleinen Staaten sind von einem Völkergemisch geprägt, die Minderheitsvölker haben hier oft die Mehrheit. Oft entsteht daraus Unruhe, was Reisende abhält, diese landschaftlich schönen, aber kulturell ganz anders ausgerichteten Gebiete zu besuchen. Doch auch nach Kolkata (früher Kalkutta) in West-Bengal reist eigentlich nur der, der es unbedingt muss. Obwohl Kalkutta zuerst die Hauptstadt der britischen Regentschaft über Indien war (bis es 1911 von Delhi abgelöst wurde), hat es heute wegen Überbevölkerung und teilweise extremer Armut einen schlechten Ruf. Dass das nicht grundsätzlich stimmt, wird auf den Seiten 110f. und 112f. an zwei Beispielen aus Kolkata selbst und einem Ort direkt nördlich aufgezeigt. Von Kolkata sind wesentliche Impulse des Neo-hinduismus ausgegangen.

Der neue, erst im Jahr 2000 von Bihar (vgl. Seite 64) abgetrennte Bundesstaat Jharkhand (»Waldland«) kennt kaum bedeutsame hinduistische Orte; hier wird nur ein Tempel in Deoghar aufgeführt, weil hier einer der zwölf Jyotirlingam Orte Indiens ist (vgl. Seite 100f.). Dies ist auch der Grund, warum zumindest einige Pilger aus anderen Bundesstaaten nach Jharkand kommen.

Anders ist dies im östlich Bundesstaat Odisha, der an den Golf von Bengalen grenzt. Mit Bhubaneshwar, Konark und vor allem mit Puri gibt es neben anderem drei für den Hinduismus ausgesprochen wichtige Orte, zu denen auch viele Pilger kommen, Touristen allerdings nur in relativ geringem Maß; eine Ausnahme ist vielleicht der Sonnentempel von Konark (auch Konarak). In diesem östlichen Gebiet hat sich eine besondere Verehrung von Vishnu als Jagannath (»Herr der Welt«) entwickelt, die sich in Puri konzentriert und am dortigen hinduistischen Wagenfest Ratha Yatra (= Kutsche + Pilger-reise) ihren emotionalen Höhepunkt findet.

Seite 98:
Eines der ca. vier Meter hohen Räder am »Tempelwagen«, Konark Odisha

Deoghar – Vaidhyanath-Mandir

Die 1947 gegründete Indische Union war von Beginn an ein Staat im Aufbau. Erst mit der Zeit wurden die Bundesstaaten entsprechend der in ihnen lebenden Volks- und Sprachgruppen neu definiert bzw. neu geschaffen. So wurde etwa 2019 das buddhistische Ladakh vom mehrheitlich islamischen Jammu-Kashmir als Unionsterritorium abgetrennt. Ähnlich war es auch mit dem heutigen Bundesstaat Jharkhand, der erst im Jahr 2000 wegen seiner vielen Minderheitsvölker vom Bundesstaat Bihar abgetrennt und zu einer eigenen politischen Einheit wurde.

Deoghar liegt ein wenig abgelegen im Nordosten des Bundesstaates, sowohl 250 km von Ranchi wie von Patna (Hauptstadt des Bundesstaates Bihar) entfernt, Kolkata im Südosten liegt in 320 km Entfernung. Die im Gegensatz zum Bundesstaat fast ausschließlich hinduistische Stadt hat etwa 200 000 Einwohner.

Jharkhand

Jhakhand ist sowohl flächenmäßig wie von seiner Einwohnerzahl her einer der kleineren Bundesstaaten Indiens. Auf etwa 80 000 km² (Bayern 70 000 km²) leben etwa 33 Millionen Einwohner (Bayern gut 13 Millionen). Hauptstadt ist die innerhalb des Bundesstaates zentral gelegene Millionenstadt Ranchi. Das waldreiche Land mit mehreren Nationalparks ist geprägt von den beiden Hochebenen Chota-Nagpur-Plateau und Ranchi-Plateau mit Höhen zwischen 300 und 900 m. Nach der Unabhängigkeit Indiens 1947 gehörte das Gebiet zuerst zum bevölkerungsreichen Bundesstaat Bihar (vgl. Seite 64), bevor es 2000 zu einem eigenen Bundesstaat wurde. Ein Viertel der Bevölkerung gehört den registrierten Stammesgemeinschaften (Adivasi – »ursprüngliche Einwohner«) mit 32 Volksgruppen an, dies zeigt sich auch in der Religions- und Sprachverteilung: Nur zwei Drittel sind Hindi sprechende Hindus, hinzu kommen 15 % Islam, 13 % Naturreligionen, 4 % Christen und andere. Neben außer Hindi anderen nordindischen Sprachen (etwa Bengali) werden eine Reihe von Stammessprachen gesprochen. Ein wichtiger Wirtschaftsfaktor in Jharkhand ist der Kohleabbau, ansonsten aber ist der Bundesstaat vergleichsweise arm.

Wichtigster religiöser Ort und Grund für die Konzentration hinduistischer Bevölkerung ist der Vaidhyanath-Mandir mit dem Jyotirlingam im Stadtzentrum. Da es in Indien an mehreren anderen Stellen Tempel mit diesem Namen gibt, wird der in Beoghar meist Shri Baba Baidyanath genannt. Der Ursprungsmythos dieses Jyotirlingam lautet: Ravana, der König Sri Lankas, der sich im Ramayana-Epos als zehnköpfiger böser Dämon zeigt, wollte vom im Himalaya thronenden Asketen Shiva einen Jyotirlingam, um seine Macht zu steigern. Dazu opferte er vielfach einen seiner Köpfe, die aber jedes Mal von Shiva ersetzt wurden. Schließlich gewährte ihm Shiva die Bitte mit der Auflage: Der Ravana geschenkte Jyotirlingam dürfe auf seinem Weg nach Sri Lanka niemals die Erde berühren. Doch als Ravana auf dem Weg mit der Göttin Ganga kämpfen musste, übergab er den Lingam einem Hirten, der ihn aber wegen seines Gewichts schon bald auf die Erde stellte. Danach ließ sich der Jyotirlingam nicht mehr bewegen – heute ist an dieser Stelle der Baidyanath-Mandir. Der Vaidhyanath-Mandir ist zudem einer der 51 Shakti Pitha Orte, wo ein Teil Sitas auf die Erde fiel (vgl. Seite 37 zu Kangra, Seite 42 zu Jawalamukhi, Seite 85 zu Ujjain), hier war es das Herz der Göttin.

William Hodges
(1744–1797)
»Tempel
in Deorgag«,
1782 (Ausschnitt),
British Library

Bhubaneshwar –
Udayagiri- und Khandagiri-Höhlen

Bubaneshwar am Mahanadi-Fluss war bereits zur Zeit des Maurya-Kaisers Ashoka (304–232 v. Chr.) eine wichtige Stadt des Kalinga-Königreiches mit hinduistischen Tempeln. Von der Eroberung durch Ashoka und der Wende zum Buddhismus kündet ein erhaltenes Felsenedikt in den Dhauli-Bergen südlich der Stadt. Dort ist heute auch ein von den Japanern gebauter Friedensstupa (ähnlich in Rajagriha), von dessen Plattform aus man die Stadt mit ihren vielen Tempeln überblicken kann.

Ebenfalls von der Frühzeit künden die Udayagiri- und Khandagiri-Höhlen im Südwesten der Stadt. Die 33 nur wenig in den Fels eingeschlagenen künstlichen Höhlen sind wohl ursprünglich von Jain-Asketen geschlagen worden, wurden aber später von Hindus übernommen. Die Höhlen mit kleinen Zellen für einzelne Asketen stammen vor allem aus dem dritten und zweiten vorchristlichen Jahrhundert. Es finden sich in der Ausstattung nur wenige Jain-Skulpturen, wohl aber einige hinduistisch einzuordnende Szenen.

Odisha

Der an der Ostküste Indiens, am Golf von Bengalen liegende Bundesstaat Odisha (früher Orissa) ist einer der größeren Staaten in Indien: Auf einer Fläche von knapp 156 000 km² (siebtgrößter Bundesstaat Indiens) leben 42 Millionen Einwohner (Platz 10 von 27). Fast alle Bewohner sind Hindus, die meisten von ihnen (83 %) sprechen aber nicht Hindi, sondern Oriya, eine indoarische Sprache im Osten Indiens (auch in Jharkhand). In Odhisha, besonders in der Küstenstadt Puri wird Vishnu in der Form des Jagannath verehrt (»Herr des Universums«, vgl. Seite 108f.). In der Zeit der Maurya-Dynastie gab es hier das Königreich Kalinga, das vom Maurya-Kaiser Ashoka erobert wurde. Später gab es unterschiedliche Fürstentümer und Königreiche, bis im 16. Jahrhundert das Mogulreich begann. Die Briten machten 1936 aus dieser Region die Provinz Orissa. Durch Bodenschätze (Kohle, Eisenerz, Chrom, Bauxit ...) ist Odisha reich geworden, es gibt viel Industrie. Die Hauptstadt ist Bhubaneshwar mit einer knappen Million Einwohner.

Seite 103:
Udayagiri-Höhlen
bei Bhubaneshwar,
unten die
Inschriftenhöhle

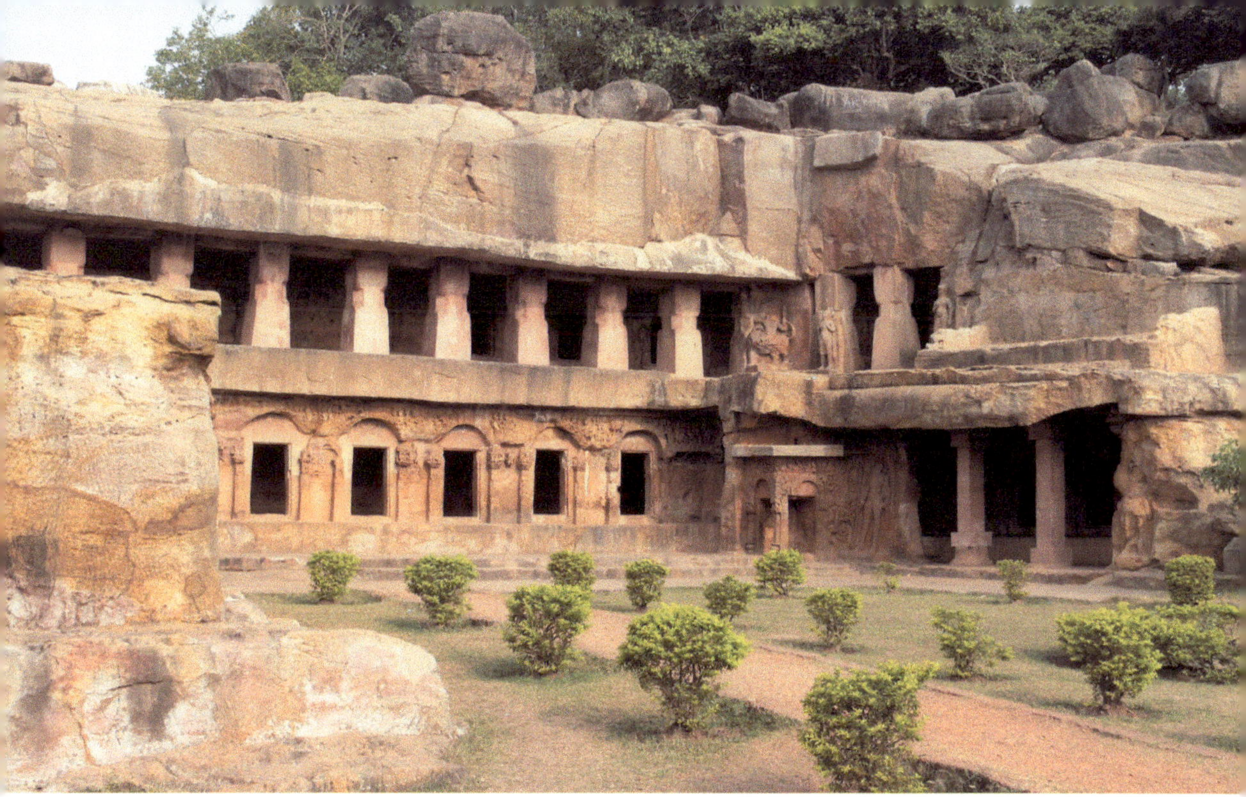
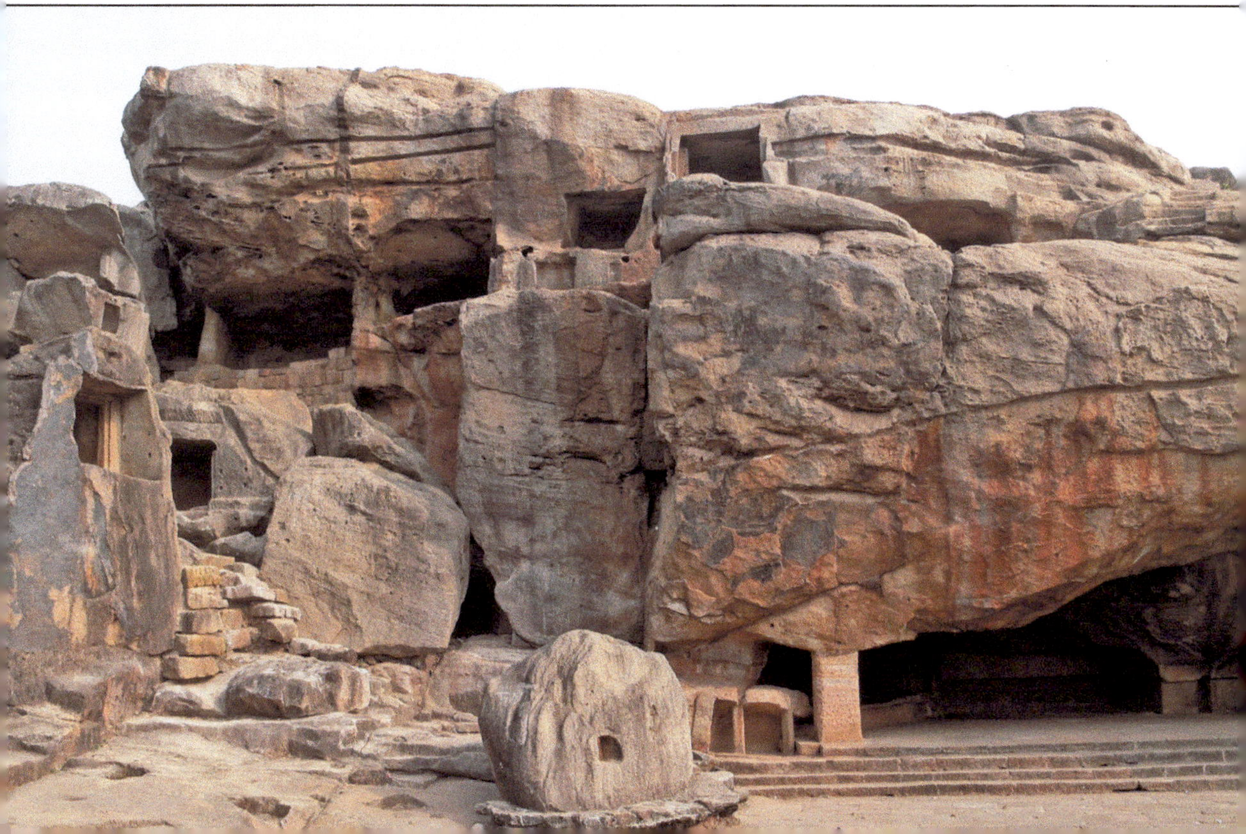

Bhubaneshwar – Tempelstadt

Bhubaneshwar wird als Stadt der (hinduistischen) Tempel bezeichnet, mehr als 35 Tempel sind auf dem Stadtgebiet erhalten und den unterschiedlichsten Göttern gewidmet. Wer sich einen Überblick über die hinduistische Götterwelt verschaffen will, kann in Bhubaneshwar Hunderte von Reliefs anschauen, die die vielgestaltigen Erscheinungsweisen des einen Göttlichen und die dazu gehörenden Mythen und Legenden plastisch wiedergeben. Viele der Tempel sind Shiva in seinen unterschiedlichsten Formen geweiht, doch es gibt auch Tempel für Vishnu und seine Avatara und interessante Orte, wo die weibliche göttliche Kraft verehrt wird, etwa in der Form der sieben Muttergottheiten (Saptamatrikas). Die meisten Tempel entstanden zwischen dem 7. und 11. Jahrhundert und bestehen aus Tempelhallen (*mandapa*) und sehr steil aufragenden Türmen (*shikhara*), oft mit Götterstatuen und Reliefarbeiten verziert. Hinzu kommen hier weitere kleine Tempeltürme im Tempelhof, die Deul genannt werden. Auch das sehenswerte Odisha State Museum passt in diesen Rahmen, das Odisha Crafts Museum widmet sich der lokalen Handwerkskunst.

Einige wichtige Tempel in Bhubaneshwar sind unter vielen:

- *Parashurameshwar-Mandir*, der älteste erhaltene Tempel der Stadt aus dem 7. Jahrhundert. Obwohl er einem Avatara Vishnus geweiht ist und sich auch ein Relief dieses Gottes im Inneren befindet, überwiegen in der Gestaltung Szenen, die mit Shiva zu verbinden sind. Außerdem gibt es an einer Außenwand eine der seltenen Darstellung der Saptamatrikas.
- *Mukteshwar-Mandir*, ein Shiva-Tempel aus dem 10. Jahrhundert mit sehr aufwändig gestaltetem Shikara. Es haben sich nur wenige Götterskulpturen erhalten, dafür aber gibt es noch florales Baudekor und auch Abbildungen von tanzenden »Schönen Mädchen« (*surasundaris*).
- *Vaital Deul-Tempel* mit ungewöhnlicher Architektur aus dem 8. Jahrhundert. Gewidmet dem schrecklichen Aspekt von Shiva (Bhairava – der »Furchteinflößende«) und seiner ebenso schrecklichen Partnerin Chamunda.
- *Lingaraja-Mandir* mit einem 2 m großen Shiva-Lingam im Inneren, doch zugleich Harihara (Shiva und Vishnu in eins) gewidmet.

Seite 104:
oben
Parashurameshwar-Mandir mit Relief Parashurama (Mann mit Axt), 6. Avatara Vishnus
Mitte
Mukteshwar-Mandir mit den drei Puri Göttern Balabhadra (weiß), Subhadra (gelb), Jagannath/Krishna (schwarz)
unten
Lingaraja-Mandir mit Deuls (kleinen Tempeltürmen, dazu Relief von Shiva Nataraja mit Schöpfungstanz

Konark – Surya-Mandir

Die Kleinstadt Konark liegt nur drei Kilometer vom Golf von Bengalen entfernt. Die Stadt wäre unwichtig, wenn nicht hier der Konark-Surya-Mandir aus dem 13. Jahrhundert zum Teil gut erhalten wäre. Schon der Name Konark (*kona* = Ecke, *arka* = Sonne) verweist auf die Personifizierung der Sonne, die in diesem Tempel verehrt wird. Der Gründungsmythos hat entfernt mit dem in Odisha verehrten Krishna zurück, denn Samba, ein Sohn Krishnas, war durch eigene Schuld krank geworden, seine Hautkrankheit konnte nur vom Sonnengott Surya geheilt werden.

Die Tempelanlage hat dabei eine außergewöhnliche Konzeption: Viele hinduistische Tempel besitzen einen großen Wagen (*ratha*), auf dem bei Tempelfesten die verehrte Götterstatue durch den Ort gefahren wird. Der Surya-Mandir von Konark (auch Konarak) ist aus Sandstein als Tempelwagen konstruiert: 24 große Wagenräder »fahren« den Tempel, vorn an der Eingangstreppe sind auch sieben steinerne Pferde für die sieben Wochentage, die den Sonnenwagen ziehen. Die Götterstatue in der Cella des Turms ist mit dem Turm verschwunden, als man den Bau über die Jahrhunderte hinweg als Steinbruch benutzte. Doch gibt es an den Außenwänden noch Statuen von Surya aus grüngrauem Chlorit (vgl. das Foto). Surya ist ein jugendlicher Gott, der jeden Morgen zu neuem Leben erwacht und an den sich der in Indien häufig geübte morgendliche Sonnengruß richtet. In seinen Händen hält er Lotosblüten als Zeichen für neues Leben und Reinheit (eine davon auf dem Foto gut sichtbar). Ansonsten sind die Wände der Plattform und auch die erhaltenen Wände der Tempelhalle über und über mit Figuren bedeckt. Es gibt hier wie in Khajuraho (vgl. Seite 92ff.) erotische Darstellungen, aber auch Musikanten und Tänzerinnen.

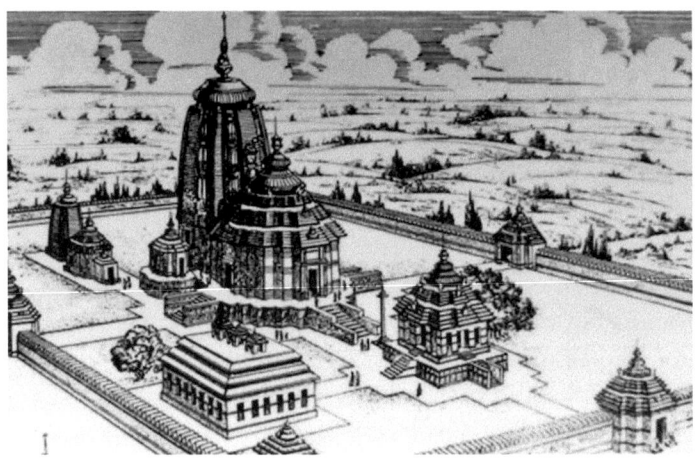

Surya-Mandir, ursprünglicher Bauzustand, Tempelturm und Nebengebäude sind weithin verloren

Seite 107: Surya-Mandir, Konark
• Aufgang zur Mandapa
• Sonnengott Surya
• Hinterer Teil des Tempels mit Rest des Shakara (Turms)

Das Foto eines Tempelrads ist auf Seite 98.

Puri – Jagannath–Mandir

Die 200 000 Einwohner zählende Stadt Puri (35 km südlich von Konark) gehört zu den vier Char Dam Orten, die wie ein Kreuz die vier Himmelsrichtungen des indischen Subkontinents wiedergeben; Puri repräsentiert die östliche Seite (vgl. Seite 24f.).Zentrales Heiligtum und wichtigste Sehenswürdigkeit der Stadt ist der Jagannath-Mandir, in dem Jagannath (sanskrit: *nath* = Herr, *jagat* Universum, Welt) verehrt wird, eine Form von Krishna und damit von Vishnu. Der im Zentralbereich nur Hindus zugängliche Tempel liegt in einem weitläufigen Bereich nicht weit von der Küste des Golf von Bengalen.

Im Tempel werden drei Standbilder aus Holz verehrt, eine Art von »Dreifaltigkeit«: Jagannath selbst, der immer mit schwarzem Gesicht dargestellt wird, dazu sein Bruder Balabadhra mit weißem (manchmal auch blauem) Gesicht und seine Schwester Subhadra mit gelbem Gesicht. Überall in Puri kann man in Devotionalienläden Bilder und Statuen dieser Odisha-Dreifaltigkeit erwerben. Die drei Götter werden ohne Hände und Füße dargestellt. Dahinter steht die Legende, dass ein himmlischer Bildhauer das Werk der drei Statuen begonnen habe, dann aber gestört worden sei. Deshalb sind die Statuen von ihm nicht fertiggestellt worden.

Im Sommer gibt es jedes Jahr ein Fest am Jagannath-Mandir, zu dem Millionen von Pilgern aus ganz Indien kommen, das *Ratha Yatra* (*ratha* = Kutsche, *yatra* = Pilgerreise). Rathas sind in vielen Tempeln Indiens riesige, meist an Seilen gezogene Prozessionswagen, auf denen das wichtigste Standbild des Tempels beim Tempelfest durch die Stadt geführt wird. In Puri werden die drei Rathas mit Jagannath, Balabhadra (auch Balarama) und Subhadra vom Jagannath-Mandir zum ca. 2 km nordöstlich gelegenen Gundicha-Mandir gefahren, wo sie eine Woche bleiben, um dann in einer prachtvollen Prozession zum Jagannath-Mandir zurückzukehren. Gundicha soll dem Mythos nach der Geburtsort der drei Götter gewesen sein. So wird am Ratha Yatra der Geburt der drei Götter gedacht und damit an den Beginn ihres gnädigen und helfenden Wirkens – eine Parallele mit dem christlichen Weihnachten drängt sich auf. Nach Puri kommen auch viele alte Menschen, die in der Nähe ihres verehrten Gottes sterben wollen, um so *moksha*, die Befreiung vom Leiden zu erlangen.

Seite 109:
• Jagannath-Tempel in Puri am Fest Bahuda Yatra – drei große Rathas (Kutschen) mit den Bildern der drei Götter kehren zum Tempel zurück
• Collage: Karte mit Tempel und Indischem Ozean im Hintergrund, vorn die drei Puri-Götter: rechts: Jagannath (Krishna) schwarz, links: Balabhadra (hier blau, sonst weiß), Subhadra (gelb)

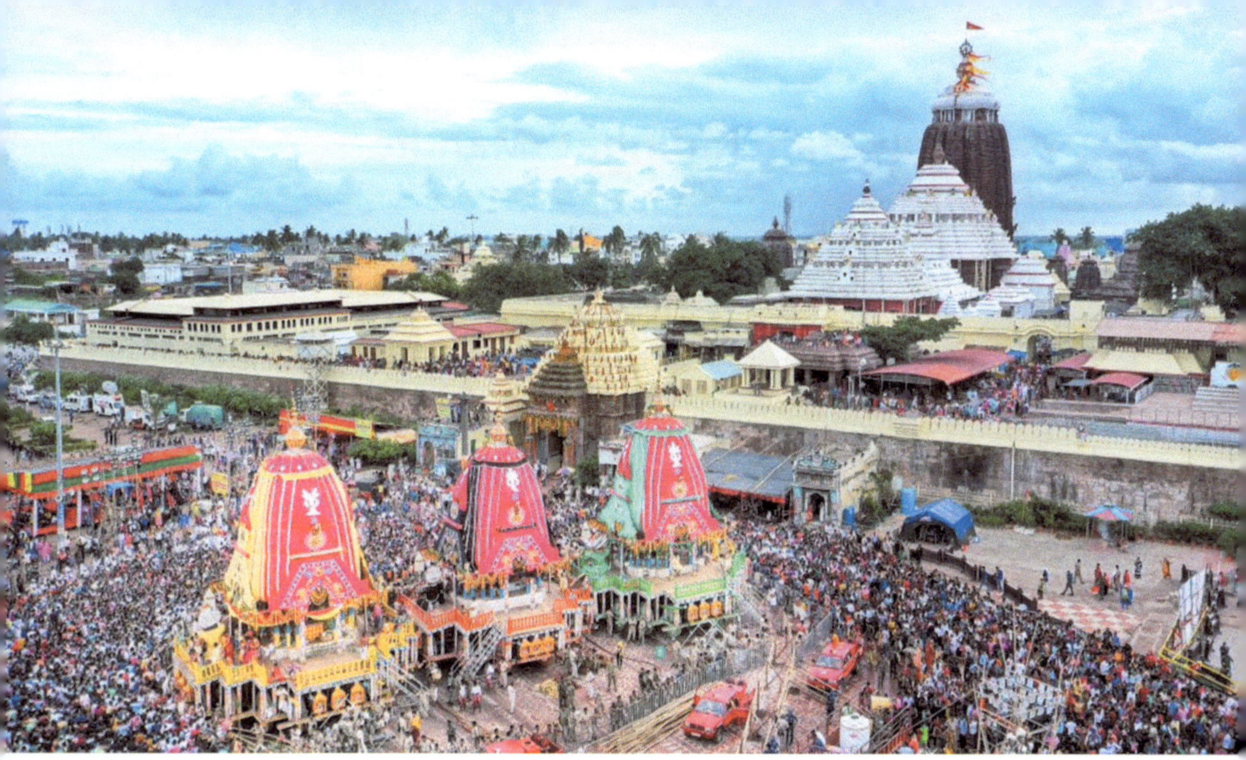

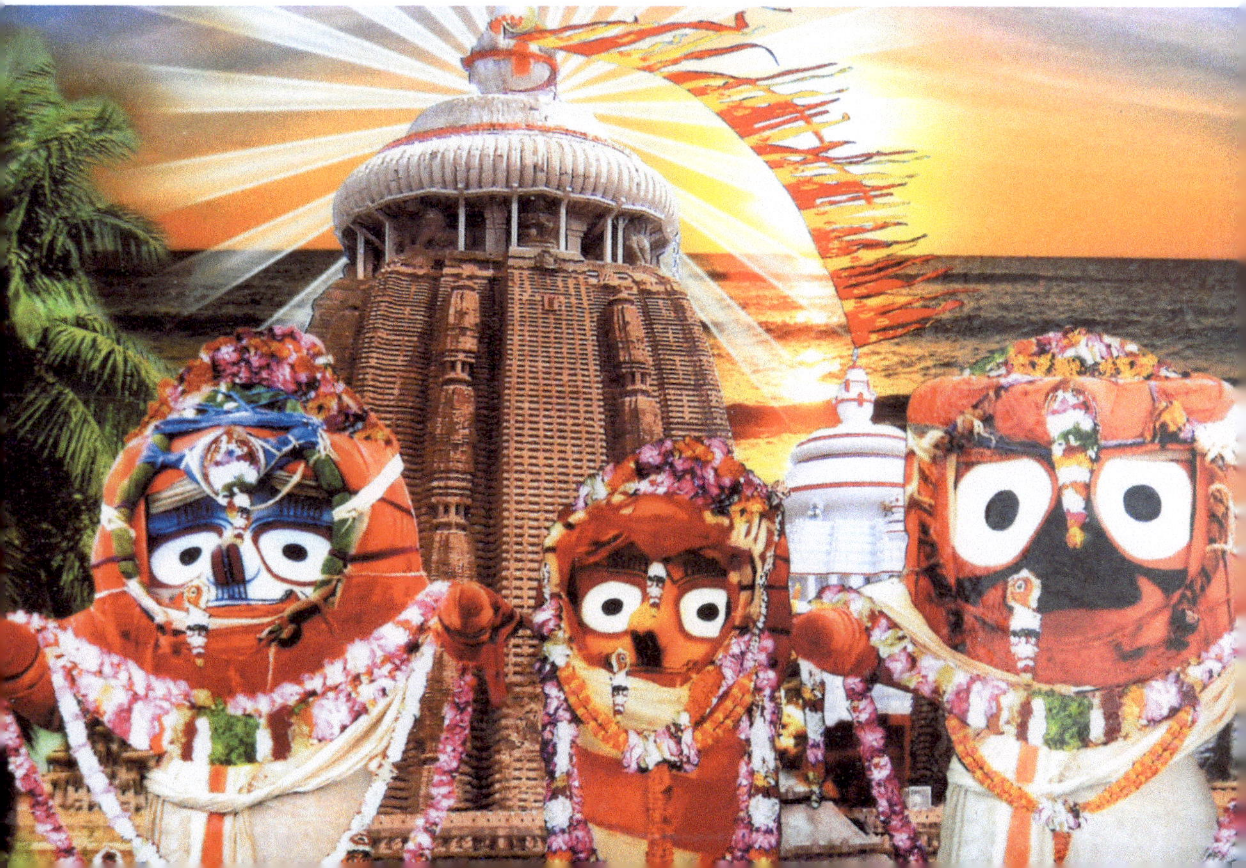

Kolkata – Kalighat–Mandir

Kalikata (= Schwarzes Tor [der Göttin] Kali) wurde im 15. Jahrhundert zum ersten Mal als ein Fischerdorf erwähnt. Doch genau hier, am Ufer des Flusses Hugli, ließ sich im 17. Jahrhundert die Britische Ostindien-Kompanie nieder. Die nun entstandene Stadt ist von ihren wichtigen Bauten her britisch-europäisch geprägt; von 1858–1911 war Kalkuta die Hauptstadt des Kolonie British-Indien. Auch als Delhi Hauptstadt wurde, behielt Kalkuta seine wirtschaftliche Bedeutung, doch wurde zunehmend Mumbai wichtiger, weil von hier aus der Seetransport durch den neuen Suezkanal einfacher war. Nach der Unabhängigkeit Indiens 1947 wurde Kolkata Hauptstadt von West-Bengal. Durch den Zuzug sehr vieler hinduistischer Flüchtlinge aus dem nun mehrheitlich muslimischen Bangladesh geriet die Stadt an den Rand der Unregierbarkeit, dies ist heute gemindert.

West-Bengal (Westbengalen)
In diesem Bundesstaat leben auf nur 89 000 km² 95 Millionen Menschen mit stark steigender Tendenz, der Einwohnerzahl nach ist es der viertgrößte Bundesstaat Indiens. West-Bengal ist somit sehr dicht besiedelt (mit über 1 000 Bewohnern auf 1 km²). Hauptstadt ist Kolkata mit 4,6 Millionen im Stadtzentrum und 14 Millionen in der Metropolregion (nach Delhi und Mumbai das drittgrößte städtische Zentrum Indiens. Die Bevölkerungsdichte von Kolkata liegt mit 22 000 Einwohnern pro km² dicht hinter Mumbai. Der Bundesstaat ist geprägt vom Mündungsdelta des Ganges, sodass die größte Fläche sehr tief liegt und immer wieder von Überschwemmungen bedroht ist. Doch steigt die Region im Norden in Richtung Himalaya steil bis auf 3 636 m an (Berg Sandakphu). Die meisten Bewohner von West-Bengal sind Bengali sprechende Bengalen, doch es gibt auch diverse Minderheitsvölker (Adivasis). An Religionen herrscht der Hinduismus mit 70 % vor, doch gibt es auch fast 30 % Muslime (darin zeigt sich die Nähe zum weithin muslimischen Bangladesh). Wirtschaftlich ist West-Bengal von der Landwirtschaft geprägt, die aber nur wenig einbringt; der Bundesstaat gehört zu den ärmeren Regionen in Indien. Allein Kolkata hat Industrie und durch Universitäten und Verwaltung auch ein höheres Bildungsniveau.

Das Stadtbild der Innenstadt ist geprägt von Bauten der Kolonialzeit, die Außenbezirke zeigen eher ein indisches Gesicht. Am Tolly Kanal südlich der Innenstadt liegt der Kalighat-Mandir, in der Kali (= die Schwarze) als dunkle und zerstörerische Gestalt der Mahadevi, der Göttin als Gegenpol zu Shiva, verehrt wird. Kali wird im Tempel durch einen schwarzen Stein repräsentiert. Dem Mythos nach soll dieser Stein eine Zehe der Göttin Sati sein, sodass der Kalighat-Mandir eine der 51 Stellen der Shakti Pitha Orte ist (vgl. Seite 37, 42, 85, 101). Andere Entstehungsmythen verweisen auf tantrische Rituale im früher hier vorhandenen Urwald, wo an diesem schwarzen Stein Menschenopfer dargebracht worden sein sollen. Gerüchte von Menschenopfern in unserer Zeit darf man keinen Glauben schenken; wohl aber werden hier hin und wieder Tieropfer (Ziegen) dargebracht, denn die grausame Göttin, die selbst auf dem großen Shiva tanzt, erwartet Blut als Gabe.

Die Göttin Kali auf einem Leichenfeld, Miniatur von 1725, Nationalmuseum, Delhi

Kalighat-Mandir, Kolkata

Baranagar – Dakshineshwar–Kali–Mandir

Baranagar am Fluss Hugli (wie Kolkata) ist eine eigenständige Stadt mit 250 000 Einwohnern etwa 15 km nördlich des Kalighat-Mandir, wird aber meist als Vorort von Kolkata verstanden, weil die Bebauung hier nahtlos ineinander übergeht. Baranagar lebt von Handwerk, Kleinindustrie und Handel, am Fluss gibt es verschiedene Handelsniederlassungen.

Direkt am Ufer des Hugli nördlich der Vivekananda-Brücke liegt der Dakshineshwar-Kali-Mandir. Der Bau geht auf eine Vision der Witwe Rani Rasmani zurück, die 1847 eine Pilgerfahrt nach Varanasi unternehmen wollte, der jedoch in der Nacht vor ihrem ufbruch die Göttin erschien und sie aufforderte, eine Kali-Statue an dieser Stelle aufzustellen und zu verehren. Dies würde die beschwerliche Pilgerfahrt ersetzen. Rani ließ die große Tempelanlage bauen, die 1855 vom Oberpriester Ramkumar eingeweiht wurde. Nach dem Tod Ramkumars nur ein Jahr später wurde dessen Bruder Oberpriester des nun bereits viel besuchten Tempels: Ramakrishna (1836–1886), der zu einem der bedeutendsten Mystiker der Neohinduismus im 19. Jahrhundert wurde (sein Nachfolger wurde Vivekananda, 1863–1902).

Ramakrishna verehrte Kali als Göttliche Mutter, der er mit ganzer Liebe anhing. So beschritt er einen der drei Wege zur Befreiung aus dem leidvollen Kreislauf der Geburtenfolge – *Bakhti-Marga* als liebende Hingabe an eine Gottheit (*Jnana-Marga* als Weg der Erkenntnis der Einheit von Brahman und Atman und *Karma-Marga* als Weg des Handelns nach dem Dharma sind die beiden anderen Wege). Ramakrishna geriet mit seiner spirituellen Praxis oft in Trance; dies zog viele Pilger an, die in ihm und an diesem Ort einen Zugang zum Göttlichen erhofften. Denn Ramakrishnas Verständnis den einen Göttlichen ging zwar von Kali aus, die er als Göttliche Mutter ansah, doch überstieg er einen engen »konfessionellen« Bereich einzelner Religionsformen oder Religionen – das Göttliche lässt sich nicht eingrenzen, sondern ist alles umfassend.

Dementsprechend gibt es auf dem Gelände des Dakshineshwar-Kali-Mandir nicht nur die Verehrungsstätte der Kali, sondern auch zwölf kleine Shiva-Tempel und einen Radha-Krishna-Schrein.

Seite 113:
• Dakshineshwar-Kali-Mandir, Baranagar
• Zwei Formen der weiblichen Gottheit: die schreckliche Kali und die machtvolle Durga (vgl. »Die Götter Indiens«, Seite 112 und 119)

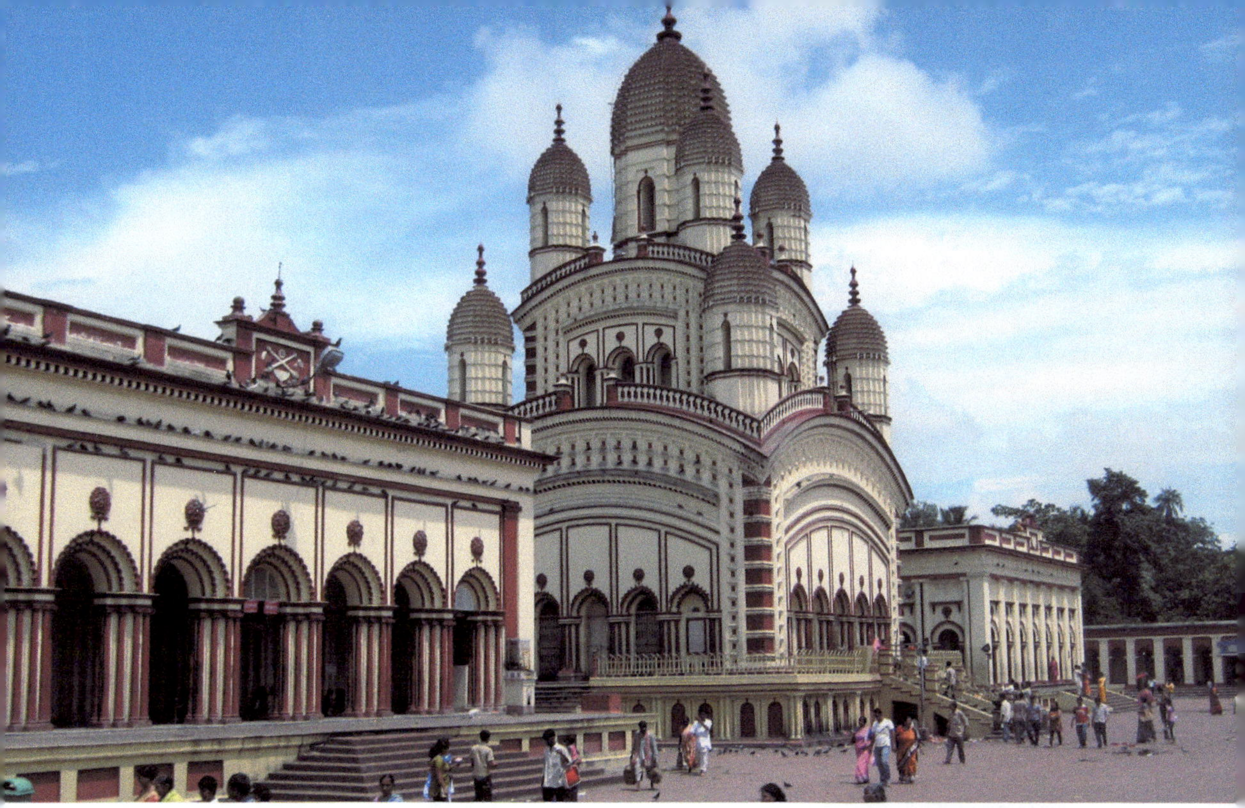
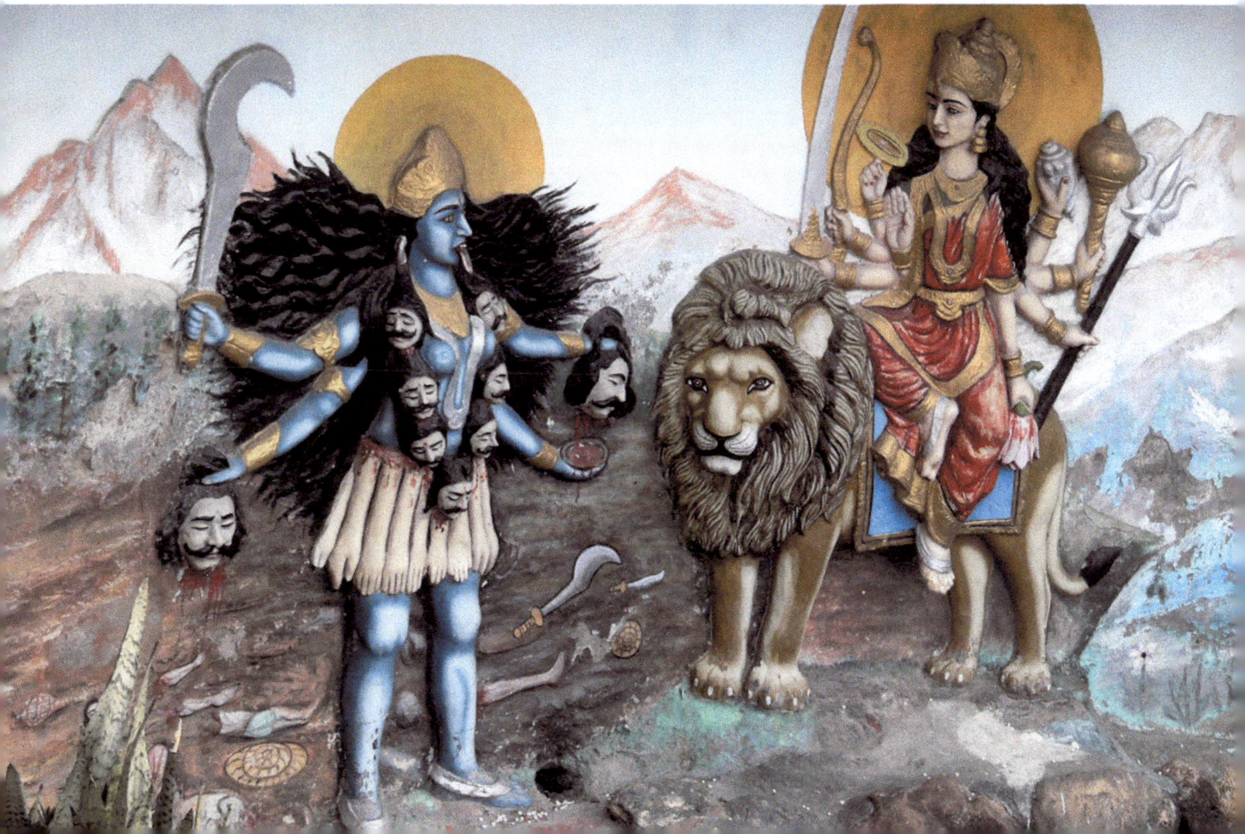

Der Südwesten

Es ist in Büchern über den Subkontinent Indien weithin üblich, die Großräume in die der indoarischen bzw. dravidischen Bevölkerung aufzuteilen, also in den größeren Norden zusammen mit der Mitte und in den kleineren Süden, der die Bundesstaaten Karnataka, Kerala, Andhra Pradesh und Tamil Nadu umfasst. Dies wird manchmal dadurch ergänzt, dass die kleinen Bundesstaaten im Nordosten, die stärker von Minderheitsvölkern (Adivasis) bewohnt sind, eigens behandelt werden. Diesem Ansatz folgt dieses Buch nur teilweise. Zwar wird ab Seite 155 der Südosten (mit Andhra Pradesh und Tamil Nadu zusammen mit Puducherry) angesprochen. Dies ist u.a. nicht nur durch die dortige kulturelle und religiöse Entwicklung bedingt, sondern auch durch politische Systeme wie das Chola-Reich vom 9. bis zum 13. Jahrhundert. In diesem Kapitel zum Südwesten aber werden sowohl indoarische wie dravidische Gebiete zusammengefasst. Dies nicht nur, weil sich eine Reise entlang der Küste von Mumbay (Maharashtra) bis Kerala leichter organisieren lässt als Reisen quer über die West-Ghats, das Hochland von Dekkan und dann die Ostghats. Auch hier gibt es mit dem Reich von Vijayanagar (1336–1565) mit der Hauptstadt beim heutigen Hampi (vgl. nebenstehendes Foto) eine politische und zugleich religiöse Klammer, die sich auch auf die wichtigen Tempelbauten dieses Gebietes ausgewirkt hat.

Der Schwerpunkt dieses Kapitels liegt – von Mumbai ausgehend – zuerst in Maharashtra, das eine Fülle bedeutender hinduistischer Orte aus Geschichte und Gegenwart kennt, die hier nur teilweise aufgeführt werden können. Mit den neben buddhistischen und jainistischen auch hinduistischen Ellora-Höhlen (besonders der Kailash-Mandir) etwa geht man in die Zeit ab dem fünften nachchristlichen Jahrhundert zurück. Die beiden Jyotirlingam Orte Trimbak und Nashik (auch Ort der Khumb Mela) aber gehören heute noch zu den wichtigsten Stätten hinduistischer Frömmigkeit. Dieser Beziehung von Geschichte und Gegenwart setzt sich im Bundesstaat Karnataka weiter südlich nahtlos fort. Auch hier gibt es viele bedeutende Orte. Dagegen besitzt der südwestlichste Bundesstaat Kerala nur wenige Stätten, die für den Hinduismus von Bedeutung sind.

Seite 114:
Virupaksha-Mandir, Hampi

Mumbai – Mumbadevi-Mandir

Mumbai, die Metropole am Arabischen Meer, trug schon vor der zuerst portugiesischen (ab 1533), dann britischen (ab 1661) Herrschaft den Namen *Manbai*, was mit dem Marathi-Wort *aai* = Mutter und der in diesem Gebiet verehrten Göttin Mumbadevi zu verbinden ist. Seit 1997 ist der alte Name Mumbai (statt dem kolonialen Bombai) offizielle Bezeichnung der Stadt. Sie ist extrem dicht besiedelt, durch den großen Zuzug (Landflucht) und den in Indien nach wie vor erheblichen Bevölkerungszuwachs (jährlich + 1,2 %) entstehen riesige Infrastrukturprobleme und trotz reger Bautätigkeit eine große Wohnungsnot mit Slumvierteln inmitten von Hochhaussiedlungen. Die Stadt ist sprachlich wie religiös stark gemischt. Das Stadtbild im Zentrum ist geprägt von repräsentativen Bauten der Kolonialzeit.

Maharashtra

Mit 307 000 km² ist Maharashtra nach Rajasthan und Madhya Pradesh der drittgrößte Bundesstaat Indiens; was die Einwohnerzahl betrifft, liegt er mit 112 Millionen nach Uttar Pradesh an zweiter Stelle. Hauptstadt ist Mumbai (unter englischer Herrschaft Bombay: portugiesisch *bom baia* = »Gute Bucht«) mit 16 Millionen Einwohnern im Kernbereich und 29 Millionen in der Metropolregion (nach Delhi die zweitgrößte Metropole Indiens). Zu Maharashtra gehören verschiedene geografische Zonen: der etwa 50 km breite Küstenstreifen, die bis auf 1 646 m (Kalsubai) aufsteigende Berge der Westghats und das Hochland des Dekkan. In Maharashtra gibt es zehn Millionenstädte; die Verstädterung (45 % der Bevölkerung) ist hier ebenso wie das Bildungsniveau deutlich höher als im übrigen Land. Hauptsprache ist das zur indoarischen Sprachgruppe gehörende Marathi, aber auch Hindi und Urdu sind verbreitet, letzteres bei den etwa 12 % Muslimen im Bundesstaat. Hauptreligion ist mit 80 % der Hinduismus, es gibt aber auch eine Minderheit von Buddhisten (6 %), Jains und eine nur noch sehr kleine Gruppe von Parsen (persischer Zoroastrismus). Die Verstädterung geht parallel mit einer starken Industrialisierung des Bundesstaates und großer wirtschaftlicher Kraft – 20 % des indischen Bruttosozialprodukts werden in Maharashtra erwirtschaftet.

Der Mumbadevi-Mandir, der Tempel der Stadtgöttin, liegt ein wenig versteckt im lebhaften Stadtteil Kalbadevi mit seinen engen Gassen und Märkten nördlich des Hauptbahnhofs von Mumbai. Die Göttin *(devi)* Mumba wird als Erscheinungsweise von Parvati, der Gattin Shivas verstanden. Sie sei im Fischerort an der Küste erschienen, um als Fischerfrau (später verheiratet mit einem Fischer, der eine Inkarnation Shivas war) den dortigen Fischern zu helfen, durch Meditation und Konzentration zu besseren Fangergebnissen zu kommen. Ein anderer Mythos erzählt, Mumba habe sich geopfert, als ein Dämon den Ort zerstören wollte. Seit dem 15. Jahrhundert soll hier ein Verehrungsort der Göttin gewesen sein, der heute sichtbare Tempel stammt aus dem 18. Jahrhundert. Der Tempel ist heute ein wichtiger Pilgerort nicht nur für die Bewohner von Mumbai, sondern für Gläubige aus ganz Maharashtra. Besonders bei Navratri (Neun-Nächte-Fest) zu Ehren von Durga im März ist hier reger Betrieb.

Mumbadevi-Mandir und Statue der Mumba Devi als Durga auf dem Löwen

Mumbai – Elephanta–Island

Die Weltkulturerbestätte Elephanta mit ihren Höhlen ist eine etwa zwei km² große Insel etwa 15 km östlich vom Gate of India in Mumbai (etwa eine Stunde Fahrt mit dem Boot). Elephanta ist von den Portugiesen nach einem steinernen Elefanten benannt worden, den sie im Hafen der Insel fanden. Beginnend mit dem zweiten nachchristlichen Jahrhundert wurde die Insel von mehrerer Fürstendynastien beherrscht, zuletzt von der mächtigen Dynastie der Chalukya (550–1190 n. Chr.).

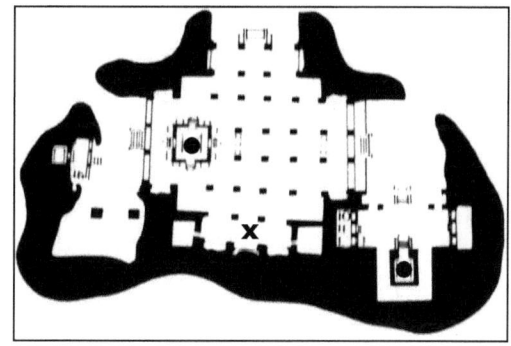

Plan der Shiva-
Höhle
auf Elephanta
(**x** = Hauptbildnis
Shiva Trimurti
● = Lingam)

Auf der Insel befinden sich außer der Shiva gewidmeten Haupthöhle weitere fünf kleinere Höhlen, zwei davon oberhalb am Hang eines Berges. Die Höhlen sind zwischen dem 5. und 9. Jahrhundert geschlagen worden. Sie besitzen eine Fülle von Götterdarstellungen, die unterschiedliche Mythen reflektieren und dadurch einen tiefen Einblick geben in das Verständnis hinduistischer Gottheiten.

Die etwa 5 m hohe Haupthalle mit etwa 40 m Tiefe ist geprägt von einer kleinen eingebauten Halle mit einem wichtigen Shiva-Lingam von einem Meter Höhe. Hierhin kommen vor allem die hinduistischen Pilger, die Touristen betrachten eher die Wandreliefs mit verschiedenen Erscheinungsweisen Shivas. So ist das zentrale Bildwerk ein Dreigesicht *(trimurti)* Shivas, bei dem er seine Universalität dadurch zeigt, dass sein mittleres Gesicht neutral, jugendlich ist, sein rechtes zornvoll-männlich und sein linkes gütig-weiblich: Shiva umfasst alles, er ist der mächtigste Gott. Weitere Reliefs zeigen ihn zusammen mit seiner Gattin Parvati, auch die beiden Söhne sind abgebildet: der elefantenköpfige Gott Ganesha, der im Raum Mumbai besonders verehrt wird, und der Kriegsgott Kumara (andere Namen: Skanda, Murugan, Karttikeya, Subrahmanya). Shiva selbst erscheint in seiner nordindischen Form als Yogeshvara (Herr der Yogis), als Nataraja (Herr des Tanzes), und als Bhairava, Überwinder der Unwissenheit, symbolisiert durch den Dämon Andhaka (vgl. zu den Erscheinungsformen Shiva »Die Götter Indiens«, Seite 62–85).

Seite 118:
Elephanta Island
• Eingang zur
  Haupthöhle
  (Shiva-Höhle)
• Hauptbild:
  Shiva als Trimurti
  (Dreigesicht)
  mit
  – Tatpurusha
    (jugendlich)
  – Aghora
    (männlich-
    zornvoll)
  – Vamadeva
    (weiblich-gütig)
• Hochzeit
  Shiva und Parvati

Trimbak –
Trimbakeshwar–Shiva–Mandir

170 km nordöstlich von Mumbai liegt Trimbak, eine 12 000 Einwohner zählende Kleinstadt am heiligen Fluss Godavari, der von den Westghats nach Osten in den Golf von Bengalen fließt und der längste Fluss Mittelindiens ist. Trimbak liegt in etwa 700 m Höhe unmittelbar bei den Godavari-Quellen, deshalb ist der Fluss im Ort noch sehr schmal. Die Bedeutung des kleinen Ortes für den Hinduismus liegt darin, dass er einer der zwölf Orte ist, die einen Jyotirlingam besitzen. Die Stadt lebt von der Landwirtschaft der umliegenden Dörfern und vor allem vom Pilgertourismus. So gibt es viele Dharamshalas, Pilgerherbergen, und Ashrams (»Orte der religiösen Anstrengung«). Die Herbergen sind besonders wichtig, wenn im nahe gelegenen Nashik (vgl. Seite 122f.) alle zwölf Jahre Khumb Mela gefeiert wird.

Zentraler und oft von Pilgern wie (wenigen) Touristen überlaufener Tempel ist der Trimbakeshwar-Mandir mit dem Jyotirlingam. Die Pilger kommen hierher, reinigen sich am Tempelteich und versuchen dann, durch intensive Meditation den Feuer- und Lichtlingam zu visualisieren und sich so mit dem großen Gott Shiva zu verbinden, der als mächtigste Erscheinungsform des Alleinen, Göttlichen, Nichtsichtbaren gilt. Shiva ist das Gesicht des Göttlichen, das wird auch deutlich, wenn jeden Montag am Mittag eine bunte Prozession mit lauter Musik durch den Ort zieht und einen Prozessionswagen mit sich führt, auf dem ein Lingam unter Blumen versteckt ist. Doch trägt er eine silberne Gesichtsmaske und lässt so den Gott erahnen (vgl. das Foto).

Seite 121:
Trimbak
• Shiva-Bildnis im Trimbakeshwar
• Montagsprozession mit dem Shiva-Lingam, der eine silberne Gesichtsmaske trägt (klein in der Mitte)
• Trimbakeshwar und Pilger am Tempelteich

Das heutige Tempelgebäude stammt aus dem 18. Jahrhundert, doch ist der Verehrungsort natürlich viel älter und soll auf einen Rishi (Weisen) der Vorzeit namens Gautama Maharishi zurückgehen, der hier an der Godavari-Quelle zu Shiva gebetet und den Gott verehrt hat. Neben dem eher schmucklosen Haupttempel mit der in Nordindien üblichen Halle und dem Turm gibt es im Tempelgelände für das Reittier Shivas einen kleinen Nandi-Schrein, außerdem weitere Tempelhallen, in denen Statuen und Reliefs unterschiedliche Gottheiten darstellen, von Ganesha bis Kali ist nahezu alles vertreten, was im Shivaismus von Bedeutung ist.

Nashik – Kalaram–Mandir

170 km nordöstlich von Mumbai und 30 km östlich von Trimbak liegt Nashik am Fluss Godavari mit 1,5 Millionen Einwohnern. Die Stadt lebt von wachsender Industrie, doch sind die Gebiete rund um die Stadt fruchtbar, sodass auch die landwirtschaftlichen Erzeugnisse gute Ergebnisse bringen, vor allem Gemüse und Obst, dazu Wein.

Der Affengeneral Hanuman, der im Epos Ramayana eine wichtige Rolle spielt, soll dem Mythos nach in Nashik geboren worden sein. Deshalb findet man in Nashik überall rote Hanuman-Statuen, die von Einwohnern und Pilgern mit Gaben versehen werden. Hanuman unterstützte den Prinzen Rama (siebter Avatara Vishnus) dabei, die vom Dämonenkönig Ravana nach Sri Lanka geraubte Gattin Sita zurückzuholen. Hanuman hatte magische Kräfte, kann durch die Luft fliegen und sich nach Bedarf vergrößern oder verkleinern. Er wird als mächtiger Gott verehrt (vgl. die große Keule).

Wichtiger als die Hanuman-Verehrung ist für Nashik aber die Kumbh Mela alle zwölf Jahre, wenn viele Millionen Pilger in die Stadt kommen, um im heiligen Fluss Godavari ein Bad zu nehmen und so den Segen des Unsterblichkeitstrunk Amrita zu erhalten, von dem beim Kampf der Götter und Dämonen ein Tropfen auf den Boden von Nashik gefallen sein soll. Quer durch die Stadt führen deshalb entlang des Godavari die Treppenstufen der Ghats ins Wasser hinunter. Nicht nur bei der Kumbh Mela, sondern auch in den Zeiten dazwischen ist das Bad von Bedeutung. So findet man das ganze Jahr über Pilger in Nashik, die sich am Fluss und in den vielen kleinen Tempeln aufhalten, die beide Uferseiten säumen.

Wichtigster und zugleich ältester Tempel ist dabei der Kalaram-Mandir (= »Schwarzer Rama«, Avatara von Vishnu) am Panchvati-Ghat, dessen heutiger Bau zwar erst aus dem 18. Jahrhundert stammt, weil der sehr alte Vorgängerbau in islamischer Zeit zerstört wurde. In ihm befinden sich die Statuen von Rama, seiner Gattin Sita und seinem Bruder Lakshmana, den drei Hauptfiguren des Ramayana-Epos. Ein weiterer wichtiger Tempel ist der Nilkantheshwar-Mandir östlich der Stadt mit einem bedeutenden Lingam, der daran erinnert, dass Shiva (mit blauem Gesicht) das blaue Gift des Urmeers getrunken und damit die Welt gerettet hat (vgl. Seite 23).

Seite 122:
oben und Mitte
An den Ghats
des Godavari
unten
• Beter an
  Shiva-Lingam
• Hanuman-Statue

Ellora –
Grishneshwar- und Kailasa-Mandir

12 km nördlich der Stadt und Festung Daulatabad sind bei Khuldabad zwei wichtige hinduistische Orte. Dies ist zum einen der Grishneshwar-Mandir (»Tempel des Herrn des Erbarmens«), in dem sich einer der zwölf Jyotirlingam befindet. Bereits in den Puranas (ab 400 n. Chr.) wird der Gründungsmythos erzählt: Königin Gushmar gebar nach langem Warten einen Sohn, der jedoch von ihrer Schwester Sudharma getötet wurde. Daraufhin ließ Gushmar 101 Shiva-Lingam auf dem Grund eines Teichs errichten und bat Shiva um Hilfe. Der erschien, und der Junge entstieg dem Teich unversehrt. Als Shiva danach Sudharma töten wollte, wurde Guschmar von Mitleid gerührt und bat Shiva um Gnade und um ein Zeichen. Der gewährte ihr diesen Wunsch und ließ an diesem Ort einen Jyotirlingam zurück. Die heutige Bausubstanz des Tempels stammt aus dem 18. Jahrhundert.

Grishneshwar-Mandir mit Jyotirlingam

In unmittelbarer Nähe liegen die 34 jainistischen, buddhistischen und hinduistischen Höhlentempel von Ellora aus dem 5.-10. Jahrhundert, eine Weltkulturerbestätte. Im gesamten Gebiet östlich von Mumbai gibt es eine Fülle von Orten mit vor allem buddhistischen Höhlen; Ajanta, Kanheri, Bedsa, Karla, Bhaja sind nur die wichtigsten Namen. Diese Höhlen waren Klöster und Tempel zugleich. Über der dunklen Höhle, dem lebensspendenden Uterus vergleichbar, erhob sich der Berg, den man als Weltenberg Meru oder als heiligen Kailash verstand. Die spätere indische Tempelbauarchitektur greift auf diese Symbolik zurück, wenn sie die Cella, das innerste Heiligtum mit dem Götterbild, als kleinen, dunklen, höhlenähnlichen Raum baut, über dem sich der Tempelturm wie ein Berg aufrichtet.

Auch in Ellora gibt es buddhistische (Höhle 1–12), jainistische (Höhle 30–34) und hinduistische Höhlen. Von diesen ist der riesige Kailasa-Mandir aus dem Jahr 765 der bedeutendste und mit 90 x 60 m der größte. Im Innern wird ein Shiva-Lingam verehrt, ein Umgang führt um den Tempel, es gibt zudem viele Nebenschreine.

Seite 125:
Ellora, hinduistische Höhlen
links
• Höhlen 23–17
• Kailasa-Mandir von vorn
• Kailash-Mandir, hinterer Umgang
rechts
• Parvatis und Shivas Hochzeit
• Die Göttin Ganga auf Makara
• Der Dämon Ravana opfert Shiva (Lingam) neun seiner zehn Köpfe

Solapur – Siddheshwar–Mandir

400 km südöstlich von Mumbai liegt auf dem Dekkan-Plateau die Millionenstadt Solapur, die aus dem Zusammenschluss von 16 Dörfern entstanden ist (*solah* = 16). Solapur liegt noch in Maharashtra, doch von hier aus sind es nur noch 30 km bis zur Grenze zwischen den Bundesstaaten Maharashtra und Karnataka, sodass die Bewohner der Stadt sowohl Marathi wie Kannada sprechen, 75 % von ihnen sind Hindus, 20 % Muslime. Die Stadt lebt von Industrie (Textil, Automobilzubehör) und Dienstleistungen für die umliegende Region. Im Zentrum der Stadt liegt der Siddheshwar Talav, ein künstlicher See, an dessen Nordostseite die Ruinen des Bhuikot Forts (auch Solapur Fort) liegen. Direkt daneben ist ein kleiner Ganesha-Mandir mit einem Ganpati-Ghat zum See hin.

Bhuikot-Fort, Solapur

Doch der Höhepunkt im Zentrum der Stadt ist der auf einer kleinen Insel im Siddheshwar-See liegende malerische Siddheshwar-Mandir (von Süden über einen Damm zugänglich). Der See bietet verschiedene Freizeitmöglichkeiten und so findet man im Tempel auch viele Familien mit Kindern. Der Tempel stammt aus dem 12. Jahrhundert und steht in einer besonderen Beziehung zu Siddheshwar, einem Guru des 12. Jahrhunderts, der im Tempel auch durch eine Statue verehrt wird; ebenso hier ist sein Mausoleum. Der Guru gehörte einer südindischen religiösen Bewegung jener Zeit an, die Lingayatismus genannt wird. Entsprechend seiner Glaubensrichtung findet man im Hof des Tempels 68 Lingam, die von ihm errichtet worden sein sollen. Die Gläubigen dieser Richtung, zu deren fünf spirituellen Führern Siddheshwar gehörte, verehren Shiva als einzigen Gott (Monotheismus) und tragen als sein Zeichen eine Kette mit einem Lingam. Andere Götter, aber auch das Kastensystem, wurden streng abgelehnt – alle Menschen sind vor dem einen Gott gleich. Die Gebote der Lingayats sind: nicht töten, nicht stehlen, nicht lügen, bescheiden leben, die Wut zügeln, andere nicht kritisieren, tolerant sein. Heute gibt es etwa 30 Millionen Lingayats, deren Zugehörigkeit zum Hinduismus aber teilweise bestritten wird.

Seite 126:
Siddheshwar-Mandir, Solapur

Kolhapur – Maha–Lakshmi–Mandir

Ziemlich genau in der Mitte der ca. 500 km langen Strecke von Pune nach Goa liegt die 500 000 Einwohner zählende Stadt Kolhapur, die bis zur Unabhängigkeit Hauptstadt eines eigenständigen Fürstentums war. Wie Solapur liegt sie nahe der Grenze zwischen den Bundesstaaten Maharashtra und Karnataka. Name und Gründungsmythos der Stadt sprechen von einem Dämon Kolhasur, dessen Söhne von den Göttern getötet wurden, nachdem sie immer wieder Menschen belästigt und getötet hatten. Kolhasur nun bat die Göttin Mahalakshmi (Große Lakshmi), ihm einhundert Jahre zu gewähren, in denen er in dieser Region tun und lassen könne, was er wolle. Dies gewährte ihm die Göttin, doch nach hundert Jahren kam sie und tötete ihn wegen der Fülle seiner Verbrechen in dieser Zeit. Noch im Tod wünschte der Dämon, dass die Stadt nach ihm benannt würde und dies geschah dann auch.

Lakshmi ist zum einen die treue Ehefrau Vishnus und taucht nur selten an seiner Seite auf, weil dieser meist in den Gestalten seiner Avatara dargestellt wird. Zum anderen ist sie aber auch eine eigenständige Göttin, die alle denkbaren guten Gaben verschenkt, nicht nur Materielles wie Reichtum, Schönheit, beruflichen Erfolg, Gesundheit, sondern auch Geistiges wie innere Harmonie, Ausgeglichenheit und inneres Glück. Ihr ist das mehrtägige *Divali-Fest* (= Kette von Lichtern) gewidmet, ein fröhliches Lichterfest im Oktober/November, welches den Sieg des Lichtes über die Dunkelheit und damit den Sieg des Guten über das Böse symbolisiert – und dies als Sieg der Göttin Lakshmi versteht.

Der Mahalakshmi-Mandir in der Altstadt von Kolhapur wurde erstmalig im Jahr 634 erbaut und danach in der Zeit der Chalukya-Dynastie immer wieder erweitert, die zwischen dem 6. und 12. Jahrhundert Mittel- und Südwestindien beherrschte – dies war das Goldene Zeitalter von Karnataka. Das etwa einen Meter große Standbild der Göttin im Tempel (vgl. Foto) ist aus schwarzem Stein gearbeitet, ihr Vahana (Reittier), der Löwe, steht neben ihr. Die Göttin sitzt auf einem Lotos, trägt eine hohe, reich geschmückte Krone und zeigt ihre rechte Hand in segnender Haltung. Als Zeichen ihrer Macht ist eine große goldene Keule neben ihr.

Seite 129:
• Mahalakshmi-Mandir in Kolhapur
• Blumengirlanden zur Verehrung der Göttin
• Mahalakshmi

Badami – Höhlen– und Bergtempel

Die 35 000 Einwohner zählende Stadt Badami im Norden von Karnataka hat vor allem religiöse und touristische Bedeutung durch die vielen hinduistischen Höhlen und Tempel. Sie stammen aus der Chalukya-Zeit (6.–12. Jahrhundert), in der Badami eine große, ummauerte und wohlhabende Stadt war.

Die Tempel konzentrieren sich vor allem auf drei Zentren: den Südberg, den Nordberg und das Gelände am Agastya-See. An der Flanke des Südbergs sind die ältesten Heiligtümer aus dem 7. Jahrhundert, drei hinduistische und eine jainistische Höhle. Höhle 1 ist Shiva gewidmet, Höhle 2 Vishnu und in Höhle 3 befindet sich das Bildnis von Shiva Ardhanarishwar – er ist sowohl Gott (Shiva) wie Göttin (Parvati), seine Universalität umfasst alles. Auf dem Nordberg finden sich vor allem frei stehende Tempel (Unterer und Oberer Shivalaya-Tempel, Malegitti Shivalaya-Tempel), alle ebenfalls aus dem 7. Jahrhundert. Am östlich gelegenen Stausee ist neben einigen kleineren Höhlen und Tempeln vor allen der Untere (jüngere) Bhutanatha-Mandir zu nennen, der malerisch am Ufer liegt.

Seite 131:
Badami
• Höhle 1, Südberg
• Unterer Bhutanatha-Mandir

> ### Karnataka
>
> Im südwestindischen Bundesstaat Karnataka leben auf 192 000 km² 62 Millionen Einwohner. Hauptstadt ist Bengaluru (vgl. Seite 150f.). Der Staat entspricht in etwa dem Fürstentum Mysuru (vgl. Seite 142f.), das bis zur Unabhängigkeit weithin unabhängig war. In Karnataka (wie in den angrenzenden südindischen Staaten Kerala, Andhra Pradesh und Tamil Nadu) leben vor allem dravidische Völker mit dunklerer Hautfarbe als im Norden. Es ist denkbar, dass der Name des Bundesstaates von da abgeleitet ist, Karnataka kann »Schwarzes Land« bedeuten. Das Gebiet ist wie auch Maharashtra dreigeteilt: im Westen die Küstenebene, dann die Berge der Westghats bis fast 2 000 m Höhe, dann das Hochland des Dekan. 85 % der Bevölkerung sind Hindus, 12 % Muslime, hinzu kommen fast 1 % Jains; es wird von 65 % Kannada, eine dravidische Sprache, gesprochen, aber es gibt eine ganze Reihe weiterer Sprachen. Neben der Landwirtschaft sind in Karnataka Bergbau und Industrie wichtig, in Bengaluru vom allem der IT- und Biotech-Bereich.

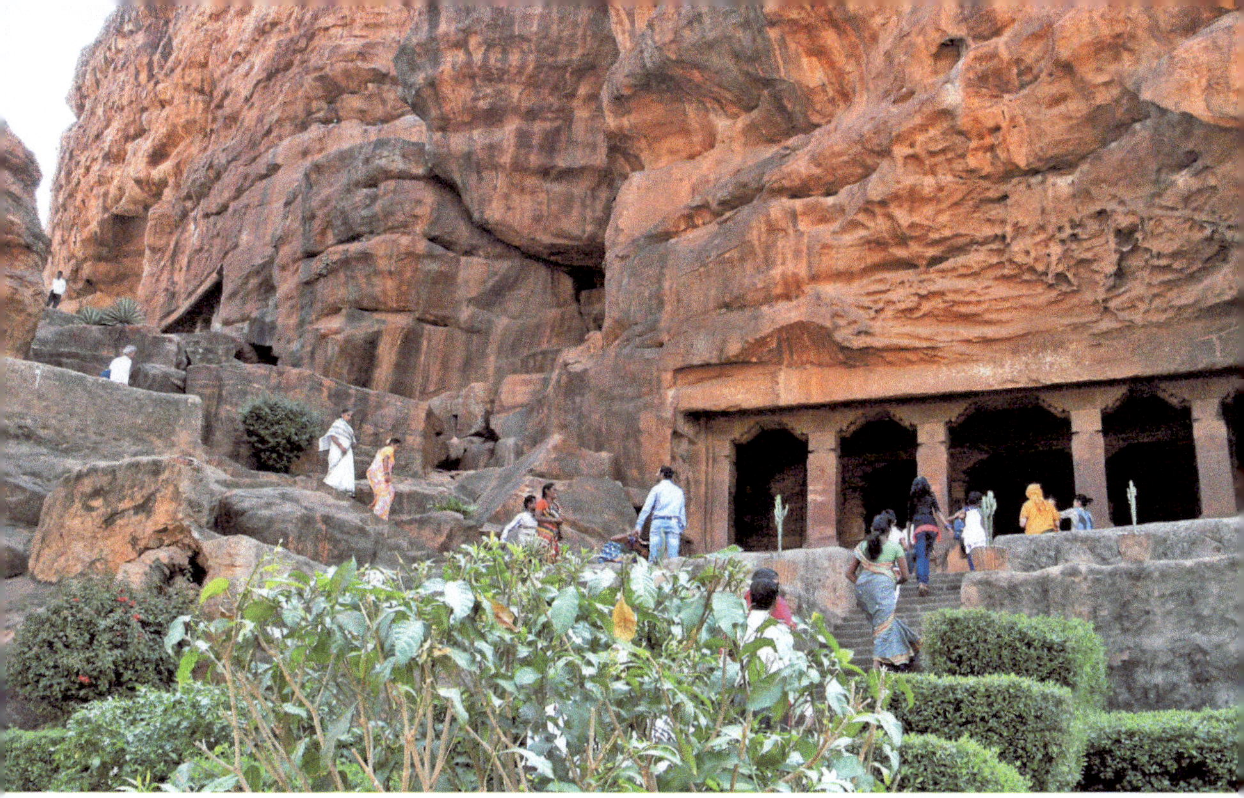

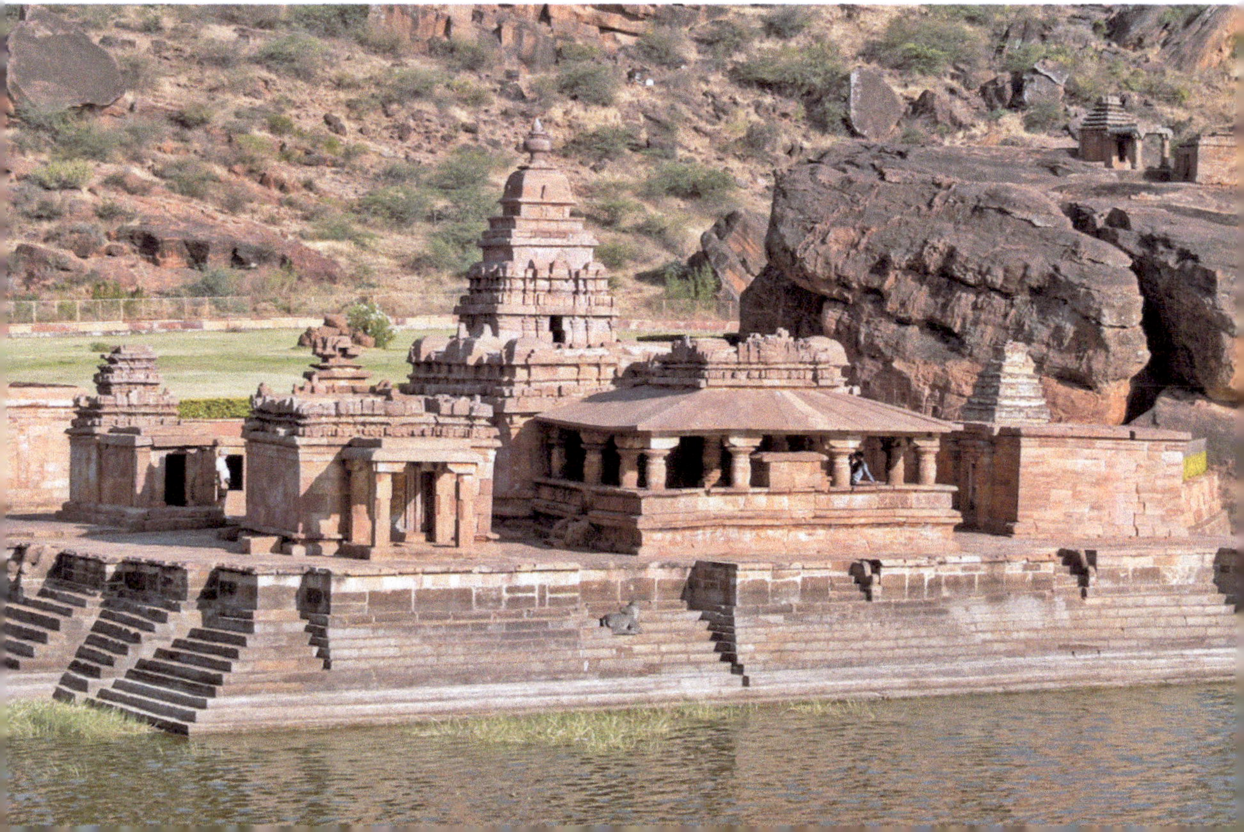

Aihole – Durga– und andere Tempel

Das gut 35 km von Badami entfernte Aihole ist heute eher ein Dorf als eine Kleinstadt, doch hatte es geschichtlich eine große Bedeutung. Aihole war ab etwa 550 n. Chr. die erste Hauptstadt der frühen Chalukya-Dynastie, allerdings nur für etwa 50 Jahre, bevor die Hauptstadt des Chalukya-Reiches nach Badami (vgl. Seite 130f.) verlegt wurde. Doch auch nach diesem Wechsel war Aihole als religiöses Zentrum des sich später über ganz Mittelindien erstreckenden Reiches bedeutsam. So sind hier eine Fülle von Tempeln erbaut worden, heute sind in und um Aihole etwa 100 Tempel erhalten.

Im gesamten nord- und mittelindischen Raum, der bisher behandelt wurde, gab es eine einigermaßen einheitliche Tempelbauweise: Über der kleinen quadratischen »Höhle« des Heiligtums erhob sich wie der Berg Meru der hohe Tempelturm. Vor der Cella war eine Halle für die Gläubigen, manchmal konnte die Cella außen rituell umwandelt werden *(pradakshina)*. Der Tempel war auf einer hohen Plattform gebaut, sodass man zu ihm hinaufsteigen musste (ein spiritueller Weg, vgl. die Bilder zu Khajuraho, Seite 94). In Aihole nun werden diese Architekturprinzipien mit anderen, aus dem südindischen Tamil Nadu (vgl. ab Seite 158) vermischt und zu einer neuen Synthese gebracht. Somit hat Aihole nicht nur religionsgeschichtliche, sondern auch architekturgeschichtliche Bedeutung.

Dies wird vor allem am wunderschönen Durga-Tempel sichtbar, in dem die Göttin Durga, eine machtvolle Erscheinungsweise von Shivas Gattin Parvati, verehrt wird. Er liegt nicht auf einer Plattform, sondern ist nur über wenige Stufen zu erreichen, die wegen der Überschwemmungsgefahr im Monsun nötig sind. Seine Cella hat drei Seiten des ursprünglichen Quadrates erhalten, doch die vierte, nach Osten gerichtete Rückseite ist rund. Dies wird auf der Rückseite des Tempels dadurch sichtbar, dass auch hier ein runder Umgang um die Cella sichtbar ist. Säulen und vergleichsweise kleiner Tempelturm sind mit schönen Sandsteinschnitzarbeiten verziert

Auch der benachbarte Lad-Khan-Mandir und viele andere Tempel in Aihole zeigen diese neue Bauweise. Der Shiva geweihte Lad-Khan erinnert in seiner flachen und hallenartigen Bauweise nicht mehr an nordindische Tempel, sondern eher an Versammlungshallen.

Seite 132:
Aihole
links
• Durga-Mandir, Eingang
• Durga-Mandir, Rückseite
rechts
• Statue Durga
• Statue Durga als Mahisha-suramardini, die den Dämon Mahishasur besiegt
unten
• Lad-Khan-Mandir

Pattadakal – Tempelstadt

Nur 13 km südwestlich von Aihole liegt das heutige Dorf Pattadakal, in dem zur Zeit des Chalukya-Reiches vor allem im 7. und 8. Jahrhundert eine Reihe von Tempeln erbaut wurden, in denen sich teilweise nordindische Tempelbauformen finden, teilweise aber auch die schon in Aihole (vgl. Seite 133) neu erarbeiteten Bauprinzipien einer nord-südindischen Synthese. Die Chalukyas waren in einen ständigen Krieg mit den südöstlicher (Tamil Nadu) regierenden Pallavas (Blütezeit 6.-9. Jahrhundert) verstrickt, was sie aber nicht hinderte, Handwerker aus Pallava an ihren Bauten arbeiten zu lassen. Die Tempel wurden dabei aus rötlichem Sandstein erbaut, der einfach zu bearbeiten ist. Dies wirkte sich auch auf den Skulpturenschmuck aus, der immer feingliedriger wurde und später in Halebid und Belur (vgl. Seite 146ff.) zu einem künstlerischen Höhepunkt gelangte.

Größter Tempel in Pattadakal ist der Virupaksha, ein Shiva-Tempel, dessen Name sich auf ungewöhnliche Augen bezieht: Der mächtige Shiva hat auf der Stirn ein drittes Auge, welches geschlossen ist, denn würde er es öffnen, würde die Welt durch den daraus hervorbrechenden Lichtstrahl vernichtet werden. Im Virupaksha finden sich deshalb eine Reihe von Bildhauerarbeiten, die an Shiva erinnern. So erscheint er in einem Lingam, auch wird an den Mythos erinnert, wie Shiva das Wasser der Ganga bremst, um die Erde zu retten (vgl. »Die Götter Indiens«, Seite 66f.).

Der unmittelbar an den Virupaksha angebaute Mallikajuna-Mandir aus dem Jahr 745 zeigt beeindruckend die Synthese zwischen nordindischer und südindischer Bauweise und ist ebenfalls Shiva geweiht. Seinem Hauptgebäude ist ebenso wie beim Virupaksha ein kleinerer Nandi-Mandir vorgelagert – auch ein neuer Gedanke, dass den Reittieren der Götter Verehrung gebührt. Weitere bedeutende Tempel von Pattadakal sind der Papanatha, der Galaganatha, der Sangameshwar, der Kashi-Vishvanatha und ein Jain-Tempel.

Lingodbhava-murti, Shiva erscheint im Lingam, Virupaksha-Mandir, Pattadakal

Seite 135:
• Mallikarjuna-Mandir
• Galaganatha-Mandir und Sangameshwar-Mandir

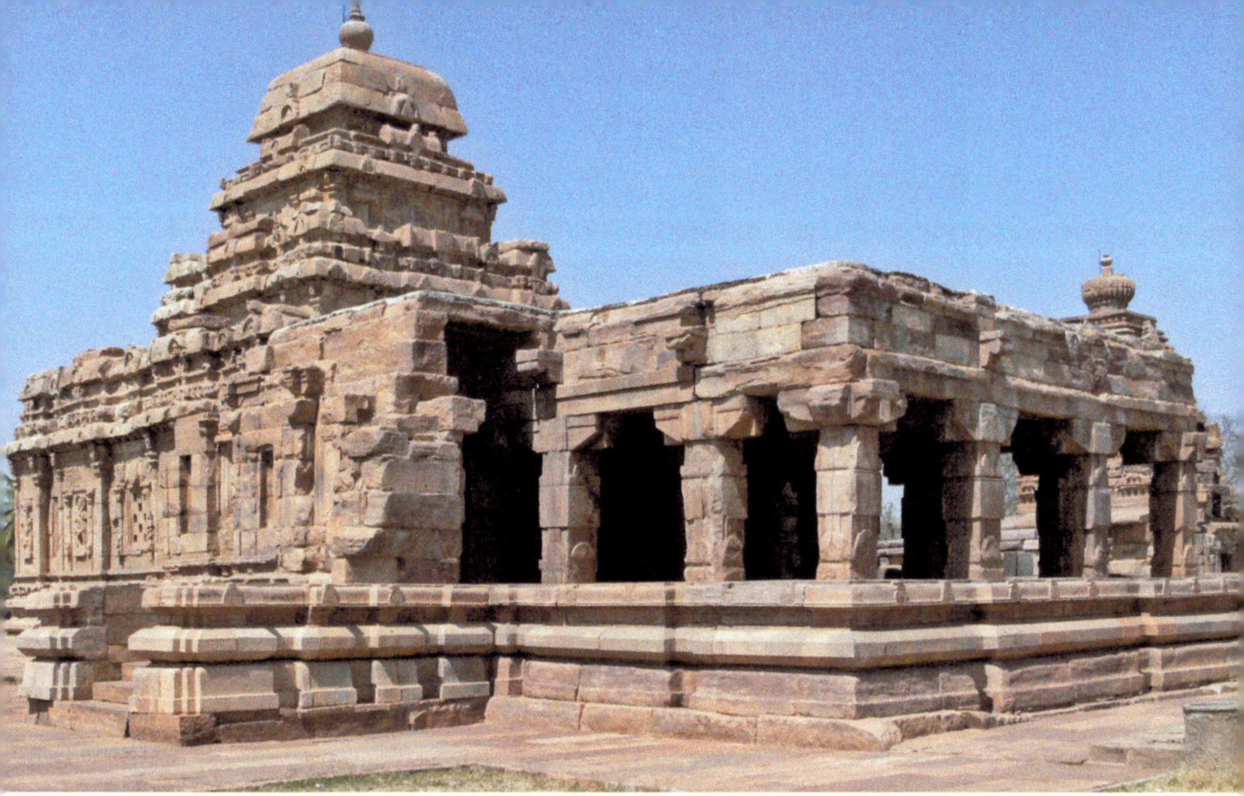

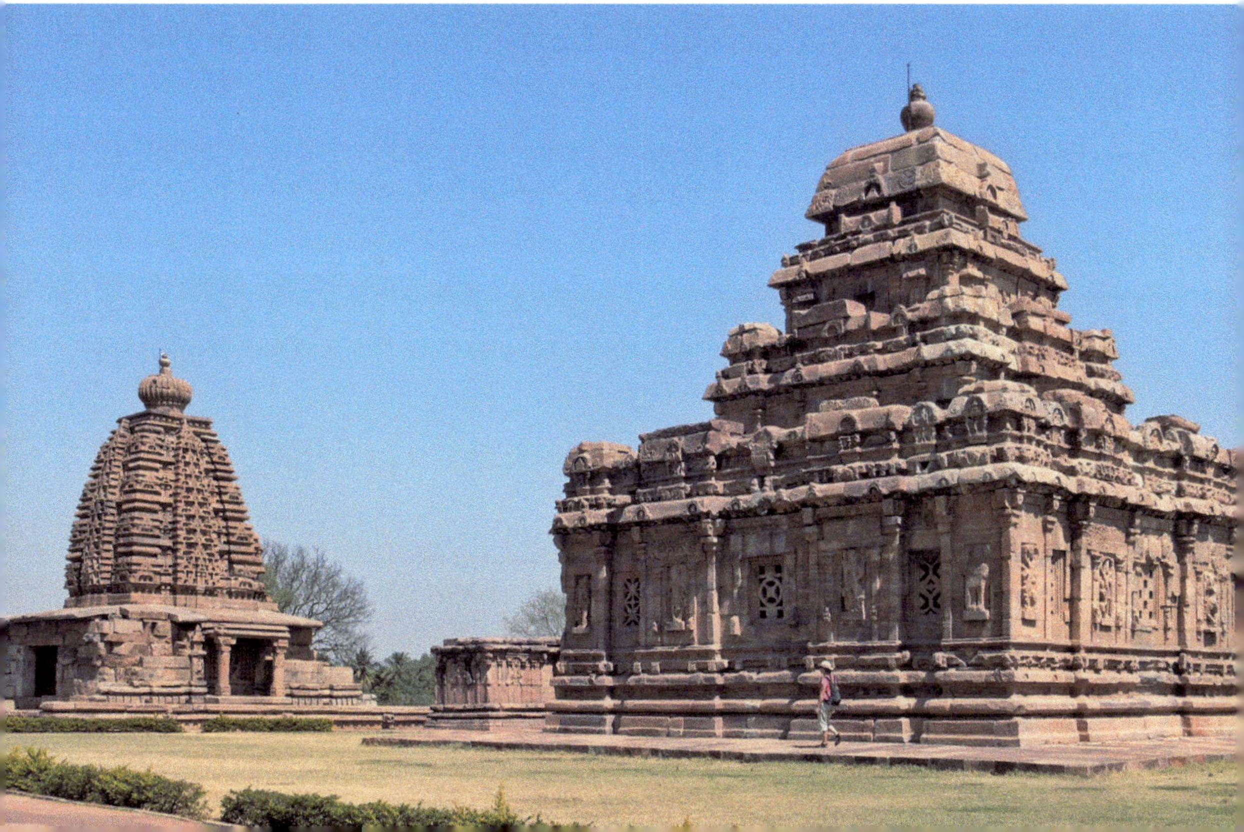

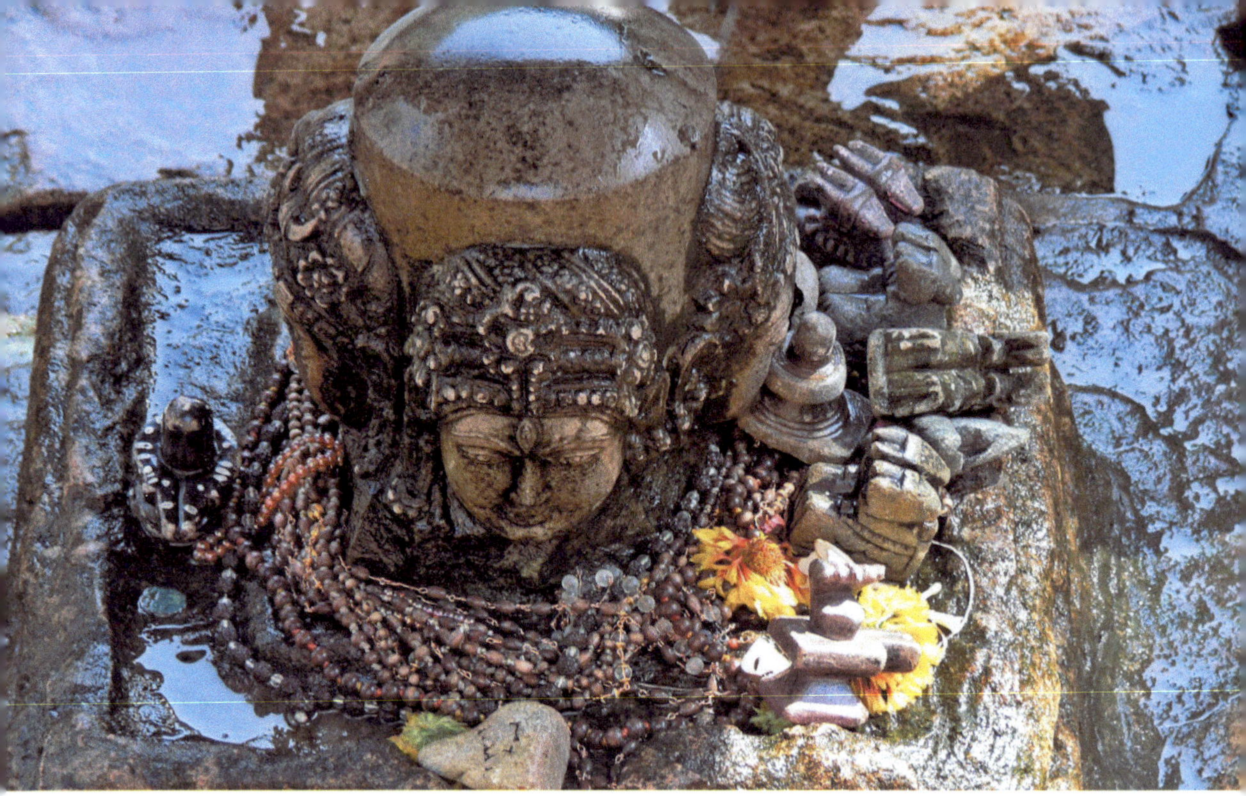

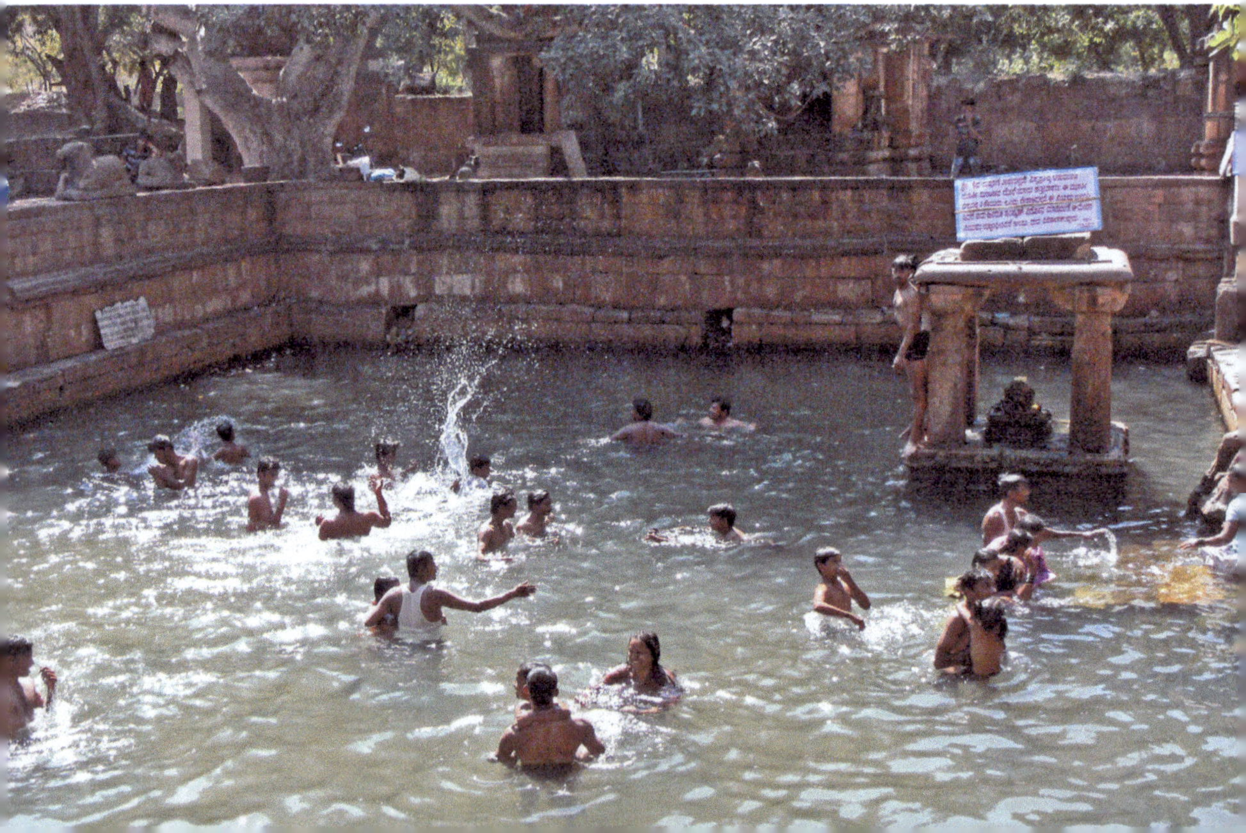

Mahakuta – Tempelstadt

Der auf halber Strecke zwischen Badami und Pattadakal liegende Tempelkomplex vom Mahakuta mit seinen fünfzehn religiösen Stätten war zwar historisch nicht wichtig, deshalb gibt es hier auch nahezu keine Wohnbebauung. Doch ist er beginnend mit dem 7. Jahrhundert bis heute ein regionaler Pilgerort, an dem auch heute viel Betrieb ist. Dabei hat Mahakuta ein ganz anderes Gesicht als die anderen religiösen Orte in Maharashtra und Karnataka. Denn im Zentrum dieses Ortes steht – eher vergleichbar mit den Khumb Mela Orten oder mit den Ghats von Varanasi – nicht ein bedeutsames Tempelgebäude etwa mit einem Jyotirlingam darin, sondern ein künstlich angelegter, ca. 12 x 12 m großer Tempelteich, der aus einer Quelle gespeist wird. In diesem Teich, in dem die Pilger ein rituelles Bad nehmen, manchmal aber auch wie in einem Freibad herumplantschen, steht ein kleiner Schrein mit einem Chaturmukhalingam (viergesichtigem Lingam als Hinweis auf die universale Bedeutung des Gottes), der Shiva zugeordnet ist. Deshalb ist der Name Shiva-Pushkarini sinnvoller als der ebenso oft gebrauchte Name Vishnu-Pushkarini, der auf eine mythische Erzählung zurückgeht: Der Weise Agasthya soll diesen Teich errichtet haben, damit im heiligen Wasser nicht nur der Körper Heilung finden kann, sondern auch ein Gläubiger von allen Sünden befreit wird. Agasthya wird im Epos Ramayana (und damit im Kontext eines Avatara Vishnus) als derjenige erwähnt, der Rama göttliche Waffen (Bogen und Pfeile) übergibt und auch vor dem Dämon Ravana warnt, der später Ramas Gattin Sita rauben wird.

Shiva-Ardhanarishwar – Gott und Göttin, Sangameshwar-Mandir

Das Shiva-Vishnu-Pushkarini ist von Tempeln im nordindischen Stil umgeben: Mahakuteshwar-Mandir, Sangameshwar-Mandir, Mallikarjuna-Mandir, Vishnu-Mandir (als Avatara Narasimha [Löwenmensch]), Kalakaleshwar-Mandir und andere. Im Sangameshwar erscheint in der bildhauerischen Gestaltung einer Säule Shiva-Ardhanarishwar, Shiva als Gott und Göttin in zweigeschlechtlicher Gestalt.

Seite 136: Shiva-Pushkarini (Shivas Lotosbecken) mit Chaturmukhalingam (viergesichtigem Lingam), Mahakuta

137

Hampi – Westseite
mit Virupaksha–Mandir

Etwa 150 km südöstlich von Mahakuta und Pattadakal liegt die historisch bedeutende Kleinstadt Hampi. Über ein sehr weitläufiges Gebiet sind hier die Überreste der ehemaligen Stadt Vijayanagar zu finden (Weltkulturerbestätte), die von 1343 bis 1565 Hauptstadt des gleichnamigen südindischen Königreichs mit bis zu 500 000 Einwohnern war. Die archäologische Stätte Vijayanagar (mit einigen lebenden Tempeln wie dem Virupaksha-Mandir, vgl. das Foto auf Seite 114) südlich des Flusses Tungabhadra lässt sich in zwei große Gebiete aufteilen: das westliche Gebiet mit vor allem dem Krishna-Mandir und dem Virupaksha-Mandir und das östliche Gebiet mit dem Vittala-Mandir, dem Hazarama-Mandir, mehreren kleineren Tempeln und dem Königspalast. Für Besichtigungen braucht man in dem riesigen Gelände entsprechend viel Zeit.

Beginnt man an der Westseite, so gelangt man zuerst zum Gelände des ehemaligen Shri-Lakshmi-Narasimha-Mandir, wo eine monolithische, 6,7 m hohe Statue von Narasimha erhalten ist, dem vierten Avatara Vishnus, der nur als Tier-Mensch-Hybrid auf der Schwelle eines Hauses (nicht innen, nicht außen) in der Abenddämmerung (nicht Tag, noch Nacht) den Dämon Hiranyakashipu besiegen kann. Es folgen Tempel und Hof des Krishna-Mandir, nun mit großem ummauerten Innenhof und flacher Halle in südindischem Tempelbaustil. Vom Eingang des Krishna-Tempels aus hat man einen schönen Blick auf die Ruinen der ehemaligen Stadt mit einem der verschiedenen Basar-Viertel. Danach steigt man über die großen Felsbrocken des Hamakuta-Hügels an einem Ganesha-Tempel mit Statue vorbei.

Höhepunkt der Westseite ist eindeutig der nun auftauchende Virupaksha-Mandir (zum Namen vgl. Seite 134), dessen Ursprünge auf das 7. Jahrhundert zurückgehen, der aber zu Beginn der Vijayanagar-Zeit erheblich ausgeweitet und vergrößert wurde. Heute hat er einen – schon in südindischem Stil gestalteten – Tempelhof mit neben dem Hauptheiligtum verschiedenen Gebäuden, die mit Skulpturen und Fresken geschmückt sind. Vom Virupaksha ist es nicht weit bis zum Fluss; dort findet sich ein Stein, der ein Schlangenpaar als machtvolle Wassergötter verehrt – Naga und Nagini.

Seite 139:
Hampi Westseite
links
• Statue Narasimha
• Statue Ganesha
• Relief Naga-Nagini am Flussufer
rechts
• Krishna-Basar
• Krishna-Mandir
• Innenhof des Virupaksha-Mandir (Außenansicht vgl. Seite 114)

Hampi – Ostseite mit Vittala–Mandir und Süden

Der Ostteil von Hampi/Vijayanagar besitzt wie der Westteil einige herausragende Tempel, der Vitthala-Mandir ist wegen seines steinernen Tempelwagens der bekannteste davon. Geht man vom Westen (Virupaksha-Mandir) her nach Osten, gelangt man zuerst zum Hampi Basar, wo noch Reste der Verkaufshallen zu sehen sind. Am Fluss entlang kommt man an mehreren Tempeln bzw. Tempelruinen vorbei zum Sri-Yantrodharaka-Hanuman-Mandir, der auf der Spitze eines Hügels liegt. Dort soll die Geburtsstätte des mythischen Affengenerals aus dem Epos Ramayana sein. Die Nachkommen seiner Affenarmee allerdings belästigen die heutigen Besucher dieser Stätte.

Einen guten Kilometer weiter den Fluss entlang kommt man zum Vitthala-Mandir, welcher der vor allem in Maharashtra verehrten knabenhaften Gottheit Vithoba (auch Vitthala) gewidmet ist, einer Erscheinungsweise von Vishnu oder dessen Avatara Krishna. Der heutige Bauzustand stammt aus dem Beginn des 16. Jahrhunderts, 50 Jahre, bevor das Vijayanagar-Reich zu Ende ging. Das zentrale Heiligtum ist eine Hundert-Säulen-Halle mit extrem aufwändig geschmückten Säulen und ist Vishnu gewidmet. Dementsprechend ist vor der Haupthalle ein Schrein für Vishnus Reittier, den Vogel Garuda, einem Mensch-Adler-Mischwesen. Dieser Schrein ist als Ratha gestaltet, als steinerner Tempelwagen (vgl. dazu den um ein Vielfaches größeren Surya-Mandir in Konark, Seite 106f.). Rathas waren ursprünglich Kampfwagen der adligen Krieger (vgl. Krishna und Arjuna in der Bhagavadgita) und der Könige. Doch wurden sie bereits in der vedischen Zeit auch als Fahrzeuge von Gottheiten verstanden, etwa vom Sonnengott Surya. Als göttliche Wagen in Tempeln aus Holz wurden sie erheblich vergrößert und bei Tempelfesten mit dem Bildnis der Gottheit in einer Prozession durch den Ort geführt.

Im Süden von Hampi sind auch die royalen Gebäude, die Paläste für König und Königin und anderes mehr. Dieses weitläufige königliche Areal ist aber beim Untergang der Stadt 1565 durch muslimische Heere weithin zerstört worden, sodass man zwar Fundamente und einzelne Bauteile erkennen kann, aber nicht die Gesamtarchitektur wie bei den teilweise gut erhaltenen Tempeln.

Seite 141:
Hampi
oben
• Vitthala-Mandir,
Tempelwagen
am Eingang
für Garuda,
das Reittier
von Vishnu
unten links
Royaler Bereich
von Hampi
• Königinnenbad
• Stufenbad
im Königspalast
unten rechts
• Kleiner Schrein
auf Felsen
oberhalb der
Zanana-
Festungsmauern
• Lotos Mahal
(Lotospalast)

Mysuru – Chamundeshwar–Mandir

Die zentral in Karnataka gelegene Stadt Mysuru (bis 2014 Mysore, in der lokalen Sprache Kannada »Maisur« nach dem Büffeldämon Mahishasur), frühere Hauptstadt des Fürstentums Mysore, hat heute etwa 900 000 Einwohner, die weithin von der Textilindustrie, aber inzwischen auch – wie in Bengaluru – von der IT-Branche leben. Bedeutendstes Bauwerk der Stadt ist der Maharajapalast Amba Vilas im Zentrum mit seiner prachtvollen Mischung aus hinduistischen, islamischen und europäischen Stilelementen.

Dreihundert Meter über der Stadt, auf dem Chamundi Hill ist der bekannteste Tempel der Region, der Chamundeshwar-Mandir. Hier wird die Göttin Chamunda verehrt, die hier nach langem Kampf Shiva zu Hilfe kam und den Dämon Mahishasur besiegen konnte (vgl. zum Mythos von Chamunda Seite 38f. und das Bild auf Seite 144,2). Deshalb wird Chamunda Mahishasuramardini genannt (*mahisha* = Büffel, a*sura* = Dämon, *mardini* = Zerschmetterin).

Seit dem 12. Jahrhundert ist hier ein Tempel, der Shivas Gattin in der Erscheinungsform der Durga gewidmet ist, die hier aber in ihrer schrecklichen Weise als Chamunda erscheint und so das auf diesem Berg konzentrierte Böse vernichten kann. Der Ort ist heute ein bedeutendes Pilgerzentrum, vor dem Tempel ist im 18. Jahrhundert ein 40 m hoher Torturm (*gopuram*) im südindischen Stil (vgl. Tamil Nadu) erbaut worden. Auf halbem Weg von der Stadt hinauf zum Tempel ist eine fünf Meter hohe Statue von Nandi, dem Reittier Shivas, die sehr verehrt wird.

Das Tempelgelände ist gefüllt mit Pilgern, Sadhus, Brahmanen, die beraten und wahrsagen, kleinen Musikgruppen und mit heiligen Kühen, die von den Pilgern gefüttert und gestreichelt werden. Die Kuh gilt als Symbol des Lebens und muss unbedingt geschützt werden. Sie ist heilig, weil von himmlischer Herkunft und ein Geschenk der Götter an den Menschen. Die Kuh ist ein Symbol des Lebens, denn sie gibt die fünf kostbaren Dinge: Milch, Quark, Ghee (geklärte Butter), Harn, Dung (für das Feuer im Haus und im Tempel); sie steht stellvertretend für die gesamte Natur und ihren Schutz. Sie ist ein eminent religiöses Symbol, denn sie steht stellvertretend für die Götter – wer die Kuh verehrt, der verehrt die Götter .

Somnathpur – Keshava–Vishnu–Mandir

35 km östlich von Mysuru liegt die Tempelanlage von Somnathpur (auch Somanathapura). Hier und in Halebid und Belur gelangt die Kunst der Hoysala-Dynastie (1040–1345) zu einem staunenswerten Höhepunkt. Der kleine, 5 000 Einwohner zählende Ort liegt an einem alten Flussbett des Kaveri; mitten im Ort liegt der Keshava-Mandir (auch Chennakeshwar-Swamy-Mandir), eine Weltkulturerbestätte. Dies ist berechtigt, denn der Tempel ist sowohl mit seiner architektonischen Anlage wie mit seinen meisterhaften Steinmetzarbeiten eine der prächtigsten hinduistischen Anlagen überhaupt. Chennakeshwar ist dabei einer der vielen Namen von Vishnu. (Zum gleichnamigen und ebenso prächtigen Tempel in Belur vgl. Seite 148f.)

Der Tempel aus dem 13. Jahrhundert hat eine ungewöhnliche Form: Hinter der Halle für die Gläubigen (*mandapa*) erweitert sich der Tempel zu einem dreiblättrigen Kleeblatt mit drei Heiligtümern in den Himmelsrichtungen Süden, Westen und Norden, über denen sich drei Tempeltürme erheben. In der mittleren westlichen Cella ist ein Standbild von Vishnu, in der südlichen ein Bildnis von Venugopala (*venu* = Flöte, *gopala* = Name für den jugendlichen Krishna, also der flötenspielende Hirte Krishna). Im nördlichen Heiligtum ist ein Bildnis von Janardhana (= der die Menschen wachrüttelt), ebenfalls ein Beiname von Vishnu und Krishna. Eine Plattform, ebenfalls in Kleeblattform, umgibt das dreifache Heiligtum, das inmitten eines Tempelhofes liegt, der von Hallen und Nebenschreinen eingefasst ist; dies entspricht der südindischen Konzeption einer ummauerten Tempelstadt, hier noch im Kleinen.

Absolut faszinierend sind die Steinmetzarbeiten, die den Tempel innen und außen schmücken. Schon die Säulen sind gedrechselt gearbeitet, die Tempeltürme fein gegliedert. Die Tempelwände und auch die untere Ebene der Türme sind außen wie innen mit unzähligen Götterfiguren geschmückt. Hier findet man nahezu den ganzen hinduistischen Götterkosmos, vor allem natürlich die unterschiedlichen Erscheinungsformen von Vishnu oder die Gestalten, die in irgendeiner Weise mit Vishnu zu haben. Doch auch Mahishasuramardini und Ganesha, die mit Shiva verbunden sind, tauchen auf. Zudem gibt es Tiergestalten (etwa Löwen) und schön gestaltete Friese.

Seite 144:
Keshava-Vishnu-Mandir, Somnathpur
- *tanzender Ganesha*
- *Durga als Mahishasuramardini auf dem Büffeldämon*
- *Tempelhof und Tempel*

Halebid – Hoysaleshwar–Mandir

140 km nordwestlich von Mysuru liegt auf dem Dekkanplateau der heute kleine Ort Halebid; vom 12. bis 14. Jahrhundert war der Ort aber die Hauptstadt des mächtigen südindischen Reiches der Hoysala. Aus dieser Zeit sind bis heute zwei hinduistische Tempel erhalten, der Hoysaleshwar-Mandir und der kleinere Kedareshwar-Mandir, dazu zwei Jain-Tempel.

Der Hoysaleshwar-Mandir ist ein Doppeltempel, der Shiva in seiner männlichen und weiblichen Gestalt umfasst, also die Universalität Shivas, des einen großen Gottes, betont. Dementsprechend gibt es im Zwillingstempel auch zwei Hallen mit jeweils einem Lingam, davor jeweils einen Nebenschrein mit einem Nandi darin, dem Reittier Shivas. Zudem gibt es an der Seite noch einen kleinen Schrein, der dem Sonnengott Surya gewidmet ist.

Löwenfries, Hoysaleshwar-Mandir, Halebid

Seite 147:
Hoysaleshwar-Mandir, Halebid
links
• Außenwand des Tempels
• Musikant, Vishnu, Apsara
• Makara (Reittier der Götter Ganga oder Varuna)
rechts
• Dvarapala (Türwächter)
• Shiva Nataraja auf Dämon
• Narasimha

Wie der Keshava-Mandir in Somnathpur und wie der gleichnamige Tempel in Belur ist die Ausschmückung des Tempels innen wie außen ein absolutes Meisterwerk. Die aus Speckstein gearbeiteten Figuren sind of nahezu vollplastisch, der Werkstein ist leicht zu bearbeiten und trotzdem haltbar; die Hoysala-Architektur gewinnt durch die vielfältige Figurenwelt eine beeindruckende Lebendigkeit. Viele Skulpturen sind in Bewegung dargestellt und dies ist den Künstlern auch gelungen. Nicht nur die Wände des Tempels sind bearbeitet, sondern in der Mandapa auch die Decke, wo ebenso Götterbilder vorhanden sind. Der im Tempel Betende oder Opfernde war somit rundum von der Götterwelt in ihrer Vielgestaltigkeit umgeben und dadurch geschützt. Wiedergegeben sind in den Schnitzarbeiten die verschiedenen Götter, dazu mythische Tiere, die an alte Erzählungen erinnern und natürlich auch florale Dekoration.

Belur – Chennakeshwar–Mandir

20 km westlich und ebenfalls im Bundesstaat Karnataka liegt der 25 000 Einwohner zählende Ort Belur; im Zentrum der Stadt liegt der Chennakeshwar-Mandir – wie der Keshava-Mandir in Somnathpur und der Hoysaleshwar-Mandir in Halebid ein absolutes Meisterwerk der südindischen Hoysala-Dynastie (1040–1345). Die Hoysala waren zuerst von den mächtigen Chalukyas abhängig und ihnen tributpflichtig; nach dessen Verfall Ende des 12. Jahrhunderts wurden sie unabhängig und kamen zu einer kulturellen Blüte, die vor allem in der Hoysala-Architektur erhalten ist; etwa 100 von früher mehr als 1 500 Hoysala-Tempeln sind in Karnataka erhalten und stellen seit 2023 zusammen ein Weltkulturerbe statt.

Die Hoysala mischen nordindische und südindische Architekturelemente: In einem durch Mauern eingegrenzten Hof, der durch Tortürme zugänglich ist (vgl. nebenstehendes Bild) liegt das Heiligtum mit einem gestuften, aber nicht so hohen Turm darüber (in Somnathpur auch mit drei Türmen). Während also in Nordindien der Shikhara über dem Heiligtum das höchste Bauelement ist, sind es im Süden die Gopuram, die Tortürme in der Außenmauer, die den Zugang gewähren. Da nicht für alle Kasten der Zugang und damit der Blick ins innere Heiligtum erlaubt war, wurden die Tortürme zunehmend mit einer hohen Zahl von Götterbildern ausgeschmückt – so konnten auch die niedrigen Kasten die von ihnen verehrten Gottheiten zumindest von außen erblicken. In Tamil Nadu (vgl. ab Seite 155) steigert sich dieses Prinzip noch zu einer fantasievollen bunten Gestaltung.

Apsaras, Chennakeshwar-Mandir

In Belur wie auch in den anderen Hoysala-Tempeln ist der Figurenreichtum in allen Bauelementen überbordend. Zudem ist er so meisterhaft in Speckstein geschnitzt, dass die fast vollplastischen Gestalten eine hohe Lebendigkeit zeigen und durch ihre Körperbewegungen, ihren reichen Schmuck und durch ihre eindrucksvollen Gesichter beeindrucken. Auch die gedrechselten Säulen und die ornamentierten Kassettendecken tragen zum Gesamtbild bei.

Seite 148:
Gopuram (Torturm) des Chennakeshwar-Mandir, Belur

Bengaluru – Shiva– und ISKCON–Mandir

Die erst im 16. Jahrhundert gegründete Stadt Bengaluru kann zwar nicht auf eine lange Geschichte zurückblicken, die bis in die alten südindischen Reiche zurückführt, doch ist sie heute als Hauptstadt Karnatakas und zugleich als wirtschaftliches Zentrum im Süden überaus bedeutsam. Nach Delhi, Mumbai und Kolkata ist Bengaluru (früher Bengalore) mit 13 Millionen Einwohnern die viertgrößte Metropole Indiens. Ihre zahlreichen Bildungseinrichtungen führten dazu, dass Bengaluru heute das IT-Zentrum Indiens, aber auch die Stadt der Luft- und Raumfahrtindustrie geworden ist.

Es gibt in der Stadt natürlich eine Reihe von hinduistischen Tempeln. Der älteste aus dem Jahr 1537 ist wahrscheinlich der Basava-Tempel im Süden der Innenstadt, auch Bull-Tempel genannt, weil in ihm eine riesige Statue von Nandi, dem Reittier Shivas, verehrt wird. Unter mehreren Shiva-Tempeln fällt besonders der Kempfort-Shiva-Mandir östlich der Innenstadt auf, der erst 1995 von der gemeinnützigen RVM-Stiftung errichtet wurde. In seinem Hof wurde eine 20 m hohe Statue aus weißem Marmor errichtet, die Shiva als Asket im Himalaya zeigt und die jeden Tag von Tausenden von Gläubigen verehrt wird. Auch gibt es im gleichen Stil einen 10 m hohen Ganesha und einen sechs Meter hohen Lingam. In einer fantasievoll errichteten »Bergwelt des Himalaya« hinter der Shiva-Statue sind in Höhlen Nachbildungen der zwölf Jyotirlingam zu sehen, sodass die Gläubigen aus dem südindischen Raum hier leichter zu diesen heiligen Stätten kommen können. Das Ganze gleicht ein wenig Disneyland, ist aber durchaus ein ernst zu nehmender religiöser Ort, der von vielen Hindus aufgesucht wird.

Ähnliches gilt für den pompösen ISKCON-Mandir im Westen der Innenstadt (ISKCON = International Society for Krishna Consciousness, auch Hare-Krishna-Bewegung genannt). Diese Bewegung gehört zu den neohinduistischen Gruppen; an vielen Orten hat sie inzwischen pompöse und bestens ausgestattete Tempel gebaut (vgl. Seite 55 Vrindavan). In den Tempeln wird das Chanten (Singen) eines Sanskrit-Mantras zu Ehren Krishnas, des achten Avatara Vishnus, gepflegt »Hare Krishna, Hare Krishna, Krishna Krishna, Hare Hare«. Statuen von Krishna und Radha sind im Zentrum des Tempels.

Seite 151:
oben
Shiva-Mandir
• Große
Shiva-Statue
• Milch wird
als Opfergabe
über einen Lingam
gegossen
unten
• ISKCON-Tempel
• Krishna
und Radha,
Bengaluru

Thiruvananthapuram – Padmanabhaswamy–Mandir

Thiruvananthapuram (früher Trivandrum) an der Südwestspitze Indiens hat als Hauptstadt Keralas etwa 800 000 Einwohner (die Region knapp 2 Millionen. Der Name der Stadt (*thiru* = heilig, *puram* = Stadt) verweist auf die mythische Weltenschlange Ananta (auch Shesha), auf der Vishnu bei der Erschaffung der Welt ruht. Dies ist auch die Weltenschlange, mit der die Götter den Weltenberg Meru drehten und so das Weltenmeer um den heiligen Berg quirlten, um Amrita, den Unsterblichkeitstrunk, zu gewinnen (vgl. die vier Kumbh Mela Orte, Seite 22f.).

Wichtigster Tempel in der Stadt ist der Padmanabhaswamy-Mandir, der Vishnu als Padmanabha (»der mit dem Lotosnabel«) gewidmet. Dies erinnert an die Szene mit Shesha/Ananta, weil aus dem Nabel Vishnus eine Lotosblüte herauswuchs, die den Schöpfergott Brahma trug. Diese Szene ist im Heiligtum des Tempels dargestellt. Der Tempel im Fort der Stadt wurde im 18. Jahrhundert im südindischen Stil erbaut.

Kerala

Kerala an der Südwestküste der Indischen Union ist mit knapp 39 000 km² ein vergleichsweise kleiner Bundesstaat. Doch leben hier 34 Millionen Einwohner, was Kerala (Malayalam: *kera* = Palme, *alam* = Land; »Land der Kokospalmen«) zu einem der am dichtesten besiedelten Gebiete Indiens macht. Das tropische Gebiet mit sehr hohen Niederschlägen in der Monsunzeit teilt sich in die flachen Küstengebiete (dort auch die Backwaters) und den Anstieg bis in die Berge der Westghats (bis 1 500 m (etwa Periyar Nationalpark) auf. Die Malayalam aus der dravidischen Sprachfamilie sprechende Bevölkerung (97 %) gehört zu etwa 55 % dem Hinduismus, zu 27 % dem Islam und zu 18 % dem Christentum an (größter christlicher Bevölkerungsanteil in Indien). Wegen der vielen Privatschulen weist Kerala die höchste Alphabetisierungsrate in Indien auf. Fischfang und Landwirtschaft sind nach wie vor die bedeutendsten Wirtschaftszweige, erst langsam wächst eine diese Güter verarbeitende Kleinindustrie.

Seite 153:
Gopuram (Torturm), Padmanabhaswamy-Mandir, Thiruvananthapuram, Kerala

Der Südosten

Der Südosten der Indischen Union besteht im Wesentlichen aus den beiden Bundesstaaten Andhra Pradesh und Tamil Nadu, die beide von einer dravidischen Bevölkerung mit dravidischen Sprachen geprägt sind. In vielerlei Hinsicht unterscheiden sich diese beiden Gebiete von den anderen Bundesstaaten Indiens.

Andhra Pradesh ist von einer Küstenregion, den südlichen Ausläufern der Ostghats und von weiten Flächen des Dekkan geprägt und ist damit dem Bundesstaat Karnataka vergleichbar, nur in umgekehrter Richtung von Ost nach West. Die Küstenregion zieht sich weit nach Norden hin bis nach Odisha (vgl. Seite 102ff.). Auf etwa 160 000 km² leben etwa 50 Millionen Menschen, Hauptstadt ist nicht mehr Hyderabad (jetzt Hauptstadt des neu geschaffenen Staates Telangana), sondern die ab 2015 neu erbaute Stadt Amaravati. In Andhra Pradesh gibt es nicht sehr viele hinduistische Stätten, die überregionale Bedeutung haben. Zu erwähnen ist vor allem der Mallikarjunaswamy-Mandir am Fluss Krishna in der Ortschaft Srisailam an der neuen Grenze zwischen Andhra Pradesh und Telangana. Der von vier Tortürmen und einer Mauer umgrenzte Tempel besitzt einen der zwölf Jyotirlingam Indiens. Dies geht auf einen Mythos zurück, bei dem Shiva und Parvati ihren elefantenköpfigen Sohn Ganesha mit zwei Frauen, Buddhi und Siddhi (= Weisheit und spirituelle Kraft), verheirateten. Darüber wurde der andere Sohn, der Kriegsgott Karttikeya, erbost, doch Shiva besänftigte ihn durch die Erscheinung seines Lichtlingams.

Südlich von Andhra Pradesh an der Südostspitze ist der geschichtlich wie religiös bedeutende Bundesstaat Tamil Nadu (= Land der dravidischen Sprache Tamil). Der Bundesstaat mit seiner Hauptstadt Chennai (früher Madras) ist überreich an Sehenswürdigkeiten und nach dem Bundesstaat Rajasthan eines der beliebtesten Reiseziele in Indien. Auffallend sind hier die weit ausgedehnten, teilweise stadtähnlichen Tempelbezirke, die ummauert sind und deren Zugang jeweils durch gewaltige Tortürme (*gopuram*) möglich ist. Da die inneren Tempelbezirke nur den höheren Kasten zugänglich waren, sind diese Tortürme über und über mit bunten Götterbildern und mythologischen Wesen geschmückt, sodass man auch von außen einen Zugang zur spirituellen Welt des jeweiligen Tempeln gewinnen konnte und heute noch kann. Die Tempel von Tamil Nadu sind ein bedeutender Schatz hinduistischer Kultur.

Seite 154:
Bunte Götterwelt am ersten Gopuram, Ranganathaswamy-Mandir, Srirandam, Tamil Nadu

Chennai – Kapalishwar-Mandir

Chennai (bis 1996 mit dem kolonialen Namen Madras benannt) ist die größte Stadt Tamil Nadus und zugleich Hauptstadt mit sieben Millionen Einwohnern bei stark steigender Tendenz. Die Stadt ist eine britische Gründung von 1640, dementsprechend gibt es keine sehr alten Tempelanlagen in der Stadt wie in den nördlichen Bundesstaaten. Nur der Bezirk Mylapore war bereits seit den Pallavas ein Fischer- und Hafenort. Die heutige Stadt erstreckt sich über 50 km entlang der Koromandelküste. Der Legende nach soll der christliche Apostel Thomas als Missionar hierher gekommen sein; auf dem 67 m hohen Thomasberg im Süden der Stadt soll er den Martyrertod erlitten haben. Zehn Kilometer östlich an der Küste ist heute die St. Thomas Basilika mit dem Grab des Apostels. In der Stadt gibt es viele weitere christliche Kirchen unterschiedlicher Denominationen.

Tamil Nadu
Im südöstlichen Bundesstaat Tamil Nadu wohnen auf 130 000 km² etwa 75 Millionen Menschen. Hauptstadt ist die Millionenstadt Chennai (früher Madras) mit sieben Millionen Menschen; dies ist der fünftgrößte Ballungsraum Indiens. Tamil Nadu besteht aus zwei Landschaftszonen: Im Osten bestimmt eine flache Küstenebene bis weit ins Land hinein den Bundesstaat. Im Norden und Westen steigt das Land auf bis zu den Ausläufern der Ost- und Westghats, die die Grenze zu Andhra Pradesh im Norden und zu Kerala im Westen bilden. Dementsprechend fließen die Flüsse Tamil Nadus von Nordwest nach Ost und münden an der Koromandelküste in den Golf von Bengalen. Wie auch in Sri Lanka sind zur Bewässerung der intensiven Landwirtschaft Stauseen (Tanks) angelegt worden. Ansonsten lebt die Tamil sprechende Bevölkerung (zu 88 % Hindus, dazu jeweils 6 % Christen und Muslim) von Bodenschätzen, damit von Bergbau, und von Industrie. Geschichtlich waren in diesem Gebiet die großen Herrscherdynastien der Pallava (6.–9. Jahrhundert), der Cholas und Pandyas (9.–14. Jahrhundert), später auch muslimische Sultane und ab dem 16. Jahrhundert die europäischen Mächte (zuerst Portugal, dann Niederlande, Dänemark, England und Frankreich) von Bedeutung.

Der wichtigste Hindutempel ist der Kapalishwar-Mandir im Stadtteil Mylapore. Der Shivatempel soll bereits auf die Pallavas, also auf etwa das sechste Jahrhundert, zurückgehen, doch die heutige Bausubstanz stammt aus dem 17. Jahrhundert. Der heutige Tempel besitzt im Osten und Westen zwei Gopuram, die zusammen mit einer Mauer den Tempelbereich einschließen. Neben den zwei Tempelhallen für Shiva und für Parvati gibt es einen 180 × 130 Meter großen Tempelteich, dessen Einfassung rot-weiß gestrichen ist. Die Tortürme sind mit bunten Stuckfiguren geschmückt, die zum einen die Shivafamilie zeigen, zum anderen aber auch die ganze bunte Götterwelt des Hinduismus anklingen lassen. Der Tempel wird von vielen Gläubigen und Touristen besucht, es finden auch ständig religiöse Feiern von Familien (etwa Hochzeiten) in den verschiedenen Tempelhallen statt. In den Straßen um den Tempel mit ihren Geschäften für Devotionalien und Tempelbedarf kann man die bunten Formen hinduistischer Frömmigkeit erleben.

Shiva mit Parvarti auf Nandi, Eingangsgopuram, Kapalishwar-Mandir, Chennai Tamil Nadu

Kanchipuram – Stadt der tausend Tempel

70 km westlich von Chennai liegt die 170 000 Einwohner zählende Stadt Kanchipuram. Die alte Stadt wird bereits vor der Zeitenwende erwähnt, doch gewann sie ihre Bedeutung erst, als die frühe Pallava-Dynastie den Ort schon vor dem 6. Jahrhundert zu ihrer Hauptstadt erkor. Zu dieser Zeit war Kanchipuram nicht nur ein Zentrum des südindischen Hinduismus, sondern auch des Buddhismus und zudem des Jainismus. Buddhistische Mönche kamen selbst aus China hierhin, um an einer bedeutenden Universität buddhistische Schriften zu studieren.

Kanchipuram ist die südlichste der sieben heiligen Städte Indiens. Deshalb kommen Pilger aus ganz Indien in diesen Ort mit seinen vielen großen Tempelanlagen – in die »Stadt der tausend Tempel«

Seite 159
Tempelelefanten im
Kamakshi-Mandir
Kanchipuram

mit heute noch etwa 200 lebenden Tempelbezirken, in denen Shiva, Vishnu und Shakti, die weibliche Kraft, verehrt werden, in denen man also die großen hinduistischen Richtungen wiederfindet.

Im Zentrum der Stadt liegt der Kamakshi-Mandir, der der machtvollen Göttin Kamakshi gewidmet ist. Sie ist eine Erscheinungsweise von Parvati, der Gattin Shivas, war aber früher als bedrohlich bekannt, bis sie durch einen bedeutenden Weisen Indiens, durch Shankara (788-820), auf magische Weise »gezähmt« wurde, sodass man heute gefahrlos zu ihr beten kann. Über dem Heiligtum erhebt sich ein vergoldeter Tempelturm, ansonsten bietet die Anlage das typische Bild eines südindischen Tempels mit vier Gopuram in den vier Himmelsrichtungen, einem Tempelteich und weiteren Hallen.

Seite 159
Kamakshi-Mandir
• Tempelhalle
und Gopuram
• Tempelteich,
Kanchipuram,
Tamil Nadu

Der größte Tempel vom Kanchipuram ist Shiva gewidmet – der Ekambaranatha-Mandir (Shiva als Herr des Mandelbaums), der auf die Pallava-Zeit zurückgeht. In der riesigen Anlage gibt es nicht nur ein Heiligtum mit einem Lingam, sondern auch einen heiligen Mandelbaum, in dem die Gegenwart Shivas verehrt wird.

Tirukalukundram – Vedagirishwar–Mandir

Der 30 000 Einwohner zählende Ort Tirukalukundram liegt etwa 60 km südwestlich von Chennai. Wichtig ist in diesem Ort allein der Doppeltempel aus der frühen Pallavazeit, der Shiva und Parvati gewidmet ist. Auf dem Vedaberg oberhalb der Stadt liegt der Shivatempel, mitten im Ort der Parvati-Tempel. Der Name Tirukalukundram leitet sich vom Brauch ab, dass die Brahmanen des oberen Tempels Geier füttern (Tamil: *tiru* = heilig, *kalugu* = Geier, *kundram* = Hügel); dies geschieht auch heute noch so. *Vedagiri* heißt Veda-Berg und erinnert damit an die alten indischen Schriften der Veden; *shwar* bedeutet Herr – Shiva wird also hier als Herr der heiligen Schriften des Hinduismus bezeichnet und damit als Schützer des kosmischen Dharma.

Vedagirishwar-Mandir, Tirukalukundram, Tamil Nadu

Der Name Vedaberg geht auf einen Mythos zurück, nach dem Shiva den mythischen Weisen Bharadvaja in den Veden unterrichtet habe.

Den unteren Tempel kann man vom Vedaberg gut einsehen und daran die typische südindische Tempelbaustruktur erkennen: Die weitläufige Anlage mit rechteckigem Grundriss ist ummauert, der sakrale Bereich ist also vom weltlichen Bereich der Ortschaft getrennt. In den Tempel gelangt man durch die Tore der vier sehr hohen und auf aufwändig skulptierten Tortürme in den vier Himmelsrichtungen, die auf dem Foto unten gut zu erkennen sind. In dieser Ummauerung gibt es verschiedene Tempelhallen (etwa links oben) und den großen Tempelteich für die rituelle Reinigung. Das Heiligtum allerdings ist durch eine weitere Mauer abgegrenzt, nur ein etwas kleinerer Gopuram eröffnet den Weg direkt zum Heiligtum, das wie alle südindischen Shikharas nur einen bescheidenen Turm besitzt. Um diesen Parvatitempel sind mehrere kleinere Schreine.

Mahabalipuram – Küstentempel und Fünf Rathas

Nur 15 km westlich von Tirukalukundram liegt an der Küste der nur 16 000 Einwohner zählende Ort Mahabalipuram (auch Mamallapuram genannt) an der Küste des Golfs von Bengalen. Die Weltkulturerbestätte zählt zu den wichtigsten Orten der Pallava-Dynastie und zugleich zu den bedeutendsten archäologischen Stätten Indiens, was die Geschichte der Tempelbauweise angeht. Für die Pallavas des 6.–9. Jahrhundert war der Ort der wichtigste Hafen; dementsprechend findet man hier eine Reihe von Bauwerken aus dieser Zeit. Hier entwickelte sich der südindische Tempelbaustil aus Höhlentempeln, die aus dem Fels geschlagen wurden (vgl. im Norden u.a. Ellora; Seite 124f. und die vielen buddhistischen Höhlen dort). Langsam entwickelten sich daraus frei stehende, aus Steinen gebaute Tempel; in Mahabalipuram kann man dabei verschiedene Versuche (etwa bei den Rathas) sehen, die konstruktiven Probleme des großen Steinbaus zu lösen. Der Küstentempel (Shore Temple) bildet den Abschluss dieser neuen Bauweise, die von den folgenden Dynastien der Cholas fortgesetzt wurde. Auch der Bauschmuck entwickelte sich hier: In den Fels geschlagene Bildreliefs sind ebenso zu finden, wie Götterskulpturen und Dekoration der Tempeldächer und -türme.

Das größte Felsrelief ist 33 m breit und 12 m hoch und zeigt die Herabkunft des Flusses Ganges, es wird allerdings meist »Arjunas Buße (penance)« genannt. Man sieht im Felsspalt der Mitte die Ganga, symbolisiert durch Schlangengöttinnen, herabfließen; etwas links oben davon ist der vierarmige Shiva, der dafür sorgt, dass diese Wassermassen kein Unheil anrichten. Rechts neben ihm ist ein Rishi in asketischer Körperhaltung (Arjuna?).

Rathas sind die Tempelwagen, die vor allem in Südindien für die Prozessionen mit den Götterbildern bereitstehen. In Konark (vgl. Seite 106f.) ist der ganze Tempel als steinerner Ratha konzipiert, ebenso in Hampi der Garuda-Schrein im Vitthala-Mandir (vgl. Seite 140f.). In Mahabalipuram gibt es fünf monolithische kleine Ratha-Tempel, die nach den fünf Helden des Epos Mahabharata benannt sind. An ihnen kann man die Entwicklung des Tempelbaus von der Felsenhöhle zum frei stehenden Gebäude besonders gut nachvollziehen.

Seite 162:
Mahabalipuram
links
• Murugan-Mandir
• Drei der
  fünf Rathas
• Relief
  Arjunas Penance
  (Ausschnitt)
rechts
• Krishnas
  Butterkugel
• Ein Ratha
• Shore Temple

Chidambaram – Nataraja–Mandir

90 km südlich von Mahabalipuram und damit nach etwa der Hälfte der Strecke bis Chidambaram liegt die Enklave Puducherry (früher Pondicherry) mit etwa 600 000 Einwohnern. Puducherry gehört nicht zum Bundesstaat Tamil Nadu, sondern ist ein Unionsterritorium. Von 1673–1954 war dieses Gebiet französische Kolonie – das Gegenstück zur englischen Kolonie Madras (Chennai). Heute zeigt die Stadt ein weithin europäisches Gesicht, auch gibt es mit 11 % eine größere christliche Minderheit. Für den Hinduismus ist in Puducherry der Sri Aurobindo Ashram wichtig, der im Jahr 1926 vom Hindu-Mystiker Aurobindo Ghose (1872–1950) zusammen mit seiner spirituellen Partnerin Mirra Alfassa (Die Mutter, 1878–1973) gegründet wurde.

Chidambaram, eine Kleinstadt mit ca. 60 000 Einwohnern weiter südlich an der Küste, ist das Zentrum der Verehrung von Shiva als Nataraja, als König des Tanzes. Die Stadt ist geprägt vom zentralen und großen Nataraja-Mandir, dessen Ursprünge auf die Pallava-Zeit zurückgehen (6. Jahrhundert). Die Chola-Dynastie ab dem 9. Jahrhundert förderte den Shiva-Kult in der südindischen Form des auf dem Dämon tanzenden und damit das Böse vernichtenden Gottes. In der Blütezeit der Cholas (11.–12. Jahrhundert) wurde der Tempel fast genauso errichtet, wie er heute noch zu sehen ist. Dahinter steht eine alte Gründungslegende, dass Shiva genau an diesem Ort in einem ekstatischen Tanz einen Dämon vernichtet habe. Shiva zeigt sich als vielarmiger Tänzer in einem Feuerring, der die Welt im Tanz zerstört und erneut ins Dasein ruft – der große Gott zeigt seine alles übertreffende Macht. Im innersten Heiligtum des Tempels gibt es deshalb auch nicht wie sonst einen Lingam, sondern ein Bildnis des tanzenden Shiva. Jeden Abend wird dieses Bildwerk gewaschen, gesalbt, mit Blumen geschmückt und in einer feierlichen Prozession zu seinem Lager mit seiner Gattin Parvati geführt.

Seite 165:
Nataraja-Mandir
• Durga
• Innenseite
des Gopuram
• Shiva Nataraja in
einem Gopuram,
Chidambaram

Das 15 Hektar große Areal ist ummauert und durch vier reich geschmückte Gopuram zugänglich. Im Inneren der schon fast stadtähnlichen Anlage gibt es mehrere Höfe, den Tempelteich, die Hundert-Säulen-Halle und die Tausend-Säulen-Halle, dazu kleinere Schreine für Shivas Gattin Parvati (hier Shivakamasundari genannt) und für seine beiden Söhne Murugan (Karttikeya) und Ganesha.

Gangaikondacholapuram – Brihadishwar–Mandir

Von Chidambaram nur 40 km weiter ins Landesinnere liegt das Dorf Gangaikondacholapuram Der dortige große Brihadishwar-Mandir gehört mit dem gleichnamigen Tempel in Thanjavur (vgl. Seite 171) und dem Airavatesvara-Mandir in Darasuram (vgl. Seite 168), beide nicht weit entfernt, zu den drei großen Tempelanlagen, die in der Blütezeit der Chola-Dynastie entstanden (11.–12. Jahrhundert). Der lange Name setzt sich wie folgt zusammen: *puram* = Stadt, *cholapuram* = Stadt der Cholas; der Chola-König Rajendra I. (Regierungszeit 1012–1044) unternahm einen siegreichen Feldzug die Küste hoch durch Odisha bis West-Bengal und zum Mündungsdelta des Ganges. Daran erinnert *ganga* = Ganges, *ikonda* = siegreich. Rajendra verlegte seine Hauptstadt 1022 von Thanjavur in den neu gegründeten Ort und benannte ihn nach seinem großen Sieg.

Die Tempelanlage Brihadishwar mitten im Ort wurde von Rajendra 1035 errichtet und – entsprechend südindischer Tradition der Cholas dem Shiva Nataraja gewidmet. Von anderen Tempel und auch vom Königspalast sind in Gangaikondacholapuram nur noch Ruinen erhalten. Die Anlage ist nicht so weitläufig wie die in Chidambaram oder in Thanjavur, es gibt auch nur einen Eingang. Hinter dem nur teilweise erhaltenen Torturm im Osten kommt man zu einem etwas eigenartig geformten großen Nandi, der hier ohne Schreingebäude mit Blick auf das Heiligtum liegt. Direkt dahinter steigt man die Stufen zur großen Tempelhalle *(maha-mandapa)* mit ihren etwa 150 Säulen auf. Sie führt zu einer kleinen Vorhalle *(ardha-mandapa)*, welche wiederum zum eigentlichen Heiligtum in quadratischer Form weiterleitet. Darüber erhebt sich ein vergleichsweise kleiner Turm, der aber durch Ornamentik vielfach gegliedert ist. Im Gelände gibt es weiter nördlich einen Brunnen mit einer Löwenfigur *(simhakeni)* bei einem Durgaschrein, der Löwe ist das Reittier der Göttin. Die Außenwände des Tempels sind nicht sehr aufwändig skulptiert, wohl aber gibt es eine ganze Reihe von interessanten Göttergestalten: Shiva als König des Tanzes natürlich, aber auch als Ardanarishwar (Shiva als Mann-Frau), dazu Wächterfiguren (Dvarapalas), Durga, Ganesha, himmlische Tänzerinnen, Königspaare und mythologische Tiere.

Seite 167:
• Eingang zum Brihadishwar-Mandir, hinter dem Tor der Nandi
• Tanzender Shiva auf Dämon
• Nandi und Besucher

Darasuram – Airavatesvara–Mandir

Auch Darasuram ist eher ein Dorf als eine Kleinstadt, befindet sich aber nur wenige Kilometer entfernt von der im Delta des Kaveri liegenden und 140 000 Einwohner zählenden Stadt Kumbakonam. Bereits Kumbakonam ist ein für den Hinduismus wichtiger Ort, weil hier an der Stelle des heutigen Kumbeshwar-Mandir der Krug *(kumbh)* mit dem Unsterblichkeitstrank Amrita an Land gespült sein soll. Dort ist heute der Tempelteich, der wiederum Ziel vieler Pilger ist, welche an dieser heiligen Stelle ihr rituelles Bad nehmen.

Doch Darasuram hat im Rahmen der drei großen Tempel der Chola-Dynastie seine besondere Bedeutung. Auch wurde um 1150 die Hauptstadt des Chola-Reiches von Gangaikondacholapuram nach Darasuram verlegt. Der Chola-Herrscher Rajaraja II. (Regierungszeit 1146–1173) gab auch den Auftrag, in dieser neuen Hauptstadt einen zentralen Tempel zu bauen – den Airavatesvara-Mandir. Er gehört mit den beiden Brihadishwar in Gangaikondacholapuram und in Thanjavur zum Weltkulturerbe.

Vahana (= Zugtier, Fahrzeug) sind Begleittiere der Gottheiten. Sie erscheinen als Reittiere und vergrößern die Macht der jeweiligen Gottheit. Sie können in der Ikonografie auch neben den Gottheiten dargestellt werden oder bilden einen Thron, auf dem die Gottheit sitzt. Der dreiköpfige weiße Elefant Airavata ist das Reittier von *Indra* (= »machtvoll«), dem Wettergott, dem stärksten der alten Götter, der in jeglicher Not angerufen werden kann. Im Hinduismus hat er heute fast keine Bedeutung mehr, doch in der vedischen Zeit war er der oberste der Götter. Indra reitet auf einem Elefanten (das mächtigste Landtier als Zeichen göttlicher und königlicher Macht). Airavata (»der aus dem Milchmeer Geborene«) ist mythologisch aus dem Milchozean des Anfangs entstanden, war damit eines der ersten Geschöpfe und der erste Elefant überhaupt. Er wacht deshalb über die kosmische Ordnung. Elefanten sind ein Zeichen der Königswürde und damit passend auch zum mächtigen König Rajaraja II. der Cholas. Der Tempel in Darasuram ist aber Shiva gewidmet und besitzt auch einen Nandi vor der Haupthalle. Doch der weiße Elefant Airavata betet hier Shiva an. Überall an den Tempelwänden sieht man deshalb Skulpturen von Elefanten.

Seite 169:
- Shiva segnend
- Airatesvara-Mandir
- Elefant als Bauschmuck
- Pferd und Rad – der Tempel als Ratha (Tempelwagen)
- Frauen in der Mandapa
- Gläubige im Gespräch mit Tempelbrahmanen

Thanjavur – Brihadishwar–Mandir

Thanjavur (früher Tanjore) liegt im Delta des 800 km langen Kaveri-Flusses, der in den Westghats entspringt und die Mitte von Tamil Nadu entwässert. Thanjavur hat eine halbe Million Einwohner, die weithin von Landwirtschaft und der Verarbeitung von Nahrungsmitteln leben. Denn die Stadt liegt in einem äußerst fruchtbaren Delta und wird wegen des ertragreichen Nassreisanbaus auch die »Reisschüssel von Tamil Nadu« genannt. Der Ort war zu Beginn der Chola-Zeit (9.–11. Jahrhundert) Hauptstadt des neuen südindischen Reiches, danach wurde der Regierungsort nach Gangaikondacholapuram verlagert.

Plan des Brihadishwar-Mandir

Um das Jahr 1000 wurde der Brihadishwar-Mandir gebaut, der größte der drei großen Tempel der Cholas und wie die beiden anderen Weltkulturerbestätte. Auch er ist Shiva gewidmet und diente als königlicher Tempel der Cholas. Deshalb wurde er auch überreich ausgestattet und hatte eine große Zahl von Bediensteten, die für den Tempel und die Rituale darin sorgten. Dies waren natürlich in erster Linie die Tempelbrahmanen, die den Ritualen vorstanden und die allein auch das Allerheiligste betreten durften. Dazu kamen 400 Tänzerinnen, 240 Musiker und Handwerker für die Instandhaltung und Ausschmückung der Gebäude (Steinmetzen, Schreiner, Gärtner).

Das ca. 250 x 120 m große Areal ist von einer Mauer umgeben; nur ein Zuweg im Osten führt durch zwei Gopuram hindurch in das Innere. Wie üblich gelangt man zuerst zu einem Nandi-Pavillon, der den Zugang zur drauf folgenden Tempelhalle und dem Allerheiligsten bewacht. Der gestufte Tempelturm (in Südindien *vamana* genannt) ragt bis zu einer Höhe von 60 m auf. Einige kleinere Schreine im Innenhof stammen aus späterer Zeit.

Seite 170:
• Brihadishwar-Mandir,
• Der Tempelelefant segnet einen Gläubigen
• Wasserspeier als Elefantenrüssel und Wasserbecken
• Lingam und Yoni, dahinter Fresko Brihadishwar-Mandir, Thanjavur, Tamil Nadu

171

Tiruchirappalli –
Rock- und Amma-Mandapam-Mandir

Tiruchirappalli (Kurzform Trichy) liegt am Fluss Kaveri 60 km westlich von Thanjavur. Die Millionenstadt ist ein wichtiges Zentrum in Tamil Nadu, die viertgrößte Stadt dieses Bundesstaates. Bereits zur Zeit des nordindischen Maurya-Kaisers Ashoka (3. Jahrhundert v. Chr.) wird der Ort als Uraiyur erwähnt, doch bedeutsam wurde er erst, als die Cholas mit der Hauptstadt Thanjavur die Herrschaft über den größten Teil Südostindiens übernahmen. Heute hat Tiruchirappalli viel Industrie (Stahl, Eisenbahn ...), es gibt aber in der Stadt auch wichtige Bildungseinrichtungen

Direkt am Ufer des Kaveri ragt ein 80 m hoher und steiler Felsen auf; auf seiner Spitze wurde ein Fort und ein kleiner Tempel zu Ehren von Ganesha erbaut, der Rock Temple (Felsentempel), von dem aus man einen guten Blick über die Stadt hat. Von oben sieht man bereits die riesige Tempelstadt Srirangam (Seite 174f.) mit ihren hohen Gopuram, die auf einer Insel des Kaveri liegt.

Noch vor Srirangam, direkt am Ufer der Insel dem Felsentempel gegenüber liegt der Amma-Mandapam-Mandir. Dies ist kein gewöhnlicher Tempel, weder von seiner Bauweise, noch von seinen Ritualen her. Dies wird bereits deutlich, wenn über der offenen Tempelhalle ein Bildnis eines schlafenden Vishnus auf der Weltenschlange Shesha zu sehen ist: Vishnu (hier ruhend als Raganatha ohne die aus seinem Nabel entspringende Lotosblüte mit Vishnu als Weltenschöpfer, vgl. »Die Götter Indiens, Seite 132f.) gleicht fast einem Toten. Das führt zur Ausrichtung dieser Stätte: Es ist eine Gedenkstätte für Verstorbene, wo die Angehörigen durch Brahmanen Rituale abhalten. Die Brahmanen, »Tempelpriester«, haben eine wichtige Funktion bei allen religiösen Ritualen. Sie sind Vermittler zwischen Menschen und Göttern. Sie nehmen die Opfergaben entgegen und geben geweihte Gaben an die Gläubigen zurück. Sie halten Rituale ab wie das Segen spendende Feuerritual (vgl. das Foto rechts oben) und beraten die Gläubigen. Oft legen die Gläubigen vor den Brahmanen Gelübde ab, die sie zu bestimmten religiösen Handlungen verpflichten. Dies kann das Scheren der Haare sein, ein bestimmtes materielles Opfer, eine Folge von Gebeten oder Mantras oder auch anderes.

Seite 172:
Tiruchirappalli,
Tamil Nadu
• Rock Tempel
• Amma-Mandapam-Mandir,
Brahmane beim
Feuerritual
• Amma-Mandapam-Mandir,
Tempelhalle
mit Brahmanen
und Besuchern,
vorn:
abgegrenzte
heilige Fläche
für vedisches
Opferritual

Srirangam – Ranganathaswamy–Mandir

Srirangam heißt die Insel im Kaveri-Fluss, die dem Felsentempel von Tiruchirappalli direkt gegenüber liegt. Es ist eine Tempelstadt mit ca. 50 000 Einwohnern, geprägt von vielen verschiedenen Tempeln (darunter auch der Amma-Mandapam-Mandir, vgl. Seite 172), von Wohnhäusern der Brahmanenfamilien, von vielen kleinen Geschäften mit allerlei alltäglichem und vor allem religiösen Bedarf. Doch zentral ist der riesige Tempelbezirk des Ranganathaswamy-Mandir; dies ist eine eigene Tempelstadt im südindischen Stil von beeindruckender Größe (960 x 825 m – zum Vergleich: Angkor Wat, das größte religiöse Bauwerk der Welt, umfasst 1 500 x 1 300 m, allerdings mit vielen offenen Flächen). Der Tempel geht in seinen Ursprüngen auf die Zeitenwende zurück, doch wurde er durch die Cholas und auch nachfolgende Herrscher immer weiter ausgebaut.

Der Mandir besitzt nicht wie andere Tempel eine Umfassungsmauer mit einem bis vier Gopuram in den Himmelsrichtungen, sondern insgesamt sieben Ummauerungen mit 21 Gopuram, die bis in eine Höhe von 73 Metern (höchster Gopuram Indiens) aufragen und über und über mit bunten Götterbildern aus Stuck geschmückt sind. Dabei stehen die beiden äußeren Höfe noch für Geschäfte, Restaurants und Blumenstände zur Verfügung, um die vielen Pilger zu versorgen. Die fünf inneren Höfe sind dann für Schreine der verschiedenen Gottheiten und für Versammlungshallen reserviert.

Der Tempel ist Ranganatha gewidmet (*ranga* = Versammlungsstätte, *natha* = Herr; einer der südindischen Namen für Vishnu, der auf der Weltenschlange Shesha ruht); seine ebenfalls verehrte Gattin Lakshmi heißt hier Ranganayaki. Das Götterpaar wartet an diesem Versammlungsort darauf, dass die Menschen mit ihren Anliegen und der Bitte um Hilfe kommen. Doch es gibt in den fünf inneren Höfen insgesamt etwa fünfzig verschiedene Schreine, die neben Vishnu und Lakshmi auch die verschiedenen Avatara von Vishnu verehren. Neben den Schreinen gibt es eine große Zahl von Mandapas (Hallen), u.a. eine Tausend-Pfeiler-Halle aus der Vijayanagar-Zeit (14.–15. Jahrhundert) und die Sesharaya-Halle, deren Eingangsseite mit vierzig überlebensgroßen Reiterstatuen (vgl. das Foto) geschmückt ist.

Seite 175:
Ranganathaswamy-
Mandir,
Srirangam
• Einige der vielen
Dachkuppeln
• Dritter
Eingangsgopuram
• Reiter kämpfen
mit wilden Tieren,
Bauschmuck an der
Sesharaya-Halle

vgl. auch
auf Seite 154:
Bunte Götter-
welt am ersten
Gopuram

Madurai – Minakshi–Mandir

120 km südwestlich von Tiruchirappalli liegt die Millionenstadt Madurai, eine der ältesten Städte Südindiens und bereits im 3. Jahrhundert Hauptstadt der frühen Dynastie der Pandya. Doch das zentrale Heiligtum von Madurai stammt aus dem 12. Jahrhundert, im 16. Jahrhundert wurde es zu seiner heutigen Form erweitert. Der Minakshi-Mandir (auch Meenakshi = die Fischäugige, tamilisch: *mina* = Fisch, *akshi* = Auge) ist nicht ganz so groß wie Srirangam, doch ebenfalls eine Tempelstadt mit zwölf hohen Gopuram, Schreinen und Hallen, dazu auch einem großen Tempelteich.

Der Tempel ist Shiva gewidmet, dazu Minakshi, einer Göttin mit einer eigenartigen Geschichte. Sie war eine lokale Göttin, welche die Fischer dort zum Schutz anriefen. Doch mit der Zeit verknüpften sich mit ihr Mythen der gesamtindischen vishunitischen und shivaitischen Tradition: Sie wurde nun als Schwester Vishnus angesehen, die später Shiva zum Gatten gewann. Ein kinderloser König von Madurai soll Shiva um Nachwuchs gebeten haben. Daraufhin erhielt er eine Tochter, die als Mädchen drei Brüste entwickelte mit der Verheißung, dass sie die dritte Brust erst dann verlieren würde, wenn sie ihren Gatten kennenlernen würde. Als mächtige Kriegerin zog Minakshi bis zum Himalaya, um das Heer Shivas herauszufordern. Der erzürnte Shiva erschien vor ihr. In diesem Augenblick verschwand ihre dritte Brust und zugleich wurde aus der Kriegerin eine milde und gütige Mutter und Hausfrau. Denn Shiva erkannte in ihr die Manifestation Parvatis und heiratete sie in einer großen Feier, zu der alle Götter eingeladen wurden. Dabei tanzte er seinen Dämonen zerstörenden und alles neu schaffenden Tanz als Shiva Nataraja. Minakshi wurde in diesem Tanz mit ihm eins und sie schufen einen gemeinsamen Sohn: Karttikeya, tamilisch *Murugan*.

Im Tempel ist Tag und Nacht Betrieb, Gläubige aus der Stadt, aber auch Pilger aus ganz Südindien kommen hierher, um Shiva zu verehren. Jeden Abend gibt es im inneren Tempelbereich eine Prozession mit Musik und Fackelbeleuchtung, bei der das Bildnis Shivas gewaschen, gesalbt, geschmückt und dann in einem silbernen Trageschrein in einer Prozession zur Statue von Minakshi getragen wird: Gott und Göttin sollen in der Nacht fruchtbar sein zum Wohl der Menschen.

Seite 177:
• Minakshi und Gefolge (vor der Hochzeit mit Shiva noch mit drei Brüsten)
• Abendliche Prozession mit der Shiva-Statue, Minakshi-Mandir, Madurai

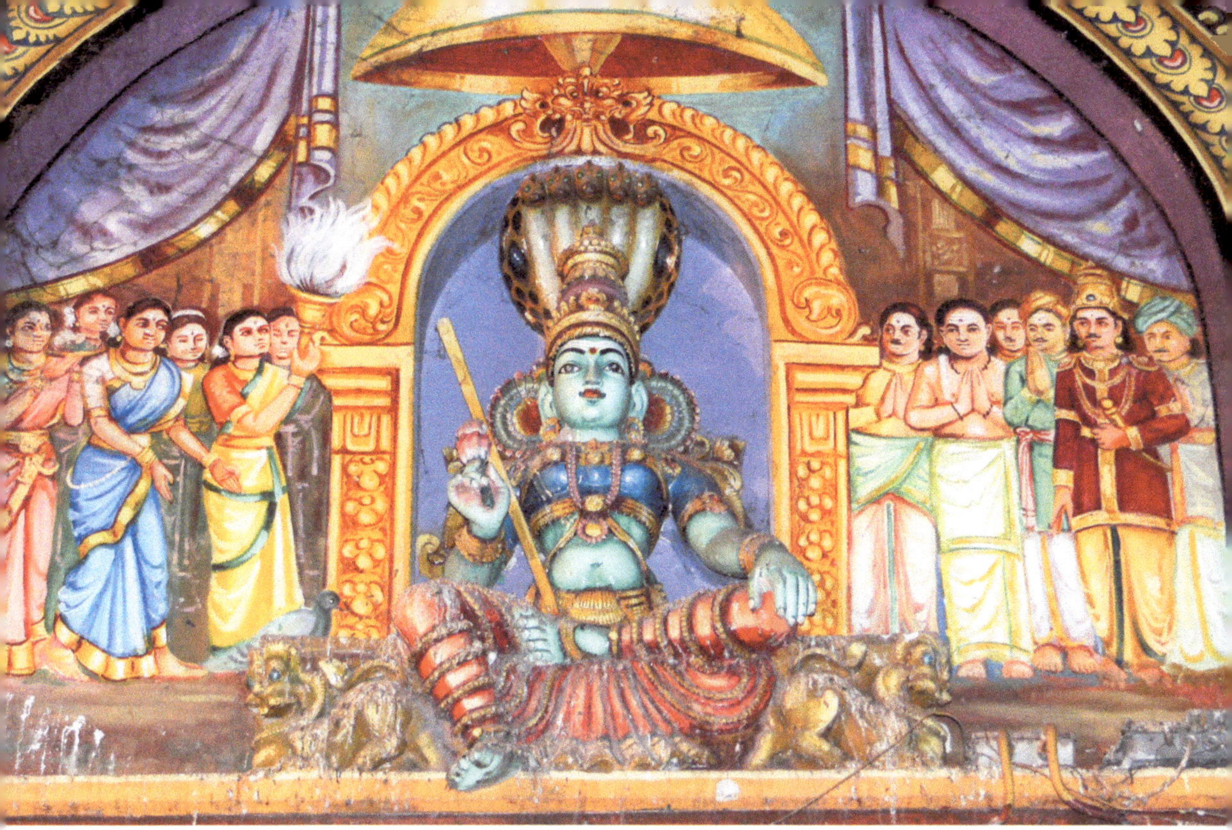

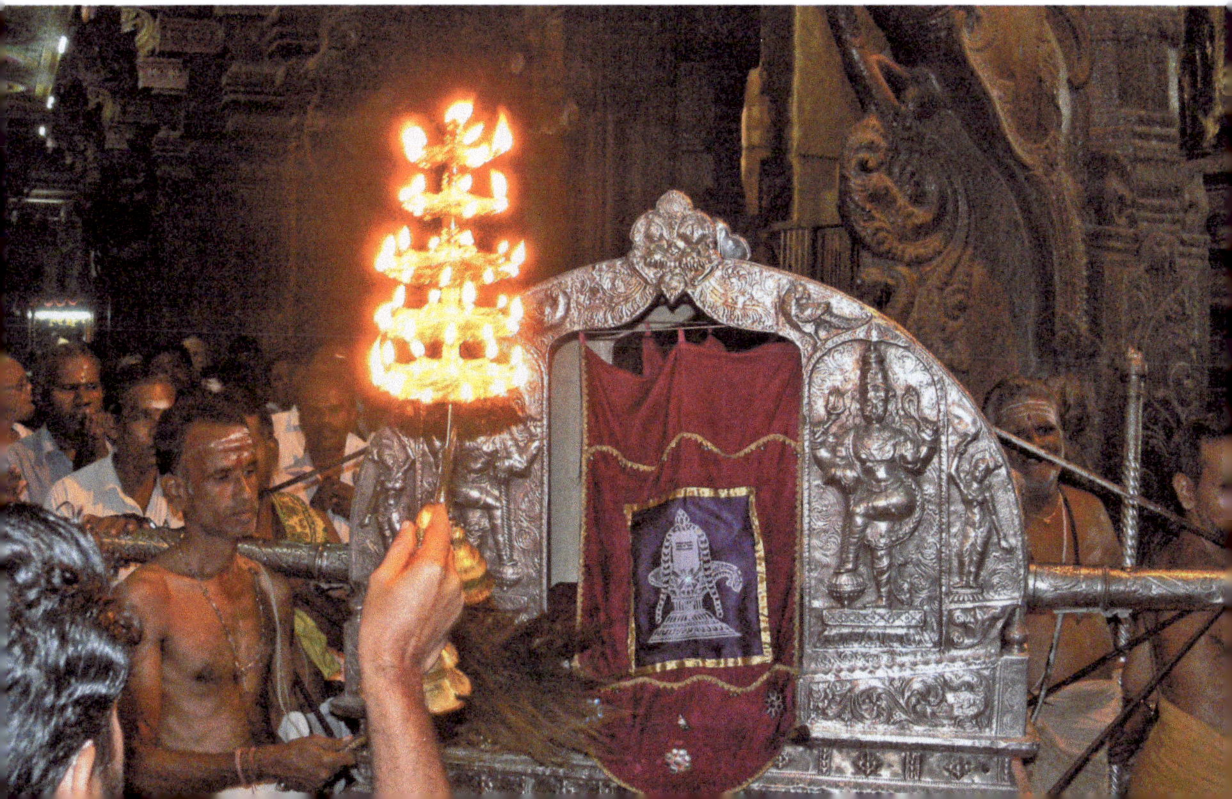

Rameswaram – Ramanathaswamy–Mandir

Auf der Insel Pamban (auch Rameswaram), der größten Insel der Inselbrücke zwischen Ramanathapuram (Stadt des Herrn Rama [7. Avatara Vishnus]) an der Südostecke Indiens und der Halbinsel Mannar in Sri Lanka, liegt der südliche der vier Char Dham Orte (vgl. Seite 24f.), der Ramanathaswamy-Mandir, in dem nicht nur der Avatara Vishnus verehrt wird, sondern zugleich auch ein Jyotirlingam. Shivaismus und Vishnuismus gehen hier eine eigenartige Symbiose ein: An Rama wird erinnert, weil er nach dem Epos Ramayana zusammen mit der Affenarmee unter Hanuman über diese Inselbrücke gegangen sei, um in Sri Lanka seine Frau Sita aus den Händen des Dämon Ravana zu befreien. Vor der Überquerung des Wassers habe Rama hier um die Hilfe Shivas gebetet; nach dem Sieg gegen Ravana habe Rama hier mit Sita und seinem Bruder Lakshmana einen Lingam errichtet, der von Shiva durch die Entsendung eines Lichtstrahls gewürdigt wurde – der Jyotirlingam. Deshalb ist heute die Verehrung des Shiva-Lingams für die Pilger wichtiger als der alte Ramayana-Mythos; mit Ramanathaswamy ist hier Shiva gemeint. Der heutige Tempel stammt aus dem 17. Jahrhundert. Zwischen den drei Gopuram sind lange Tempelkorridore mit 4 000 prächtig geschnitzten Granitsäulen, viele tragen Skulpturen der Götter.

rechts
Korridor
Seite 179:
Erster Gopuram
des Ramanatha-
swamy-Mandirs

Hindu–Asien

Der Hinduismus ist wesentlich ein Dach über Religionsformen, die im Subkontinent Südasien beheimatet sind: der Großraum Indien (heute Republik Indien, früher auch die heutigen Gebiete von Pakistan und Bangladesh), Sri Lanka und Nepal. Man kann den Hinduismus deshalb als Nationalreligion Indiens verstehen und nationalreligiöse Strömungen und Parteien im heutigen Indien tun dies so und grenzen sich damit vor allem vom Islam, der Religion der muslimischen Eroberer Nord- und Mittelindiens, und vom Christentum, der Religion der europäischen Eroberer, ab.

Doch der Hinduismus hat in seiner langen Geschichte auch weit nach Osten über Südasien hinaus Einfluss gehabt. Das Festland Südostasiens und auch die Inseln des indonesischen Archipels (mit 17 500 Inseln) sind von hinduistischer Kultur und Religion beeinflusst worden, bzw. sind es auf ganz eigene Art (Bali) heute noch. Dieser Weg hinduistischer Religiosität nach Osten ging vor allem von Kaufleuten aus, die Handelswege nach Osten erschlossen, in den dortigen Ländern kleine Gemeinschaften bildeten und für diese Gemeinschaften dann auch Brahmanen-Priester nachkommen ließen. Doch schon bald veränderte sich dieser Hinduismus dadurch, dass er Elemente der einheimischen Kultur und Religion übernahm und zu einer neuen Synthese führte. Dabei wurde die Konzeption des *devaraja*, des Gottkönigs, bedeutsam, sie bestimmt heute noch die thailändische Chakri-Dynastie, in der die Könige Thailands nach Rama, dem siebten Avatara Vishnus, benannt werden.

Die Geschichte des Hinduismus ist wechselhaft und changiert auch zwischen Hinduismus und Buddhismus. Im Khmer-Königreich von Angkor etwa gab es in der ersten Zeit eine ausgesprochen hinduistische Kultur, bis am Ende des 12. Jahrhunderts die Staatsreligion zum Mahayana-Buddhismus wechselte (heute ist es in Kambodscha der Theravada). Im indonesischen Archipel vor allem auf den Inseln Sumatra und Java war es zuerst buddhistische Königreiche (Sri Vijaya ab dem 7. Jahrhundert in Südsumatra und Shailendra im 9. Jahrhundert auf Java), dazu kamen auch hinduistische, die mit dem Majapahit-Reich im 13. Jahrhundert ihren Höhepunkt fanden.

Seite 184:
Pura Taman Ayun (Tempel des schönen Gartens), Mengwi, Bali

Nepal – Kathmandu und Patan – Durbar Square

Die etwa eine Million Einwohner zählende Stadt Kathmandu liegt im fruchtbaren und dicht besiedelten Kathmandutal am Fluss Bagmati. In diesem Tal befinden sich in unmittelbarer Nachbarschaft der früheren Königsstadt auch zwei weitere Königsstädte: Patan (heute Lalitpur, ca. 7 km südlich) und Bhaktapur (ca. 10 km östlich, vgl. Seite 186f.); zusammen sind diese drei Städte Weltkulturerbe. Auch die für Hindus bedeutende Stätte Pashupathinath (vgl. Seite 184f.) ist nur wenige Kilometer entfernt. Im Zentrum nepalesischer Königsstädte gibt es einen Durban, einen königlichen Platz, an dem sich die Paläste, aber auch die königlichen Tempel befinden. In Kathmandu selbst befinden sich am Durban verschiedene Tempel in der traditionellen Newari-Architektur (auf steinernem Fundament mehrstöckige Holzaufbauten), darunter der Shiva gewidmete Maju Dega Tempel. In der Zwillingsstadt Patan / Lalitpur, der ältesten Stadt im Kathmandutal, gibt es heute noch etwa 130 hinduistische und buddhistische Tempelanlagen. Der königliche Durbar-Square zeigt hier mit seinen Tempeltürmen und Palästen ein besonders malerisches Bild.

Seite 183:
• Maju-Dega-Tempel, Durbar Sqare, Kathmandu
• Durbar Square, Patan/Lalitpur, Nepal

Nepal

Auf etwa 148 000 km² leben in der Republik Nepal etwa 30 Millionen Menschen (ca. 200 E/km²). Die gegenüber dem südlich gelegenen indischen Bundesstaat Bihar (vgl. Seite 64, dort 1 100 E/km²) vergleichsweise geringe Bevölkerungsdichte liegt an der geografischen Lage des lang gestreckten Landes (ca. 800 km in Ost-West-Richtung, ca. 240 km in Nord-Süd-Richtung) am Südabhang des Himalaya. Vom Tiefland des südlichen Terai steigt das Land über Mittelgebirge (die Hauptstadt Kathmandu liegt auf 1 300 m Höhe) bis zu den Achttausendern des Himalaya (Mount Everest 8 848 m). Nepal ist ethnisch (100 verschiedene Gruppen) wie sprachlich (124 Sprachen) ein Mosaik von indoarischen und tibeto-birmanischen Volksgruppen. 80 % der Bevölkerung bezeichnen sich als Hindus, 10 % als Buddhisten (Lumbini, der Geburtsort Buddhas liegt in Nepal, vgl. »Die Welt des Buddhismus«, Seite 16f.), zudem gibt es eine christliche und eine animistische Minderheit.

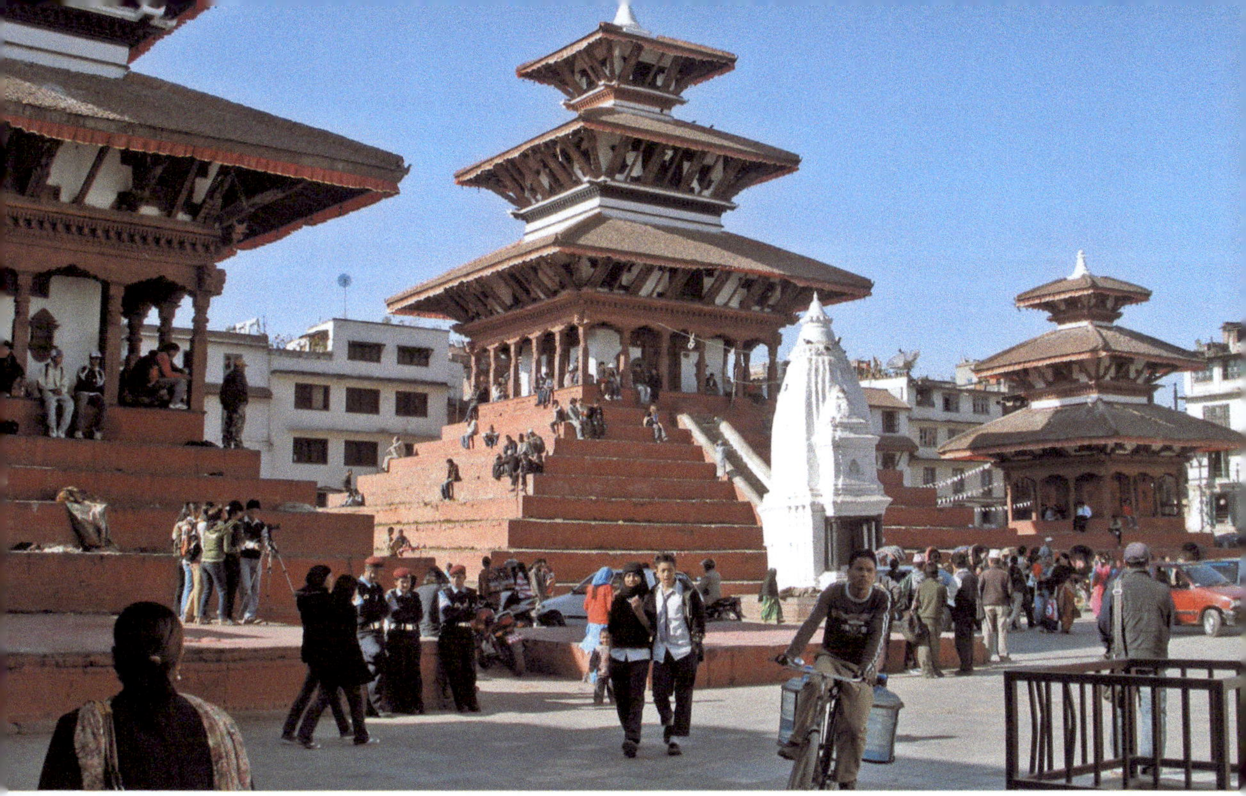

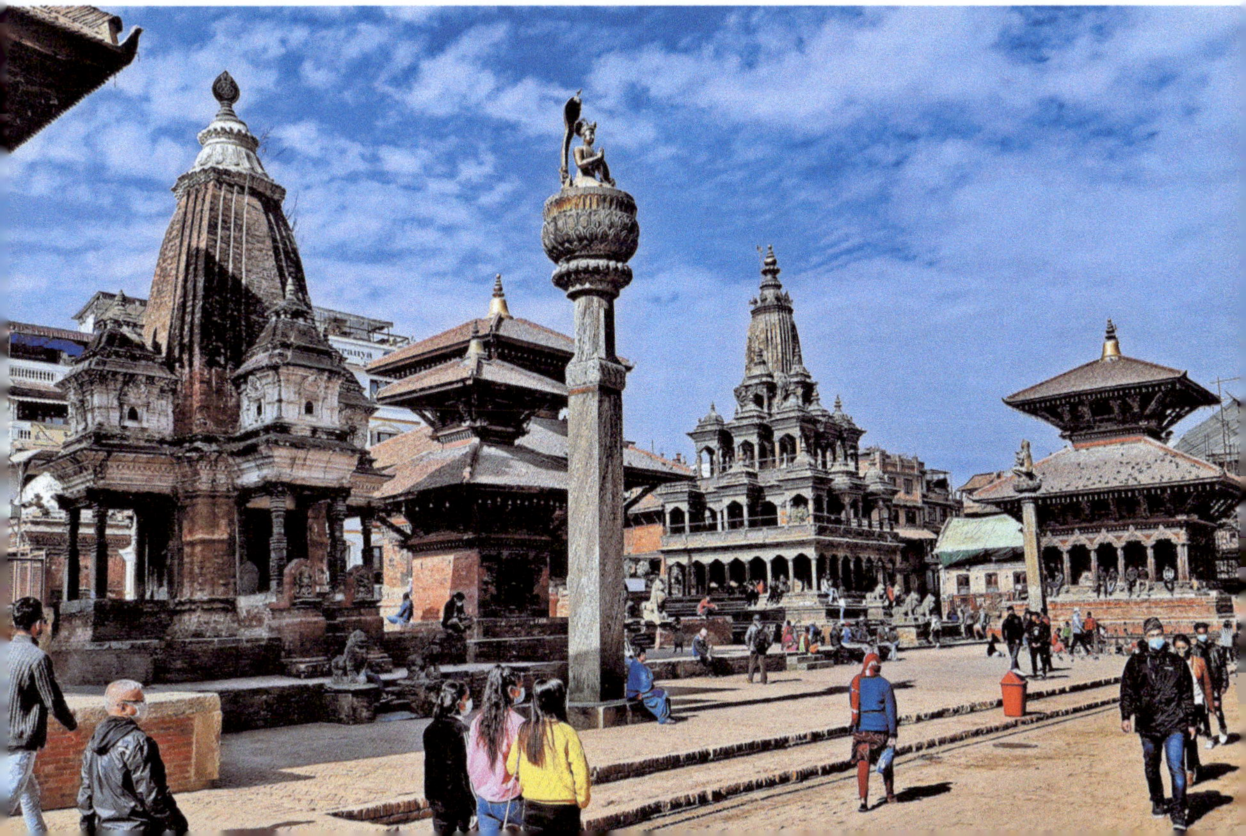

Nepal – Pashupatinath – Shiva–Mandir und Bagmati–Ghats

Der nur wenige Kilometer östlich des Zentrums vom Kathmandu liegende Tempelbereich von Pashupatinath (»Herr aller lebendigen Wesen«) ist nicht nur für Hindus aus Nepal von höchster Bedeutung, zu den Tempeln und den Ghats mit ihren Verbrennungsplätzen am heiligen Fluss Bagmati kommen Pilger aus ganz Indien. Sie verehren hier Shiva, dessen Symbol Lingam auf das Leben von allem hinweist. Den fast zwei Meter großen Lingam im Pashupatinath-Tempel verehren manche sogar als einen weiteren Jyotirlingam (vgl. Seite 26f.), in dem sich die Macht Shiva in höchstem Maß zeigt. Der Tempel wurde erstmals im 6. Jahrhundert errichtet, dann aber immer wieder durch Krieg oder Erdbeben zerstört, doch regelmäßig erneuert. Die heutige Bausubstanz stammt weithin aus dem 14. Jahrhundert, aus der Frühzeit der Malla-Dynastie (1201–1769, Blütezeit 16.–18. Jahrhundert). Der Tempel in typisch nepalesischer Bauweise hat zwei gestufte Dächer, die heute vergoldet sind und deshalb weithin leuchten.

Doch wichtiger als der Tempel ist für die meisten der Abschnitt des Flusses Bagmati, der unmittelbar unter dem Tempel liegt. Die Ghats (Treppen) hinunter zum Fluss werden wie in Varanasi (vgl: Seite 60) nicht nur für das rituelle Bad in einem heiligen Fluss genutzt, sondern vor allem für Kremationen und die entsprechenden Totenrituale. Für Hindus ist die Feuerbestattung vorgeschrieben, die Asche wird einem »lebendigen Wasser« (Fluss, Meer) übergeben. Hier am heiligen Fluss Bagmati sind die *Arya Ghats* für die höheren Kasten, die *Surya Ghats* für die niederen reserviert. Die Sorge um einen Verstorbenen ist vorrangig Sache der nächsten Angehörigen, nicht der Tempelbrahmanen. So ist es auch Brauch, dass der älteste Sohn beziehungsweise der nächste männliche Verwandte das Feuer am Verbrennungsplatz anzündet. Auch die anderen Totenrituale hat er zu vollziehen. Die Kremation soll so rasch wie möglich, spätestens am dritten Tag stattfinden. Der Verstorbene wird mit gelben oder orangen Tücher, dazu Blumengirlanden auf eine Bahre gebettet und in einer kleinen Prozession zur Verbrennungsstätte getragen. Der Scheiterhaufen besteht, wo möglich, aus Sandelholz; die Leiche wird mit Stroh bedeckt und mit Ghee (Butterschmalz) übergossen.

Seite 184:
Kremation am Bagmati-Ghat, Pashupatinath, Nepal

Nepal – Bakhtapur – Tempelstadt

Südöstlich von Kathmandu liegt Bhaktapur (»Stadt der Frommen«) mit 80 000 Einwohnern. Auch diese Stadt war einmal (Teil-)Hauptstadt der Mallas (14.–18. Jahrhundert) und besitzt deshalb eine Fülle von bedeutenden Bauten. Etwa 170 Tempel gibt es in der Stadt, dazu Palastbauten und andere Häuser im traditionellen Stil. Auch Bhaktapur besitzt einen Durbar, allerdings sind die Bauten dort nicht so gut erhalten wie in Lalitpur. Doch auch hier gibt es mehrere herausragende Tempel. Der Kedarnath-Tempel etwa mit seinem hohen, aus Ziegelsteinen gebauten Tempelturm erinnert an den Jyotirlingam-Ort Kedarnath (vgl. Seite 44) im indischen Himalaya mit der Quelle des Ganges. So wird auch hier Shiva in Form eines Lingams verehrt. Direkt daneben ist der zweistöckige, ebenfalls Shiva gewidmete Rameshwar.

Etwas südöstlich liegt der Taumadhi-Square; dort liegt der Bhairavnath-Tempel, der Shiva in seiner schrecklichen Gestalt Bhairava (»Schädelträger«) gewidmet ist. Bhairava trägt eine Kette aus Menschenköpfen. In seiner linken Hand hält er einen noch blutenden menschlichen Kopf, den er mit einem Schlachtermesser gerade abgeschlagen hat. Seine Zunge ist weit herausgestreckt, um das Blut zu lecken, das er in einer Schale auffängt. All diese Attribute begegnen ebenso bei der Göttin Kali, welche die zornvolle Gestalt von Parvati ist, der Gattin Shivas. Gott bzw. Göttin wird hier für den Menschen nicht unbedingt als bedrohlich verstanden, sondern als derjenige/diejenige, welcher/welche die Macht des Bösen mit allen Mitteln bricht und so das Leben im Kosmos sichert. Zum Bhairavnath-Tempel gehört im Frühjahr auch ein Wagenfest (Bisket Jatra), bei dem ein großer hölzerner Ratha (Prozessionswagen) mit dem Bildnis Shivas durch die Straßen der Stadt gezogen wird.

Der Bhairavnath, aber noch mehr der daneben liegende fünfgeschossige Pagodenturm des Nyatapola, dem höchsten Tempelturm in Nepal, zeigt eindrucksvoll die Architektur dieser Bauten: Eine fünfstöckige Terrasse trägt den inneren Teil mit dem Heiligtum, beide sind aus Ziegelsteinen erbaut, darüber erhebt sich der Holzaufbau des Turms. Der Nyatapola ist Siddhilakshmi gewidmet, dem tantrisch-weiblichen Element der erhaltenden Kraft Vishnus.

Seite 187:
Bhaktapur
• Durbar Square
mit links
Kedarnath-Tempel
rechts
Rameshwar-Tempel
• Taumadhi-Platz
mit links
Nyatapola-Tempel
mit fünfstufiger
Pagode,
rechts
Bhairava-Tempel,
hinten erste Berge
des Himalaya

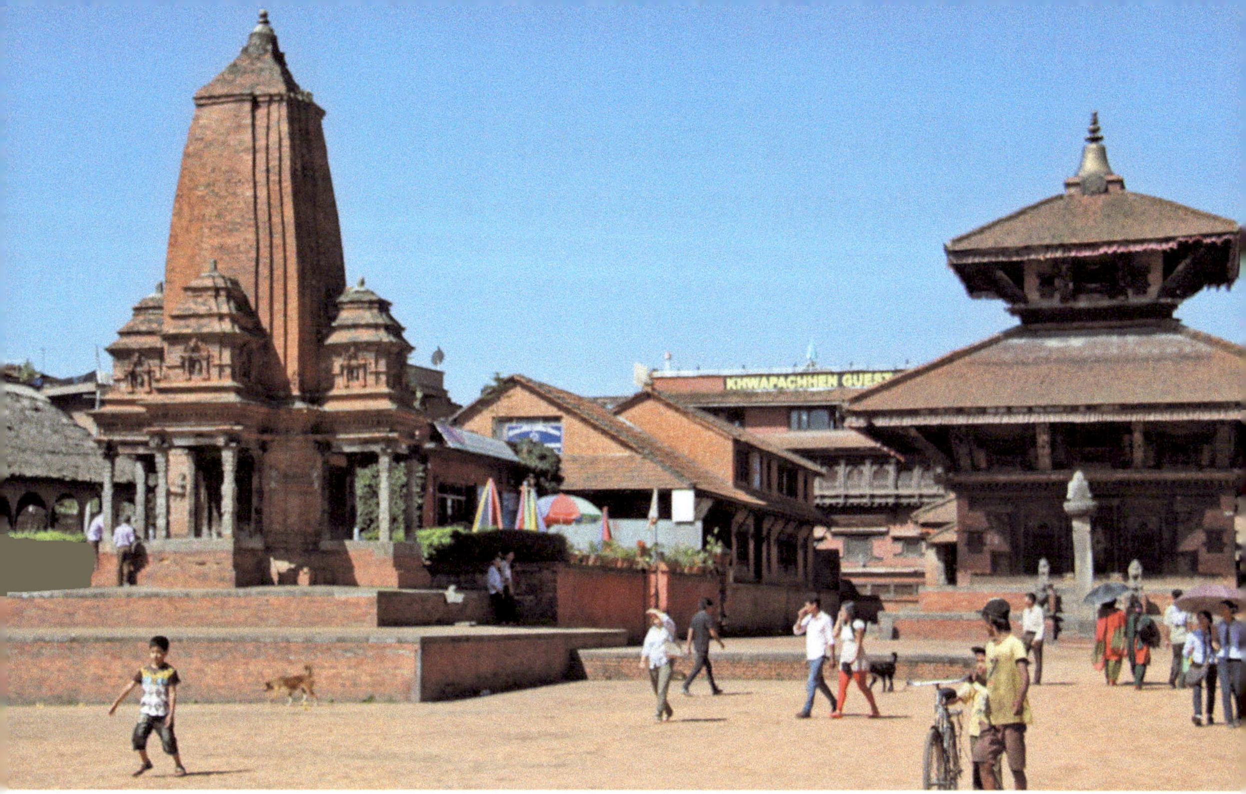
KHWAPACHHEN GUEST

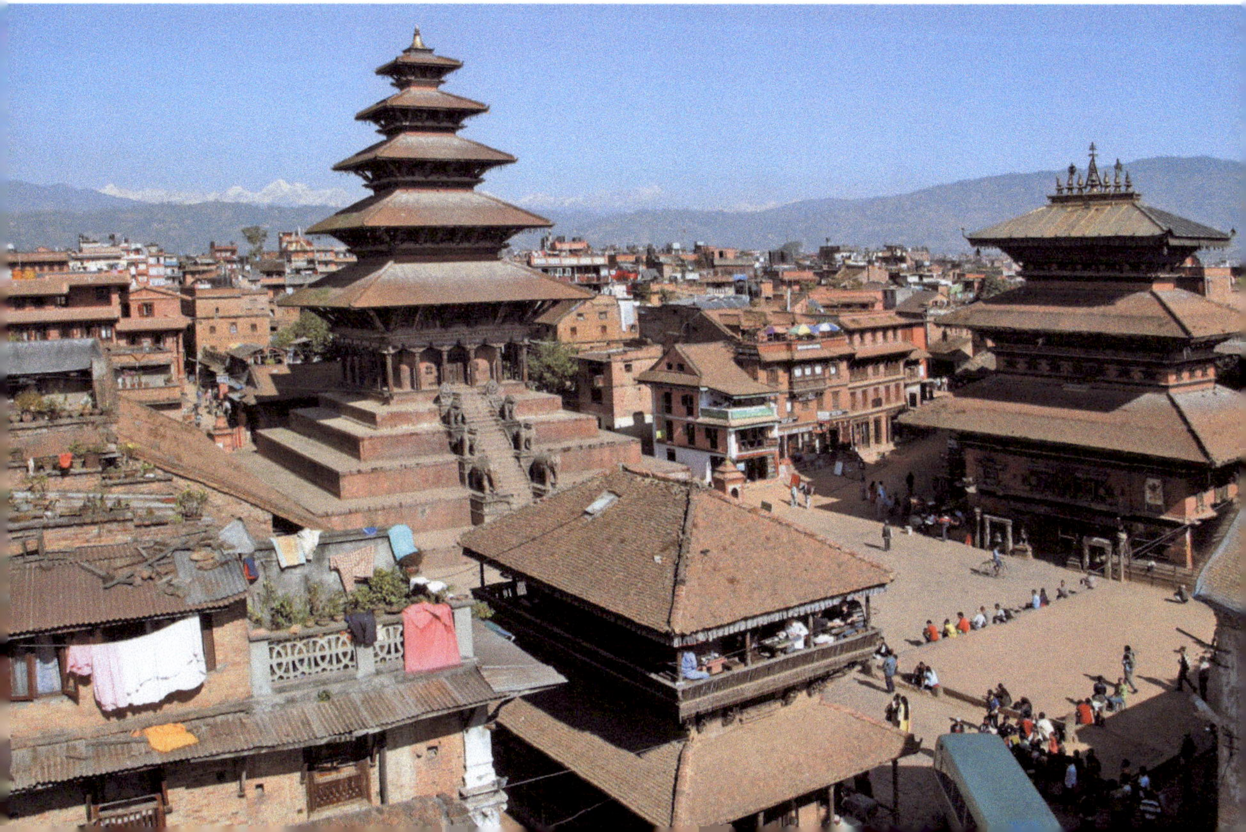

Sri Lanka – Colombo
Subrahmanyaswamy–Tempel

Colombo ist mit 800 000 Einwohnern und als größte Stadt mit dem bedeutendsten Hafen de facto Hauptstadt von Sri Lanka (seit 1982 ist es de jure der Vorort Jayewardenepura Kotte 10 km südöstlich). Seit dem 5. Jahrhundert ist Colombo eine Hafenstadt, wo sich vor allem arabische Kaufleute ansiedelten (ab dem 7. Jahrhundert waren sie Muslime). Im 16. Jahrhundert eroberten die Portugiesen das westliche Küstengebiet der Insel und nannten die Stadt Kolamba (Sinhala = »Hafen«), die Insel Ceylão (Ceylon). 1656 übernahmen die Niederländer die Kolonie, 1796 die Briten. 1948 wurde Colombo Hauptstadt eines unabhängigen, ab 1972 Sri Lanka (»ehrenwerte Insel«) genannten Staates. Stärker als im übrigen Land ist die Bevölkerung in der Stadt ethnisch, sprachlich und religiös gemischt: 41 % Singhalesen, 29 % Tamilen, 24 % Moors (= portugiesischer Name für die Muslime hier [entspricht Mauren auf der spanischen Halbinsel]). Deshalb findet man über die ganze Stadt verteilt sowohl buddhistische und hinduistische Tempel als auch Moscheen und Kirchen.

Seite 189:
• Gopuram des Subrahmanya-swamy-Tempel (Murugan-Tempel), Colombo
• Trommler bei Puja
• Brahmane bei Feuerritual

> ### Sri Lanka
> Südöstlich des indischen Bundesstaates Tamil Nadu liegt der Inselstaat Sri Lanka (kolonialer Name Ceylon). Die 65 000 km² große Insel (430 km in Nord-Süd- und 220 km in Ost-West-Richtung) hat heute 22 Millionen Einwohner. 75 % sind indoarische Singhalesen, welche die indoarische Sprache Sinhala sprechen, sie sind fast alle Theravada-Buddhisten. Im Norden und Osten, aber auch im Bergland von Nuwara Eliya (Teeplantagen) und in der Hauptstadt Colombo, leben 15 % dravidische Tamilen, die Tamil sprechen und weithin Hindus sind. Zwei Drittel davon sind ceylonesische Tamilen, die seit Jahrhunderten auf der Insel leben, die anderen wurden von den Briten im 19. Jahrhundert als Arbeiter in die Plantagen des Hochlands gebracht. 9 % der Bevölkerung sind tamilisch sprechende, muslimische Moors; zudem gibt es bei Singhalesen und Tamilen kleine christliche Minderheiten. Zwischen Singhalesen und Tamilen gab es zwischen 1983 und 2009 einen Bürgerkrieg, auch danach gibt es weiterhin ethnische Konflikte.

Der Sri-Shiva-Subrahmanyaswamy-Tempel liegt zwei Kilometer nordöstlich des Forts von Colombo. Er ist dem Sohn Shivas geweiht, dem Kriegsgott, der unter den Namen Karttikeya (Benennung in Nordindien), Skanda oder Murugan (in Südindien) bekannt ist. Er wird oft mit sechs Köpfen (vgl. die mittlere Figur im Gopuram) dargestellt. Das bedeutet, dass er das Ego des Menschen überwindet mit dessen fünf Sinnen und dem Verstand. Wegen seines Kampfes gegen das eigene Ego wird er auch Subrahmanya, der »Beschützer der Weisheitssucher« genannt. Der mit bunten Federn überreich geschmückte Pfau ist sein Reittier. Im Murugan-Tempel ist viel Betrieb, ständig werden Pujas mit Trommelmusik und Feuerritualen für Besucher abgehalten.

Sri Lanka – Matale
Muthumariammam–Tempel

30 km nördlich der alten (bis 1815) Königsstadt Kandy liegt der kleine, 40 000 Einwohner zählende Ort Matale im mittleren Bergland von
Sri Lanka. In diesem Gebiet gibt es viele Gewürzgärten, auch Kokospalmen und Kakao- bzw. Kautschukplantagen. In Matale sind zwei
bedeutende religiöse Orte. Zum einen sind es der Felsentempel und
das buddhistische Kloster Aluvihara, in dem 80 v. Chr. zum ersten
Mal die bislang nur mündliche überlieferten Reden und Lehren Buddhas auf Palmblätter aufgeschrieben wurden. Zusammen mit einem
nun ebenfalls aufgezeichneten Kommentar und den buddhistischen
Ordensregeln ist im Kloster Aluvihara der Tripitaka entstanden, der
Dreikorb fundamentaler buddhistischer Texte.

Zum anderen ist es der 1874 erbaute und überaus bunt verzierte
Muthumariammam-Tempel (auch Sri Muthumari Amman Kovil)
mit einem 33 m hohen Gopuram (dem höchsten in Sri Lanka) und
seinen vielen Götterfiguren in leuchtenden Farben, der hier als ein
Beispiel für hinduistisch-tamilische Tempel in Sri Lanka aufgeführt
wird. Er ist Mariammam gewidmet, einer Göttin, die in der tamili-
schen Bevölkerung Südindiens, Sri Lankas, zudem bei den Tamilen
in Singapur und Bangkok (vgl. Seite 198) hoch verehrt wird. Viele
regionale Gottheiten des Hinduismus sind später in die großen Götterfamilien integriert worden, so wurde Mariammam auch mit Durga, der machtvollen Erscheinungsform von Shivas Gattin Parvati,
identifiziert, also in den shivaitischen Götterkreis eingeordnet. Doch
findet man im Tempel von Matale auch Gestalten aus dem vishnu-
itischen Götterkreis, etwa den Affengeneral Hanuman, dessen Gestalt sich hier die Brust aufreißt und in dessen Herz Rama, Sita und
Lakshmana sichtbar werden. Durga (= die schwer Zugängliche) zeigt
sich nicht nur mit unterschiedlichen Eigenschaften wie Güte oder
Grausamkeit, sie erscheint auch als oberste Devi, die sich in mehreren Erscheinungsweisen manifestiert. So kann sie als gütige Parvati
erscheinen oder als grausame Chamunda (vgl. Seite 142f.). In Südindien ist sie auch Minakshi (vgl. Seite 176f.). Durga kann mit ihrer
göttlichen Kraft Leben schenken oder Leben nehmen. Damit ähnelt
sie dem zerstörenden und zugleich neu schaffenden Shiva Nataraja.

Seite 190:
- Muthumariam-
  mam-Tempel
  (Durga-Tempel)
- Mariammam
  auf Pferd
- Mariammam
  auf Löwe
- Mariammam
  auf Pfau
  von Murugan
  und auf Nandi
  von Shiva
- Shiva und
  Mariammam
  tanzen
  zusammen mit
  anderen Göttern
Matale
Sri Lanka

Kambodscha – Angkor Wat

Das Gebiet von Angkor war vom 9. bis 15. Jahrhundert das Zentrum des Khmer-Reiches. Durch Bewässerungsanlagen gab es bis zu drei Reisernten im Jahr, was die Stadt mit bis zu einer Million Einwohnern reich machte und umfangreiche Bauwerke entstehen ließ. Jeder König schuf einen eigenen Palast (da aus Holz gebaut, nur noch in Fundamenten ersichtlich), vor allem aber steinerne Tempel, von denen heute mehr als 200 erhalten sind. Der größte dieser Tempel und zugleich das größte religiöse Bauwerk der Welt (auf 1,5 x 1,3 km Fläche) ist Angkor Wat (*wat* = Tempel). König Suryavarman I. (benannt nach dem Sonnengott Surya, † 1050) ließ hier bereits einen Vishnu-Tempel bauen; einer seiner Nachfolger, Suryavarman II. (1095–1150) erweiterte diesen Tempel zu einem riesigen Bauwerk, das wahrscheinlich (da Ost-West-Richtung, also Todesrichtung des Gottes Yama) sein Totentempel gewesen ist. Der von einem knapp 200 m breiten Wassergraben umgebene Tempelberg symbolisiert den heiligen Berg Meru zusammen mit dem ihn umgebenden Weltenozean. Eine Fülle von Reliefs im Innern zeigt die hinduistische Mythologie.

Kambodscha

Das Königreich Kambodscha ist heute ein kleines Binnenland in Südostasien (181 000 km² mit 17 Millionen Einwohner); die Bevölkerung ist weithin theravada-buddhistisch. Doch im 9.–13. Jahrhundert war dieses Gebiet das Zentrum eines großen Reiches der Khmer, es war die beherrschende Macht in Südostasien. Schon zuvor gab es im Gebiet des heutigen Kambodscha die bedeutenden Reiche Chenla und Funan. Die Religion Kambodschas war nach animistischen Anfängen (Besiedlung seit dem 5. Jahrhundert v. Chr.) ursprünglich der Hinduismus. Erst um 1200 erfolgte eine Konversion zum Mahayana-Buddhismus, später zum Theravada. Somit sind auch die ersten Jahrhunderte des Khmer-Reiches von Hinduismus geprägt. Dies wird in den vielen Tempeln der frühen und mittleren Zeit von Angkor deutlich, auch an Angkor Wat, dem größten unter den hinduistischen Bauwerken. Erst ab 13. Jahrhundert überwiegen buddhistische Bauten (Angkor Thom mit dem Bayon-Tempel und andere).

Seite 193:
• Angkor Wat, Angkor
• Modell von Angkor Wat in Silberpagode, Phnom Penh, Kambodscha

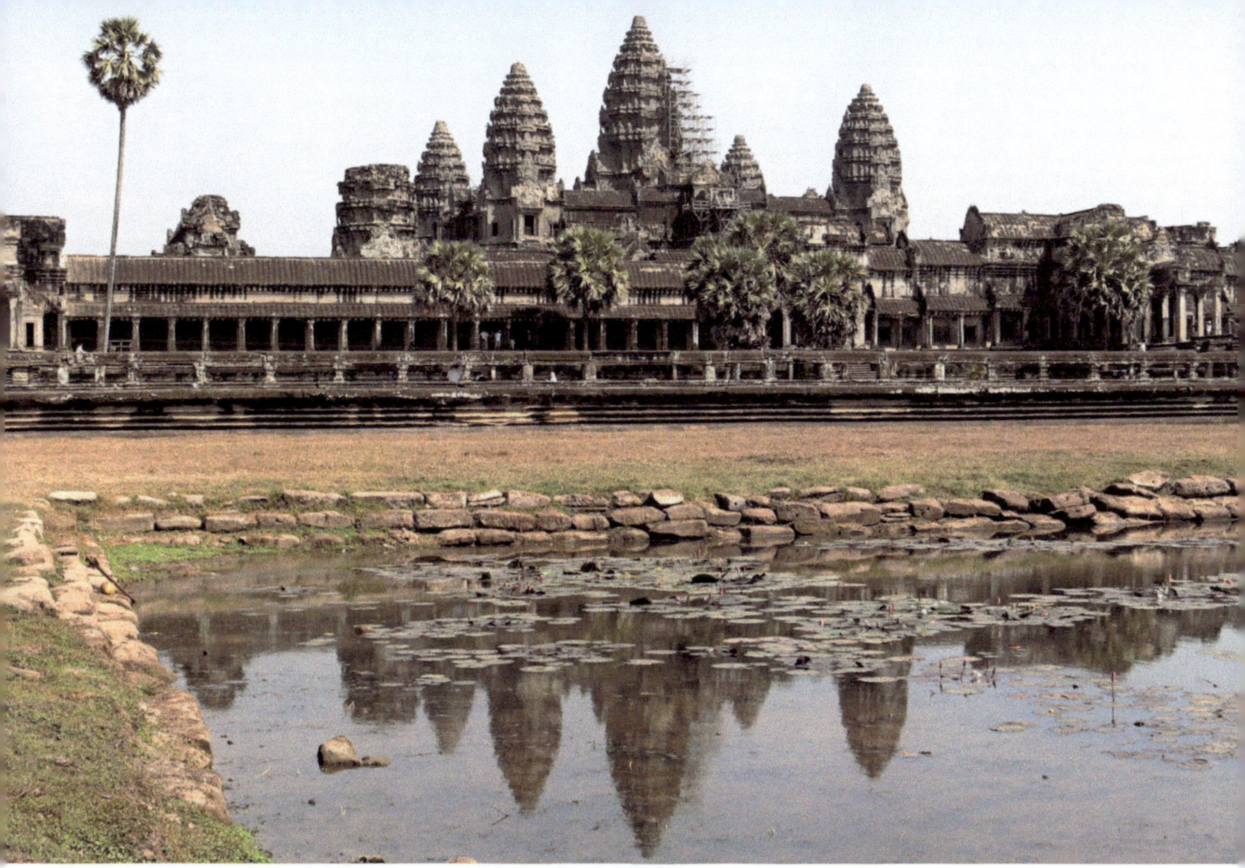

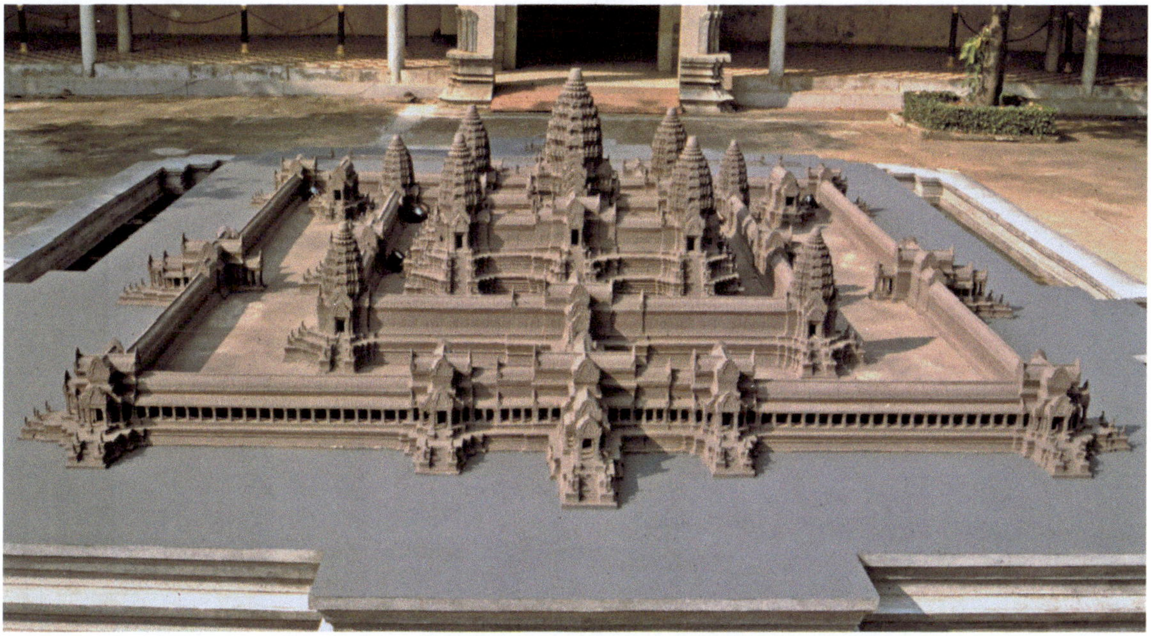

Kambodscha – Bantey Srei

Um das Jahr 800 nach Christus erklärte König Jayavarman II. (ca. 770–850) auf dem 40 km nordöstlich von Angkor liegenden Berg Phnom Kulen seine Unabhängigkeit von der javanischen Shailendra-Herrschaft und gründete das Khmer-Reich. Die Hauptstadt auf dem Phnom Kulen wurde Mahendrapura genannt und mit Tempeln für Shiva und Vishnu ausgestattet. Etwa hundert Jahre später wurde der Berg verlassen; König Indravarman I. (877–890) baute in der fruchtbaren Tiefebene nördlich des Tonle-Sap-Sees eine neue Hauptstadt, Hariharalaya (*harihara* = Verbindung von Vishnu und Shiva). Was dort im Gebiet Roluos mit ersten Tempeln begann, führte dann unter den folgenden Königen zur Entwicklung einer Millionenstadt mit einem ausgeklügelten Bewässerungssystem und künstlichen Seen (Baray), hölzernen Palästen und steinernen Tempeln – die Tempellandschaft von Angkor entstand vor allem zwischen 900 und 1300.

Diese Tempel, die nach dem Untergang des Khmer-Reiches (Eroberung von Angkor 1431 durch das thailändische Königreich Ayutthaya) an Bedeutung verloren (Konversion vom Hinduismus und Mahayana-Buddhismus zum Theravada-Buddhismus), waren von Königen errichtet worden, die damit ihre Bedeutung als Devaraja (Gottkönig) ausdrücken wollten. Die einzige Ausnahme im Umfeld von Angkor ist der Tempel Banteay Srei (= »Zitadelle der Schönheit«, 30 km nordöstlich in Richtung Phnom Kulen). Dieser nicht sehr große, aber wunderschön dekorierte Tempel wurde von zwei reichen Brahmanen, Yajnavaraha und seinem Bruder Vishnukumara, im Jahr 967 erbaut. Gegenüber den riesigen Bauwerken der Angkor-Könige (etwa Bayon oder Ta Prohm, von Angkor Wat ganz zu schweigen) erscheint Banteay Srei als Miniaturtempel von etwa 100 x 100 Meter Größe, aber von ausgesuchter Schönheit. Das Heiligtum besteht aus drei Tempeltürmen (vgl. das Foto), davor liegt eine Halle für die Gläubigen (Mandapa). Diese Architektur ist wie üblich, das aus dem Sandstein herausgeschlagene Dekor aber nicht. Eine Fülle von Gottheiten ist sichtbar: Beginnend mit den Göttern der Frühzeit wie Indra über die Götterfamilien der damaligen Zeit wie Vishnus Frau Lakshmi oder Vishnus Avatara bis hin zu allerlei Dämonen und mythischen Tierwesen ergibt sich ein überreiches Bild.

Seite 194:
Bantey Srei, Angkor
links
- Gesamtanlage mit drei Prasad (Tempeltürmen)
- Reliefs zum Khmer-Reich
- Elefanten gießen Wasser über Gajalakshmi
rechts
- Eine Cella
- Der Gott Indra auf Airavati, dem dreiköpfigen Elefanten
- Narasimha (4. Avatara Vishnus) überwindet den Dämon Hiranyakashipu

Champa – Tempel der Cham

Die nördliche Grenze der Cham begann südlich von Hue, der späterer Kaiserstadt, dort lag ihre Stadt Indrapura (Stadt des Indra). Weiter südlich und westlich von Hoi An liegt My Son (»Schöner Berg«), einer der wichtigsten Orte der Cham und Weltkulturerbestätte. Nach Süden erstreckte sich das Champa-Gebiet bis etwa zur Küstenstadt Nha Trang, dort aber auch weiter ins Landesinnere. In My Son sind etwa 70 Tempel teilweise erhalten, im Vietnamkrieg allerdings wurden viele in dem hier stark umkämpften Gebiet durch Bomben beschädigt oder zerstört. Nur teilweise konnten sie bisher wieder rekonstruiert werden. Doch wird in My Son wie auch in den kleineren archäologischen Gebieten weiter südlich die Anbindung der Champa-Reiche an den Hinduismus, an hinduistische Tempelbauarchitektur und an hinduistische Rituale sehr deutlich. Die aus Ziegelsteinen erbauten Tempel bestehen in der Regel nur aus einem Tempelturm, manchmal mit Tonnendach, eine davor gebaute Halle fehlt meistens, oder ist nur in einem kleinen Ansatz erkennbar. Nur wenige Figuren, bedingt durch den Ziegelsteinbau, schmücken diese Tempeltürme.

Seite 197:
oben
Zwei Cham-
Tempel
in Nha Trang
unten
Cham-Tempel,
Block C,
My Son,
Vietnam

Vietnam
Auf 332 000 km² leben heute in dem am Golf von Tonkin und dem Südchinesischen Meer langgestreckten Land (Nord-Süd-Ausdehnung 1 000 km) etwa 100 Millionen Menschen. Dabei waren das Volk der Viet bis etwa zum Jahr 1000 ein von China beherrschtes Volk im Norden im Delta des Roten Flusses. Erst 939 gewannen sie die Unabhängigkeit und erweiterten ihr neues Königreich in der Folge zunehmend nach Süden bis zum Mekongdelta. Bei diesen Eroberungen besiegten die aufgrund des Einflusses von China mahayana-buddhistischen Viet die Gebiete von Champa, wo die Cham lebten, Volksgruppen aus dem malayischen und polynesischen Raum mit austronesischen Sprachen. Champa war im 10–11. Jahrhundert eine bedeutende Macht, die sogar die Herrschaft der Khmer (Angkor) bedrohte. Die Cham-Völker waren Hindus (heute sind die verbleibenden Minderheiten Muslime), die wie im Khmer-Reich und im Sailendra-Reich von Java (760–860) vor allem Shiva und Ganesha verehrten.

Singapur/Bangkok – Little India

Menschen aus Indien und damit auch ihre Religion, der Hinduismus, blieben nicht nur im Kernland, in Indien selbst. Immer hat es Wanderungsbewegungen gegeben, heute sind meist die USA und Europa (vor allem Großbritannien), dazu die arabischen Golfstaaten das Ziel gut ausgebildeter Inder. In der Geschichte der letzten 2 000 Jahre aber wanderten vor allem Tamilen der Südostküste, dazu auch Gruppen aus anderen indischen Gebieten nach Südostasien (ein weiterer Weg führte zur Ostküste Afrikas und nach Südafrika). Dies waren vor allem Händler, die an einem Warenaustausch interessiert waren, damit aber auch ihre Kultur und Religion in andere Regionen brachten. So findet man heute in vielen Ländern, vor allem den Großstädten dort, indische Bevölkerungsanteile, die dem Hinduismus (teilweise wie vor allem die Textilhändler auch dem Sikhismus) anhängen. Enklaven mit indischstämmiger Bevölkerung werden »Little India« genannt, oft sind diese Händler und Handwerker bereits seit mehreren Generationen in der Fremde ansässig. Hier werden nur zwei südostasiatische Orte aufgeführt:

In *Singapur* (6 Millionen Einwohner auf ca. 730 km²) mit seiner multiethnischen Bevölkerung (77 % Chinesen, 13 % Malaien, 8 % Inder) leben die Religionen in weithin friedlicher Koexistenz dicht nebeneinander. Little India ist ein Viertel mit der Seragoon Road in der Mitte, in dem es mehrere Hindutempel im südindischen Stil gibt, denn die meisten indischen Migranten stammten ursprünglich aus Tamil Nadu. So wird hier auch die Göttin Mariammam verehrt (vgl. Seite 191), allerdings weniger als friedvolle Parvati oder machtvolle Durga, sondern als schreckliche Kali.

In *Bangkok*, der Hauptstadt Thailands herrscht wie in ganz Thailand der Theravada-Buddhismus vor. Doch es gibt auch ganz offiziell Bezüge zum Hinduismus. Die seit 1782 regierende Chakri-Dynastie greift zu ihrer Legitimierung das hinduistische Devaraja-Prinzip auf (Gottkönigtum); die Brahmanen des Bot Phram (Devasathan) führen königliche Rituale aus. Im Händlerviertel Little India (Nähe Chinatown) herrschen zwar Sikhs als Textilhändler vor, doch gibt es in der ganzen Stadt diverse hinduistische Tempel, etwa der Sri Mariammam-Tempel oder Wat Witsanu (Vishnu) im Stadtteil Sathon.

Seite 198:
oben
Little India, Singapur,
• Statue der Kali, Sri Vadapathira Kaliammam-Tempel
• Sri Veerama Kaliammam-Tempel
unten
Bangkok, Thailand
• Phahurat-Markt (Little India) Verkäuferin mit Figuren von Ganesha und Parvati
• Sri Maha Mariammam-Tempel, Silom Road

Java – Prambanan

Zwischen den für die indonesische Kultur und auch Wissenschaft bedeutenden Städten Yogyakarta (400 000 Einwohner) und Surakarta (600 000 Einwohner) und etwa 50 km östlich vom buddhistischen Meditationsberg Borobudur liegt die größte hinduistische Tempelanlage des Inselstaates in der Mitte der zentralen Insel Java: Candi (= Tempel) Prambanan, eine Weltkulturerbestätte. Erbaut wurde die Anlage mit drei großen Schreinen (Tempeltürmen) und 237 kleineren Tempeln und Schreinen (die nicht alle erhalten sind) in der Mataram-Zeit um das Jahr 850. Die drei großen Tempel sind der Trimurti gewidmet, den drei Göttern Shiva, Vishnu und Brahma, dabei ist Shiva wie auch sonst im südostasiatischen Hinduismus zentral, sein Turm ist 47 m hoch, die der beiden anderen Götter nur 20 m (Brahma) und 33 m (Vishnu). Vor den Candi dieser großen Götter sind die Candi ihrer Vahana, ihrer Reittiere: Nandi, Garuda und Hamsa. Zehn weitere kleinere Schreine liegen auf der erhöhten Plattform, darunter waren die 224 in vier Reihen symmetrisch geordneten Miniaturschreine.

Indonesien

Indonesien ist mit ca. 230 Millionen sunnitischen Muslimen der Staat mit der größten islamischen Bevölkerung (vor Pakistan und Indien). Auf einigen der 17 500 indonesischen Inseln herrscht das Christentum vor (etwa Flores und Timor), auf anderen der Hinduismus (etwa Bali und Lombok). Diese Religionsverteilung war nicht immer so. Im ersten Jahrtausend nach der Zeitenwende gewannen Hinduismus und Mahayana-Buddhismus großen Einfluss, der zu dem buddhistischen Reich Srivijaya (Blütezeit 7.–11. Jahrhundert, Zentrum Sumatra) und dem hinduistischen Reichen Sailendra (760–860) und Mataram (732–1045), dazu Majahapit (13.–16. Jahrhundert), alle auf Java, führte. Aus der Zeit der großen Reiche stammen die archäologischen Stätten Prambanam (hinduistisch) und Borobudur (buddhistisch) auf der Insel Java. Auf Bali und teilweise auf dem benachbarten Lombok hat sich eine eigene Form des Hinduismus bewahrt, in dem ältere lokale Traditionen und animistische Religionsformen eine einzigartige Mischung mit dem Hinduismus eingehen.

Seite 201:
Prambanan,
Java,
Indonesien

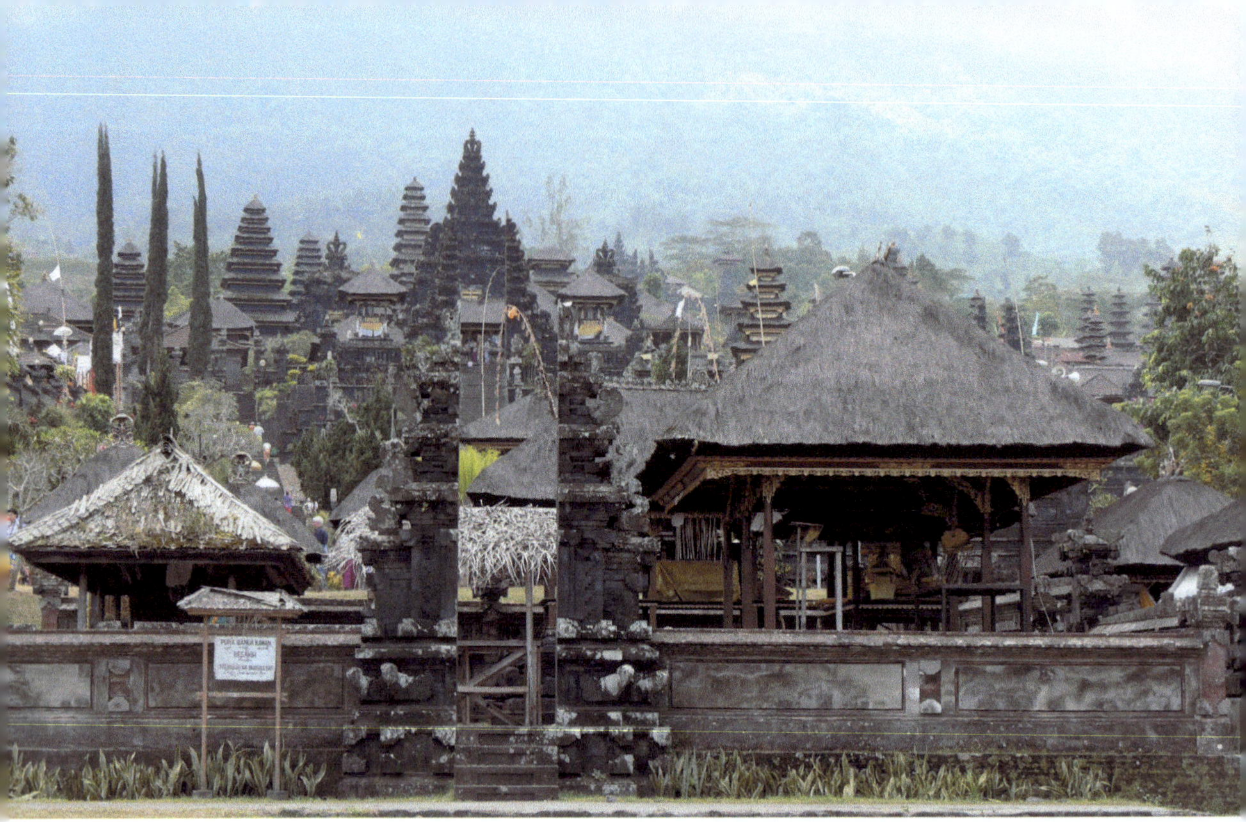

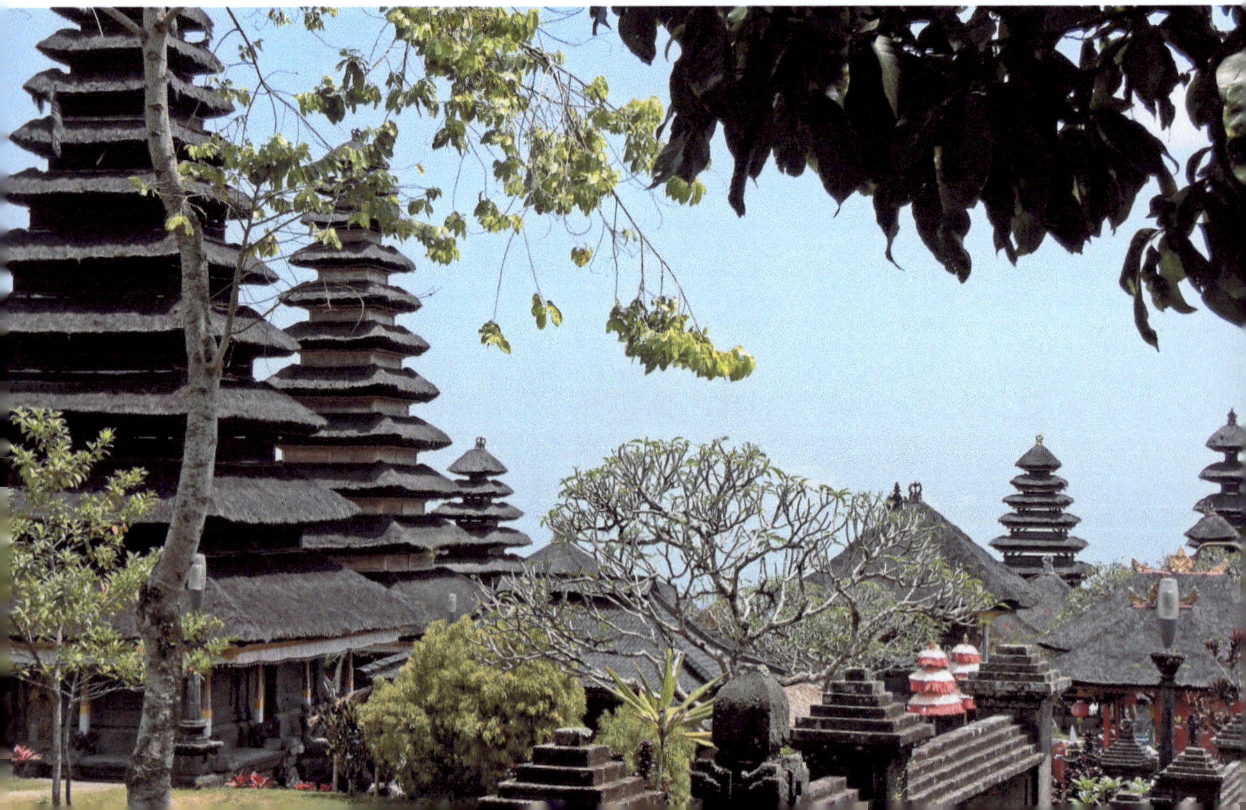

Bali – Pura Besakih

Auf der Insel Bali unmittelbar östlich der Hauptinsel Java mit ca. 5 600 km² leben knapp sechs Millionen Menschen. Der Norden der Insel ist gebirgig, hier sind verschiedene Vulkane, die auch in jüngster Zeit (2018) tätig waren. Der höchste ist mit 3 142 m Höhe der Gunung Agung (»Großer Berg«), der für Balinesen auch religiöse Bedeutung hat, weil er als Wohnsitz der Götter verstanden wird (gleichsam der balinesische Kailash oder Berg Meru, der Weltenberg). Der Süden der Insel ist flacher und wird intensiv landwirtschaftlich (Nassreisanbau) genutzt. Hier liegt auch die Inselhauptstadt Denpasar (= »zentraler Markt«) mit inzwischen 700 000 Einwohnern, aber auch Orte wie Ubud, die intensiv das Kunsthandwerk pflegen. Zudem gibt es an den Küsten Badeorte für die zahlreichen Touristen vor allem aus Australien, aber auch aus Amerika und Europa.

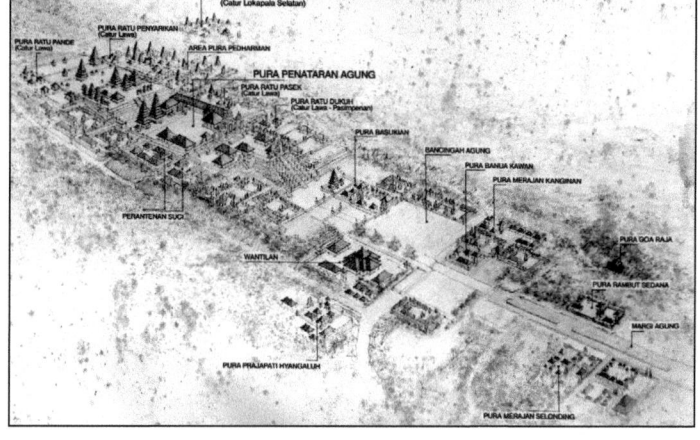

Lageplan von Pura Besakih

Am Südwestabhang des Gunung Agung liegt auf 950 m Höhe der Haupttempel des balinesischen Hinduismus, der Pura (= Tempel) Besakih, eine ganze Tempelstadt von über 200 Bauwerken, die sich den Berghang hinaufzieht. Hoch ragen die mehrgeschossigen Tempeltürme *(meru)* auf, die Geschosszahl ist immer ungerade und richtet sich nach der Bedeutung des im Schrein verehrten Gottes. Wichtigster Gott ist hier wie überall auf Bali der Sanghyang Widhi Wasa (»der nicht Darstellbare, der Göttlich-Eine«), der als Dreigesicht (Trimurti) von Shiva, Vishnu und Brahma verstanden wird. Viele Dorfgemeinschaften haben ihren eigenen Tempelbereich im Zentraltempel Pura Besakih, deshalb finden hier ständig Pujas statt, in denen die Hauptgötter, aber auch lokale Gottheiten mit bunten Gabenprozessionen, hoch aufragenden Fahnen, weißer Kleidung und Opfergaben (Früchte, Blumen, Wasser …) verehrt werden.

Seite 202:
Pura Besakih, Bali, Indonesien

Bali – Tirta Empul und Goa Gajah

Neben den großen Tempelanlagen (vgl. Seite 203 und 206) und neben den Dorftempeln (meist drei am Eingang, in der Mitte und am Ausgang eines jeden Dorfes) kennt der balinesische Hinduismus auch verschiedene besondere Stätten. Dies können wie in Gunung Kawi (errichtet 10.–11. Jahrhundert) Gedenktempel für die bedeutenden Herrscher sein. Hier aber sollen zwei Stätten aufgeführt werden, die mit den allgemein menschlichen Symbolen Wasser (Leben spendend, reinigend) und Höhle (Geborgenheit wie im Mutterschoß, zugleich Kontrast zwischen Dunkelheit und Licht) zusammenhängen.

Tirta Empul ist ein Quellheiligtum ca. 15 km nördlich der Kunst- und Handwerkerstadt Ubud. Der alte Gott Indra (in frühen hinduistischen Zeiten der mächtigste Gott, heute ist es Shiva) kämpfte an dieser Stelle gegen den dämonischen König Mayadanawa. Um den König zu überwinden schuf Indra eine Quelle, aus der der Fluss Pakwerisan entsprang und den König wegspülte. Diese Quelle ist heute das Quellheiligtum (aus dem Jahr 960), in dem Pilger aus ganz Bali baden, um die heilende Kraft des Göttlichen im Wasser der Quelle zu erfahren. Zwei große Wasserbecken stehen dafür bereit, in die die Gläubigen nach Gebet und vorbereitenden Ritualen steigen. Sie bringen Opfergaben mit: Blumen und Früchte, alles schön dekoriert. An den verschiedenen Ausflüssen der Quelle legen sie kunstvoll gesteckte Gaben nieder und stecken Räucherstäbchen hinein. Dann tauchen sie unter das »Leben spendende Wasser« des Gottes Indra.

Goa Gajah liegt nur 14 km südlich vom Quellheiligtum und 5 km östlich von Ubud. Die sogenannte Elefantenhöhle aus dem 11. Jahrhundert war wohl ursprünglich ein Rückzugsort für hinduistische Asketen oder auch buddhistische Mönche, darauf deuten die Liegeplätze im Inneren der Höhle hin. Vor der Höhle dient ein ummauertes Wasserbecken der Reinigung, bevor man durch das Maul eines Dämonen das Höhleninnere betritt. Im westlichen Verständnis würde man diesen dämonischen Zugang eher als Tor zur Hölle verstehen, doch im Inneren findet man einen dreifachen Lingam (für Trimurti = Sanghyang Widhi Wasa) und eine Ganesha-Figur – dies deutet auf Rettung durch die göttliche Macht hin. Die Höhle verlässt man demnach wieder mit dem Segen der mächtigsten Gottheit.

Seite 205:
• Tirtal Empul
• Goa Gaja

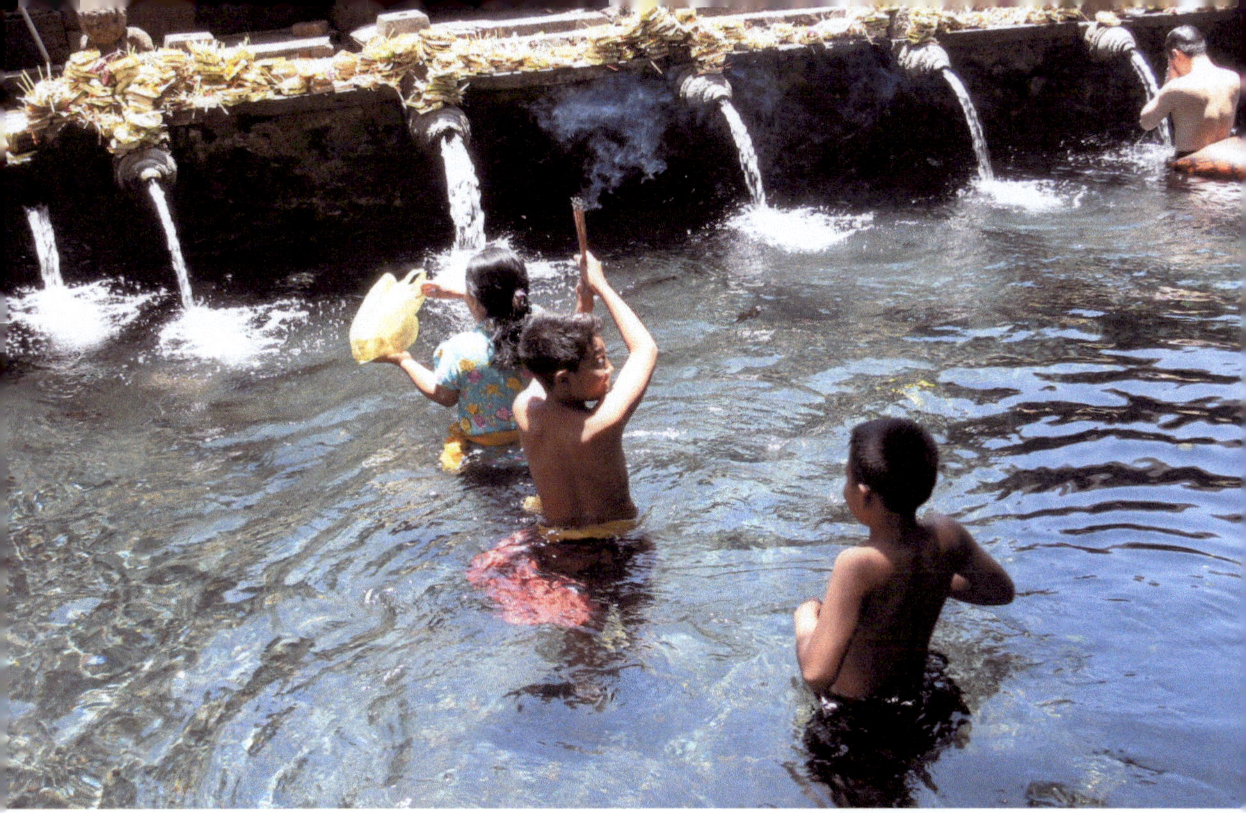

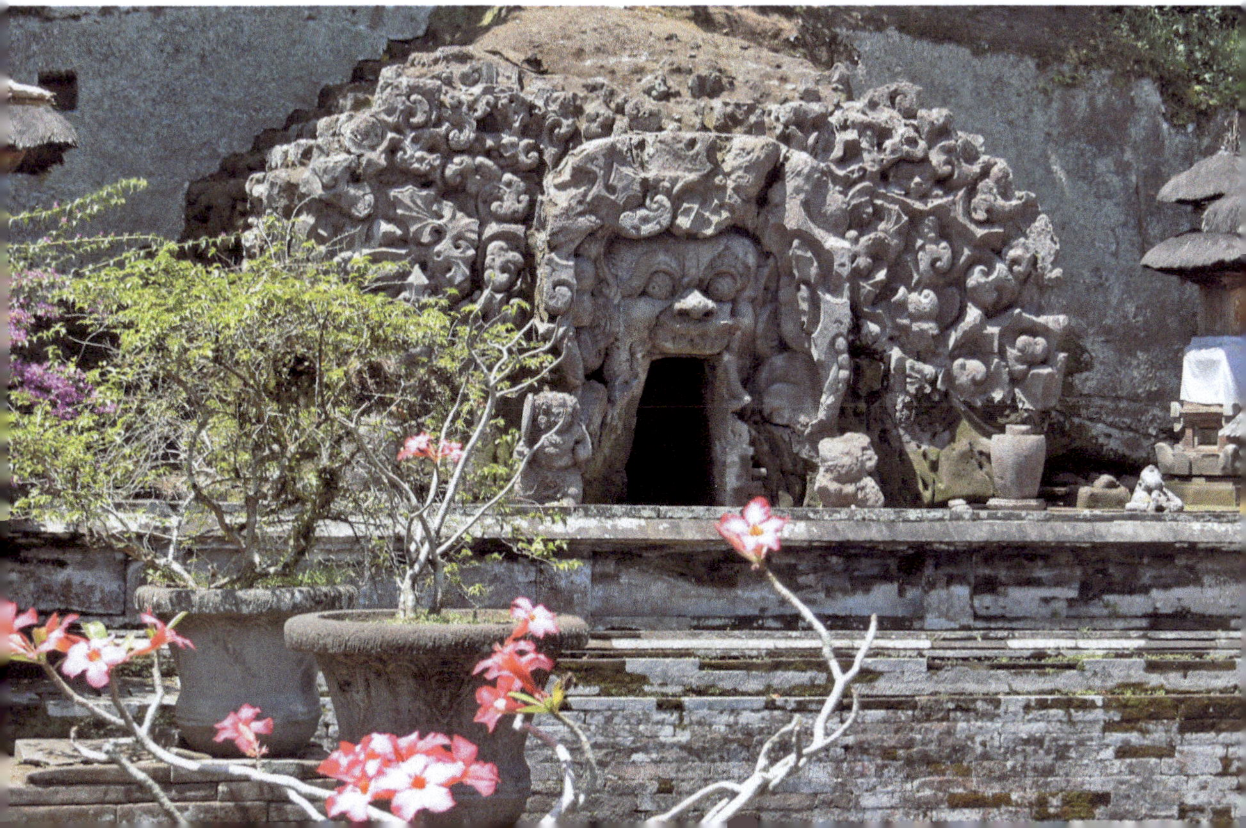

Bali – Fünf Pilgerheiligtümer

Sanghyang Widhi Wasa, gleichgesetzt mit Shiva, Vishnu und Brahma, ist auf Bali der höchste Gott. Doch auch das weibliche Prinzip des Göttlichen (Shakti, Devi) hat seinen Platz in der balinesischen Götterwelt. Die Reisgöttin Dewi Sri (auch Cili) ist eine Verkörperung von Vishnus Gattin Lakshmi, der Göttin der Schönheit und des Reichtums. Zudem spielen viele andere Götter und Dämonen auf Bali eine Rolle. Bali ist die religiöse Insel schlechthin; überall gibt es die großen gemeinschaftlichen Tempelanlagen, aber jedes Dorf hat seine Dorftempel (meist drei verschiedene für Vishnu, für den Dorfgründer und dazu den Unterweltstempel). Jede Familie hat ihr Familienheiligtum, auf den Reisfeldern sind Altäre für die Reisgöttin und andere Gottheiten angebracht. Die Tempel (*pura* von sanskrit = »befestigte Stadt«) sind keine Steingebäude, sondern innerhalb einer Umfriedung ein Ensemble verschiedenster, meist aus Holz errichteter Gebäude, der Zugang erfolgt durch die Candi Bentar, die gespaltenen Tore. Die Schreine sind als mehrstufige, pagodenförmige Bauten gestaltet, die den Götterberg Meru symbolisieren

Die fünf wichtigen Heiligtümer und damit die wichtigsten der unzähligen Pilgerstätten auf Bali neben den bisher genannten sind:

- der *Pura Luhur Lempuyang*, der, im 11. Jahrhundert gegründet, in der mythischen Kosmologie balinesischen Glaubens der Richtungstempel für den Osten ist und sich über 4 km entlang der Berghänge des Vulkans Gunung Seraya erstreckt;
- ein wenig südlicher im Osten der *Pura Goa Lawah*, die Fledermaushöhle am Beginn eines Höhlensystems, Shiva Maheshwara geweiht, und in der Vorstellung der Balinesen der Todestempel;
- ganz im Süden, an der Spitze der Halbinsel Bukit der *Pura Luhur Ulawata*, der südliche Richtungstempel, dem Shiva Mahakala geweiht, der die Welt ins Verderben führt;
- als westlicher Richtungstempel der *Pura Luhur Batukaru* am Gunung (Vulkan) Batukaru – zusammen mit einem Wasserheiligtum wird hier Mahadewi verehrt, der Gott der Fruchtbarkeit;
- im Zentrum der Insel wenige Kilometer östlich der Stadt Ubud der *Pura Pusering Jagat*, der mythologische Mittelpunkt Balis und für die balinesischen Hindus zugleich der ganzen Welt.

Seite 207:
Eines der
vielen tausend
Heiligtümer
auf Bali
(oben ist klein
die Gestalt des
wie Shiva Nataraja
tanzenden Sang-
hyang Widhi Wasa
zu erkennen)

Ortsregister

Relief in Halebid, Karnataka

Geschichtlicher Überblick

(In vereinfachter Form als grober Überblick, viele regionale Herrscherdynastien konnten nicht aufgenommen werden, die Zeitangaben sind teilweise vereinfacht, die Herrschaftsräume überschneiden sich oft.)

Norden/Westen	Mitte/Osten	Süden
Induskultur 2800–1800 v. Chr. Vedische Zeit 1500–600		
6. Jahrhundert: Mahavira (Jainismus) 5. Jahrhundert: Buddha (Buddhismus)		
Maurya 321–185 Shunga 185–73 Kuschana 50 v. – 250 n. Chr. Gupta 320–510		Zeitenwende
Harsha 606–647	Chalukya 550–757 und 973–1190	Südosten: Pallava 575–897
Westen: Pratihara 752–1036 Osten: Pala 750–1161	Mitte und Südwesten: Rashtrakuta 752–973	
	frühe Cholas 190–600 Chola 850–1216	
Delhi-Sultanat 1206-1526		Hoysala 1040–1345
	Bahmani-Sultanat 1345–1489	Vijayanagar 1336–1565
Mogulreich 1526–1858		
	Marathen 1674–1818	
Britische Herrschaft ab 1757 Britische Ostindien Kompagnie an den Küsten im Süden und Osten ab 1800 auch im Inland 1876–1947 Kaiserreich Indien als Kronkolonie Britanniens		
1947 Unabhängigkeit und Teilung in Indien und Pakistan (West und Ost)		

Bildnachweis

Folgende Bilder über Wikipedia Commons (teilweise bearbeitet bzw. in s/w):

Seite 18	Steve Jurvetson
Seite 21,1	Yasunori Koide
Seite 45	Shivam Kumar 766
Seite 51	Swaminarayan Sanstha
Seite 57,2	Saradindu Bhattacharyya
Seite 58-59	Ninara, Helsinki
Seite 79,1	Vinayaraj
Seite 79,2	Pradhyumanvyas
Seite 80-81	Sivaprasadsujatha
Seite 95	HISTORYHUMANITY (Mr SAURABH RAJPUT)
Seite 109,1	Government of Odisha
Seite 111	Ankur P, Pune
Seite 113,1	Knath
Seite 159	T M Cyriac
Seite 178	SUDEEP PRAMANIK
Seite 179	Kondephy
Seite 183,1	© Vyacheslav Argenberg / http://www.vascoplanet.com/
Seite 183,2	Rajeesh Dhungana
Seite 184	Especandel
Seite 187,1	Ganesh Paudel
Seite 187,2	Gerd Eichmann

Karte Seite 30: The Nature Box
Karte Seite 31: Natural Earth. Free vector and raster map data
www.naturalearthdata.com, dann vom Autor bearbeitet

Alle anderen Bilder stammen aus dem Archiv des Autors.

Der Autor

Hermann-Josef Frisch,
Studium Theologie und Sinologie
zeitweilig Lehrauftrag in Fachdidaktik Religion an der Universität Bonn
241 Buchveröffentlichungen in den Bereichen
Religionspädagogik, Theologie, Religionswissenschaften
67 teilweise längere Reisen in die unterschiedlichsten
Regionen Asiens, vor allem nach Ostasien und Südasien

Gott neu lernen

Mein Weg mit den Religionen der Welt

Dieses Buch ist die Bilanz eines lebenslangen
Lernprozesses mit den Weltreligionen: ein Rund-
gang durch das Welthaus der Religionen.

240 Seiten, Broschur, 13,5 x 21,5 cm, 12 Fotos s/w

ISBN Print   9783749484300

ISBN E-Book   9783750483354

Engel bei Paul Klee

Zwischen Himmel und Erde

Paul Klees Engelbilder, am Ende seines Lebens
entstanden, sind Bilder eines Menschen, der aus
»irdischen Niederungen« in die Höhe strebt.

44 Seiten, Broschur,
17 x 17 cm, 10 Farbseiten

ISBN Print   9783754372531

Weihnachten

Da hat der Himmel die Erde berührt

Das Buch eröffnet Zugänge zu Herkunft und Botschaft des Festes, es informiert über das vielfältige Brauchtum zu Weihnachten in Deutschland
und in anderen Ländern.

160 Seiten, Broschur, 13,5 x 21,5 cm, 12 Farbbilder

ISBN Print   9783756228416

ISBN E-Book   9783756875375

Ostern

Auf uns wartet das Leben

Dieser Band informiert über Herkunft und Botschaft des wichtigsten christlichen Festes und
über Geschichte, Namen und Brauchtum.

160 Seiten, Broschur, 13,5 x 21,5 cm, 10 Farbbilder

ISBN Print   9783756229277

ISBN E-Book   9783756875351

Heiliger Krieg oder Friede auf Erden

Von der Gewalt in den Religionen

Wie stehen die Religionen zu Gewalt? Das Buch benennt das Problem, erkundet Ursachen und zeigt
Perspektiven zur Überwindung von Gewalt auf.

162 Seiten, Broschur, 13,5 x 21,5 cm

ISBN Print   9783755709459

ISBN E-Book   9783756245475

Weitergereist

Rituale der Weltreligionen zu Tod und Begräbnis

Alle Religionen behandeln das Thema Tod. Der Band erschließt die Jenseitsvorstellungen und Rituale der Religionen zu Sterbebegleitung, Begräbnis und Totengedenken.

240 Seiten, Broschur, 17 x 22 cm, 91 Fotos s/w, 109 Farbbilder

ISBN Print   9783751951692
ISBN E-Book   9783751965644

Pilgern in den Weltreligionen

Wenn der Glaube laufen lernt

Dieser Band ist eine Gesamtdarstellung der Pilgertraditionen, die die Weltreligionen ausbildet haben. Bild und Text informieren über Pilgerziele weltweit.

240 Seiten, Broschur, 17 x 22 cm, 64 Farbbilder

ISBN Print   9783759736536
ISBN E-Book   9783759742049

Reihe Islam: Band 1

Koran

Botschaft und Anspruch

Der Islam gehört zur deutschen Lebenswirklichkeit. Dieses Buch eröffnet Zugänge zum Koran und seiner Botschaft und informiert über Aufbau und Themen.

260 Seiten, Broschur, 13,5 x 21,5 cm, 7 Farbbilder

ISBN Print   9783756228683
ISBN E-Book   9783756290062

Reihe Islam: Band 2

Mohammed

Prophet und Staatsmann

Dieses Buch vermittelt Informationen über den Propheten des Islam, seinen Lebensweg, seine religiösen Vorstellungen, seine Konzeption eines islamischen Staates.

208 Seiten, Broschur, 13,5 x 21,5 cm, 9 Farbbilder

ISBN Print   9783756228775
ISBN E-Book   9783756290086

Reihe Islam: Band 3

Muslime

Traditionen und Alltagsleben

Neben den Grundlagen des Islam werden in diesem Band Einzelfragen behandelt: Scharia, islamische Mystik, Politik des Islam in Geschichte und Gegenwart, Alltag, Feste, Gewalt und Stellung der Frau.

228 Seiten, Broschur, 13,5 x 21,5 cm, 10 Farbbilder

ISBN Print   9783756228775
ISBN E-Book   9783756290086

Die Welt der Seidenstraße

Orte der Seidenstraße von China bis Indien und Europa
Die Seidenstraße war der wichtigste Handelsweg
zwischen Europa und China. Nicht nur Güter, sondern
auch Erfindungen und Religionen wurden transportiert.
216 Seiten, Broschur, 17 x 22 cm,
170 Farbbilder, 88 Fotos s/w, 9 Karten
ISBN Print   9783759770028
ISBN E-Book   9783759798596

Die Welt des Hinduismus

Orte des Hinduismus in Indien und anderen Ländern
Der Band informiert über die bedeutendsten Stätten
des Hinduismus in Indien, Nepal, Sri Lanka und Bali.
240 Seiten, Broschur, 17 x 22 cm,
233 Farbbilder, 41 Fotos s/w, 4 Karten
ISBN Print   9783759777652
ISBN E-Book   978375.......

Die Welt des Buddhismus

Orte des Buddhismus von Indien bis Japan und Tibet
Der Buddhismus zeigt sich in vielen Schulen und
Ausrichtungen. Dieser Band beschreibt die wichtigsten
Länder und Orte des Buddhismus in Asien.
216 Seiten, Broschur, 17 x 22 cm,
124 Farbbilder, 44 Fotos s/w, 1 Karte
ISBN Print   9783759770165
ISBN E-Book   9783759798572

Die Götter Indiens

Der Alleine in vielen Gesichtern
Der Band gibt einen Überblick über die Vielfalt der
Götterwelt Indiens und ihrer Mythen. Doch hinter den
vielen Gesichtern der Gotter steht der Alleine.
Ein Einstieg in die Welt des Hinduismus.
216 Seiten, Broschur, 17 x 22 cm,
136 Farbbilder, 71 Fotos s/w
ISBN Print   9783758312106
ISBN E-Book   9783758362910

Symbole und Rituale der Weltreligionen

Wie Menschen dem Unendlichen begegnen
Die Weltreligionen nutzen Symbole und Rituale für All-
tag und Fest, mit denen sie Menschen zusammenfüh-
ren. Dieser Band ist in Bild und Text eine faszinierende
Entdeckungsreise in die Welt der Religionen.
220 Seiten, Broschur, 17 x 22 cm, 181 Farbbilder
ISBN Print   9783756258413
ISBN E-Book   9783756863891

Bangkok entdecken

35 Tagestouren in und um Bangkok

In Bangkok, der Hauptstadt Thailands, begegnen sich
Tradition und Moderne. Die Touren führen zu den inter-
essantesten Zielen der Metropolregion.

256 Seiten, Broschur, 17 x 22 cm,
282 Farbbilder, 145 Fotos s/w, 45 Karten

ISBN Print   9783754374191
ISBN E-Book   9783756297306

Kyoto entdecken

30 Tagestouren in und um Kyoto

Die alte Kaiserstadt Kyoto ist das Herz Japans. Mit 1600
buddhistischen Tempeln, 400 Schreinen, dazu Palästen
und Parks ist Kyoto überreich an Sehenswürdigkeiten.

256 Seiten, Broschur, 17 x 22 cm,
183 Farbbilder, 214 Fotos s/w, 44 Karten

ISBN Print   9783757887063
ISBN E-Book   9783758377877

Tokyo entdecken

35 Tagestouren in und um Tokyo

Tokyo, die Hauptstadt Japans, ist mit 38,5 Millionen
Einwohner die größte Metropole der Welt. Die Touren
führen zu den wichtigsten Zielen in und um Tokyo.

256 Seiten, Broschur, 17 x 22 cm,
163 Farbbilder, 310 Fotos s/w, 46 Karten

ISBN Print   9783757887179
ISBN E-Book   9783758377860

Seoul entdecken

30 Tagestouren in und um Seoul

Seit 1394 Hauptstadt von Korea ist Seoul eine weitläufige Metropolregion, in der Kultur und Natur in
beeindruckender Weise aufeinander treffen.

256 Seiten, Broschur, 17 x 22 cm,
157 Farbbilder, 199 Fotos s/w, 55 Karten

ISBN Print   9783759703217
ISBN E-Book   9783759789471

Buddha

Die Geschichte des Erwachten

In Romanform werden Geschichte und Lehre des
Buddha lebendig, erzählt von seinem Lieblingsschüler
Ananda. Hinzu kommen Informationen und Bilder zu
Buddhas Leben und Wirken.

256 Seiten, Broschur, 17 x 22 cm, 196 Farbbilder

ISBN Print   9783756860111
ISBN E-Book   9783756895304